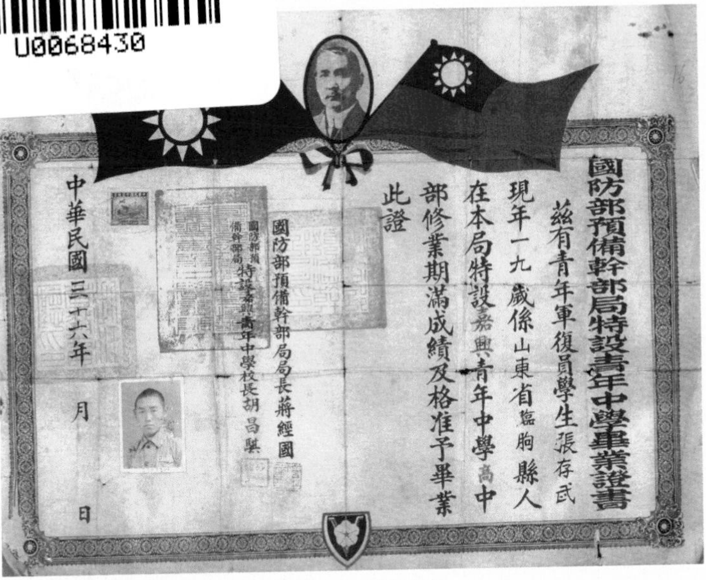
國防部預備幹部局特設青年中學畢業證書
茲有青年軍復員學生張存武
現年一九歲係山東省臨朐縣人
在本局特設嘉興青年中學高中
部修業期滿成績及格准予畢業
此證
國防部預備幹部局局長蔣經國
國防部預備幹部局特設嘉興青年中學校長胡昌騏
中華民國三十六年 月 日

1947年國防部預備幹部局特設青年中學畢業證書。

作者服役時期與同袍的合影，左起是江西人周益生、作者、山東人傅勳啓。
在這張照片的背面寫著「不要忘記在鴛鴦湖濱有那麼美麗的一段」。

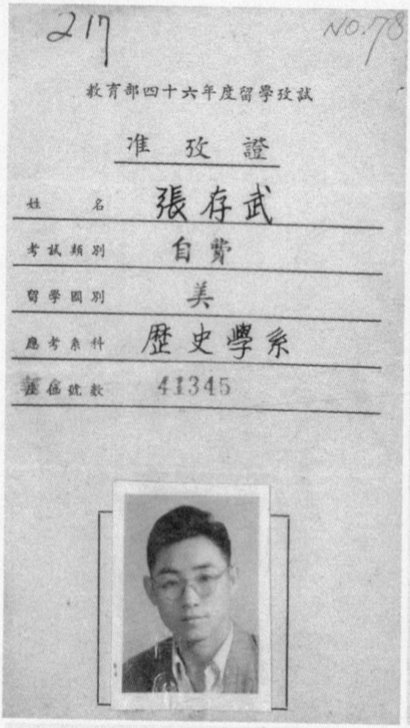

217　NO.78

教育部四十六年度留學攷試

准攷證

姓名　張存武
考試類別　自費
留學國別　美
應考系科　歷史學系
座位號數　41345

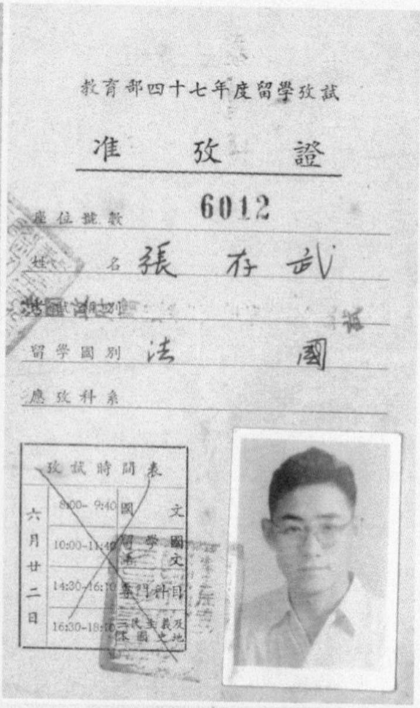

教育部四十七年度留學攷試

准攷證

座位號數　6012
姓名　張存武
留學國別　法國
應攷科系

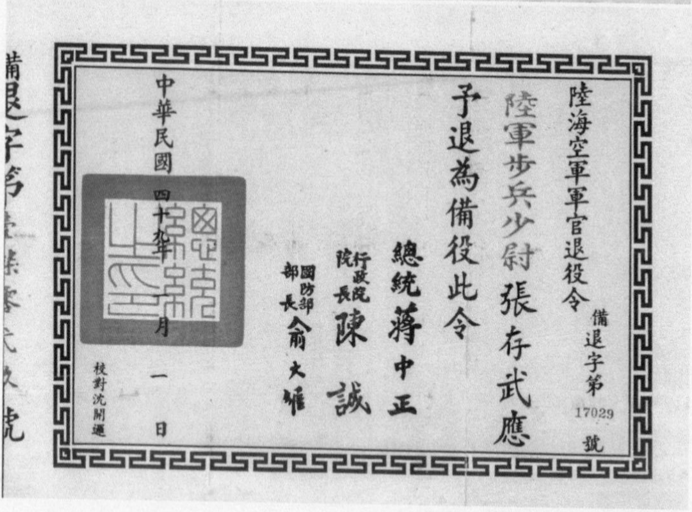

陸海空軍軍官退役令

備退字第17029號

陸軍步兵少尉張存武應予退為備役此令

總統蔣中正
行政院長陳誠
國防部長俞大維

中華民國四十九年　月一日

校對沈開運

①1957年，作者應教育部留學考試的准考證。
②1958年，作者應教育部留學考試的准考證。
③1960年，作者自軍中退役。

1964年5月，作者與劉津月女士結褵。

1964年，作者與陳捷先於美國劍橋Charles River河畔。

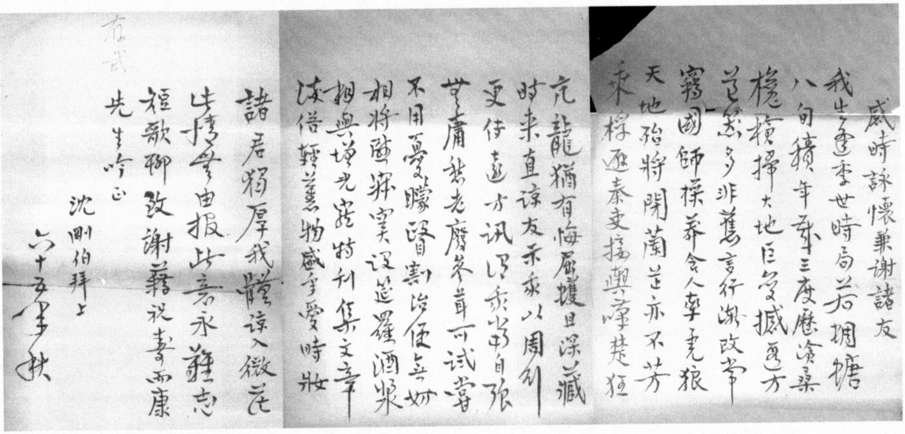

沈剛伯，〈感時詠懷兼謝諸友〉

我生逢季世，時局若蜩螗。
八旬積年歲，三度歷滄桑。
欃槍掃大地，巨變撼邊方。
道器多非舊，言行漸改常。
竊國師操莽，食人率虎狼。
天地殆將閉，蘭芷亦不芳。
乘桴避秦吏，接輿嘆楚狂。
亢龍猶有悔，屈蠖且深藏。
時來直諒友，示我以周行。
更傳遠方訊，謂我當自強。
無庸愁老廢，參茸可試嘗。
不用憂矇瞽，割治便無妨。
相將慰寂寞，設筵羅酒漿。
相與增光寵，特刊集文章。
談（淬）俗輕舊物，盛乎愛時妝。
諸君獨厚我，體諒入微茫。
此情無由報，此意永難忘。
短歌聊致謝，藉祝壽而康。

存武先生吟正。

沈剛伯拜上
六十五年秋

1979年2月23日，延世大學校國學研究院假延世大學張起元紀念館，舉辦第二回國際學術會議，邀請作者專題演講。
前排右起：黃元九、作者。

1979年2月25日，韓國水源民俗村，作者與黃元九（左）合影。

1979年2月25日，會議結束後，作者參觀了位於首爾的「大清皇帝功德碑」。

1981年12月12日，「中韓關係史研討會（960-1949）」與會學者的合影。

1984年10月26日，臺灣大學歷史學系42年度畢業班，畢業三十年紀念會。
同班同學在臺北陽明山中國大飯店舉辦紀念活動，席間由同學周廣美為作者夫妻攝影留念。

1985年，《山東文獻》創刊十週年展覽。
前排左起：何國隆、王治中、王曾才、陶英惠、趙儒生。
後排左起：作者、李雲漢、褚承志、楊展雲、劉安祺、宋梅村。

1985年8月7日，「中琉歷史文化研究會」考察活動的合影，拍攝地點是沖繩南部的玉泉洞。此次參加者共七人，團長是徐玉虎。
前排左起依序是邱秀堂、吳靄華、朱德蘭、作者、徐玉虎。後排左起依序為赤嶺守、王璽、李東華。

1985年12月12日，香港的北京城餐廳門口。左起依序是杜維運、張伯淵、作者。

①
③ ②

①1996年，作者與菲律賓國史館（National Historical Institute）館長Serafin D. Quiason（前排右一）。

②1994年，作者赴菲律賓訪問華僑，與洪文炳（右二）合影。

③1996年，菲律賓華人史料基礎調查及蒐集計畫成果展示會。

2002年，作者與朱浤源（左）、陳三井（中）赴東南亞田野調查。

2003年3月13日，中央研究院活動中心門口。左起依序是作者、金俊燁、陳捷先。

整理說明

一、《張存武著作集》共六冊，內容分為五類，分別是回憶錄、中國與朝鮮關係史、朝鮮與琉球關係史、海外華人研究，以及中國史為主的相關論著。本書係《張存武著作集》第一冊。

二、本書共八章，始於作者幼時在山東老家的回憶，止於自中研院近史所退休。另有四篇專題性的回憶文章，記述韓國研究、訪問日本、海外華人研究與教授史學方法的歷程。

三、第一章至第四章原為A4大小的電腦排版檔，因原檔已遺失，重新打字。第五章原刊於《近史所一甲子：同仁憶往錄》，保留原註解，並註明原註。其餘幾章則為手寫稿，重新清整。

四、回憶提及的人物、書名、事件，第一次出現時均加上註解。

五、在不影響文意的情況下，重新分段、校正筆誤。

六、本書因為採直排，原稿的阿拉伯數字轉為中文數字。

七、原文塗抹處，一般不錄，夾注、眉批視情況擇要錄入正文。

八、第六章〈日本之行〉的體例與其他諸文不同，後半段開始轉為日記體，特此說明。

筆者學力有限，尚祈方家批評指正。

吳政緯　謹識　二〇一九年八月六日

自序

我最初想寫的只是少年時期家鄉的生活經驗及見聞。有此經驗者少有記錄的能力，有能力者則或不知此種記錄之價值。讀臺大歷史系時，曾注意到記錄一年歲時節令的《荊楚歲時記》[1]，加上臺灣大學芮逸夫先生[2]的民族誌課程討論到許多民族風情，使我有時想起家鄉風習。

《山東文獻》創刊初期由陶英惠[3]、張玉法[4]及我輪流編輯，來稿中記述鄉土民風的文章，令我想起讀私塾時唸的《莊稼雜字》，那本五言、押韻、推廣農民識字的書。其時臺海兩岸尚未通郵，便請在加拿大教書的謝培智同學[5]轉信給家中，將該書抄錄寄臺。我將之在《山東文獻》上刊出，並寫了篇考釋文字。此舉引起了旅臺山東老鄉的注意，有多篇考證箋釋文字寄來刊出。

我初中的時候從家中偷跑去當青年軍，輾轉華中、華南、臺灣各地，忙於生活及求學治學，無暇想家。但在中央研究院近代史研究所服務期間，眼睛曾兩度患急性結膜炎，每次差不多兩個月不能看書，只好聽歌。蔡琴所唱的〈問白雲〉中的「故鄉望不見，知己常離分⋯⋯千山你飄零，萬水你曾遊」，和著舊愁新怨的哀怨韻律觸動了我的思鄉情緒。夜裡有時取出中國分省地圖中的山東圖看看，略消鄉愁。

民國八十八年（一九九九）春，近史所同仁舉行茶會歡送我及其他三位退休同仁，我寫了篇〈退休茶話〉，略述生平，但重在來臺灣後的求學、研究及學術活動。民國九十年（二〇〇一）五月，國防部史政編譯局人員在青年軍官兵訪問計畫下，訪問我數次，做成一萬多字的記錄，是有關我從小到青年從軍，來臺入臺灣大學以前的生活回憶，但對少年農村生活說得不夠詳實，需要更仔細的描述，這就是首篇文字的來由。

後來收到蔣永敬[6]、李雲漢[7]、喬兆坤[8]、盧毅君[9]諸兄的回憶之作，使我覺得也可以寫寫從軍，輾轉於軍隊及學校之間，從浙江經湘、粵、海南到臺灣的生活，以及在臺大讀書、中央研究院作研究的經驗。九十七年（二〇〇八）起在諸好友的催促下，完成後邊一部份。感謝老友林淑慧小姐將這篇文字（本書第一至四章）打入電腦，以及小老弟吳政緯代為校對整理，不過還是我自己最能讀懂。

張存武

中華民國一〇七年（二〇一八）三月十六日

註釋

1 《荊楚歲時記》的作者是宗懍（五〇二—五六五），內容主要是介紹長江中游荊楚地方，年中每月行事的記錄。

2 芮逸夫（一八九八—一九九一），江蘇溧陽人，人類學家。一九五〇年春，兼任臺灣大學歷史系教授，同年考古人類學系成立，改為該系專任教授。一九六四年赴美國任教，歷任西雅圖華盛頓大學人類學系及印第安那大學人類學系客座教授。一九六六年返回臺灣，任臺灣大學考古人類學系教授。

3 陶英惠（一九三三—），臺灣大學歷史系畢業，入中央研究院近代史研究所擔任研究員，專攻中國近代教育、學術史，曾任中央研究院三任院長秘書、胡適紀念館館長。

4 張玉法（一九三六—），幼時生長於山東嶧縣，中國近代史家，中央研究院院士。一九六四年入中央研究院近代史研究所擔任研究員，主要研究領域為中國近代史、山東區域史。

5 謝培智（一九三〇—一九九七），加拿大籍華人學者，歷史學家。生於山東臨清，臺灣大學歷史系畢業，一九六八年獲美國賓西法尼亞大學歷史學博士學位後移居加拿大，任加拿大薩斯喀徹溫省的里賈納大學（University of Regina）歷史學教授。

6 蔣永敬（一九二二—二〇一八），安徽省定遠縣人，畢業於東北大學教育學系，一九四九年來臺，獲政治大學教育研究所碩士。歷任東海大學、輔仁大學、政治大學等校歷史系教授。

7 李雲漢（一九二七—），山東昌樂縣人，政治大學教育研究所畢業，美國聖約翰大學歷史系碩士，專攻中國近代史。其回憶錄見《懷元廬存稿之一》、《懷元廬存稿之二》、《懷元廬存稿之三》（臺北：新銳文創，二〇一八、二〇一九）。

8 喬兆坤（一九二八—），河南唐河人。臺灣師範學院教育系畢業，曾任國、高中教師，歷任臺中西苑國中、臺中五權國中、花蓮高中等校校長。著有《走過的大地：從貧寒·流亡·從軍到教育工作四十年》（臺北：慧明文化事業有限公司，二〇〇二）。

9 盧毅君（一九二五—），河北廣宗縣人。一九四九年隨國民政府播遷來臺。一九五〇年畢業於臺灣師範大學，陸續任教建國中學、致理商專、新埔工專、光啟高中等校，教育英才凡四十年。著有《浪跡江湖一甲子：一位建中退休老師的回憶》（臺北：秀威資訊，二〇〇七），回憶對日抗戰、國共之爭到來臺從事教育工作之所見所思。

目次

整理說明 015
自序／張存武 017
第一章 故鄉歲月 025
家 026
老少及姊妹們 032
從私塾到學堂 045
務農及昌樂中學生活 060
鄰居素描 067
第二章 大江南北奔波 083
十萬青年十萬軍人 084
第三章 輾轉於學校及軍隊之間 095
嘉興青年軍中學 096
從杭州到臺北 101

第四章　落地東瀛生根臺灣　113
臺大七年　114
國立歷史博物館編輯——第一份正式工作　127
中央研究院近代史研究所　132
有個家了　139
哈佛大學訪問研究　145
回家的歷程　161
退休茶話　170

第五章　我的「韓國研究」行腳　207
楔子　208
初訪韓國　210
中華民國韓國研究學會的成立　216
初試啼聲：召開中韓關係史國際研討會　220
出版《韓國學報》　223
推動研究成果的出版　226
華路藍縷：募款經緯　230
「韓國研究」的國際交流　232
感懷與紀念　237

第六章　日本之行　253
第七章　海外華人研究　287
第八章　史學方法教研　293
著作目錄　299

第一章

故鄉歲月

家

記得抗戰前，在東北的叔父寄回的家信上，總有「山東省臨朐縣城東柳山寨郭家莊子」一行字。這老家地址印象深刻，因為城西也有郭家莊子地名，所以加上「城東」二字。這十餘年來，我向老家寫信時則寫「臨朐縣柳山鎮郭家莊子」。現在臨朐縣下的行政區有的叫鄉、有的叫鎮。柳山鎮的鎮公所所在地，在一個名叫「柳山」的小山西北一二華里處，舊稱「柳山寨」，一般叫「寨裡」，鎮之得名由此。郭家莊子在柳山寨西，戰前一般說相距五華里，是柳山寨西去縣城必經之路。現在柳山到城的公路已跑定時汽車，但公路不經過郭家莊子了。

抗戰前，族中修過族譜，還記得曾派人到莒縣的管帥鎮，抄那裡的族人資料。不過那時年紀小，不懂也不能看族譜。民國八十一年（一九九二）我第二次回家時看到了族譜的第五卷，據說其餘均在鬧紅衛兵時燒了。這卷族譜僅從六世祖仲倫記起，且只有人名，無任何說明文字，故郭家莊子張家的來歷，還要靠傳說。

我小時候聽到的故事是這樣的：「王家樓張家斷皇綱」。就是王家樓的張家人，在路上搶劫解往清政府的稅收銀子，因致官兵馳剿，將王家樓圍得水洩不通。一日，有一匹白色空馬，就是無人騎的馬，從村中跑出遠去。官兵未予理會，其實有一小男孩緊貼在馬腹上，這小男孩就是郭家莊子張氏一族的祖先。這就是郭家莊子張家的族源說、創世紀。抗戰前，村中張家人在清明時節，還去王家樓老林上墳祭祖先。

常有人問我，臨朐是魯北？是魯南？還是膠東？我也答不上來。但它不在膠萊河之東，篤定不是膠東。魯南大致是舊沂州府轄境，魯北大致指小青河以北、無定府等地，臨朐屬青州府，而以東西向而言，青州府居山東之中，應屬魯中。從幾何地形而言，山東之中心點應為現在的沂源縣，該縣縣城在南麻，舊屬沂水，境內有魯山主峰，高一千一百餘公尺。

魯中山地除南面的蒙山外，北面橫亙的山脈，西邊的是泰山，東面的是沂山，當中的是魯山。三個山群的主體相連，而魯山北延至博山、淄川及臨朐西部，沂山北走在臨朐東部，東西兩條山脈之間為瀰河河谷平原。瀰河發源於沂水北境，其河源區延及臨朐南境是為山地，再北為平原區，與渤海海濱平原相連。在地形上，臨朐縣西部為魯山地帶，南及東部為沂山地帶，中為瀰河平原。以行政區而言，西為博山縣（今為淄博市），南鄰沂源、沂水縣，東為安邱、昌樂，北為益都縣（今青州市）。

北走臨朐東部的沂山脈，是南北行的一條大嶺，不過自南而北的嶺上有若干小山巒，如雙山、洪山、甕石山等。這條低丘山嶺，當地人就叫「嶺」，如古代長江只叫「江」，黃河只稱「河」一樣。這條嶺將臨朐東部分為東西兩個地面，以一九四九年以前的縣內行政區而言，嶺西自北而南為第三區、二區，嶺東南部為七區，北部為第六區。第六區是南北的一幅長條。嶺東、嶺西的人文現象有若干不同，最顯著的是嶺西人說話捲舌音多，嶺東人偶而也有捲舌音，如銅子（錢）的「子」就發「成」，「錢」有時稱「tser」，但通常將 r 音發成 i 音成

「tsei」。嶺西人吃酸煎餅，男人穿前端有勾的布鞋，嶺東人不穿勾鞋，不吃酸煎餅；對顏色的認定也不一，嶺東人認為的青布，嶺西人叫藍布。

甕石山南延是一坡地，山南腳下有一莊曰「孫家莊」，再南一莊約十多戶人家，名「六十畝地」，現在叫「大田莊」。坡盡頭為源自大嶺東側的英山河，自西向東流，然平時無水，為細沙灘。郭家莊子就在河北岸的斜坡上，莊西邊有一源於甕石山的小河，無名稱，就叫「西河」吧。西河南流入英山河，我家就在這小河的東涯上。小河之西為一片平整的台地，約兩公里。再西行過一條小河有一村莊叫「英山河」，這是以河命名的村落。

郭家莊子東面也是一片平坦台地，上有我祖父母及父親的墳墓，台地盡處是一小河，河東一小村莊曰「東溝」，我想這是因那條小河名東溝之故。從東溝村起向東地勢陡高，叫「東嶺」，下了嶺就是「寨裡窪」。英山河村、郭家莊子、東溝都在英山河北岸，是因從甕石山延下來的坡地較廣之故。河南邊為南嶺，但嶺北平地很少，故無一個村莊。

郭家莊子建築在由北向南的斜坡上，坡盡處頭即英山河北岸及西河入英山河的三角地，地上生長著些中等高的樹，我們叫此地「樹行子」。坡上雨水經村內南流，這小排水溝的溝底，全是用圓形石磨砌成，很牢固。小溝將村子分為東西兩部分。東岸及住戶，我們叫「東涯上」；緊靠溝西岸的地方及人家，稱「壩涯上」。那裡有棵老槐樹，便叫住在那兒的人家曰「槐樹底下」。

壩涯邊有一條東西短街，再西是一條南北小街，街西邊有小巷，巷底人家背對的就是上面說的西河。河東涯北端有兩戶姓郭的人家，南邊隔一塊地就是我家，我家向南還有兩處人家。我家因地處村西邊的河岸上，即西河岸上，所以人家稱我們為「西河裡」。西河西邊只有一戶人家。我家宅子的後邊，即北面，是從英山河去寨裡的路，每旬二、七寨裡集，許多人行經，但後來村前修了公路，原路就變成小路了。

聽說祖父樂善帶祖母、姑姑、父親、叔叔去營口討生活。祖父死在營口，祖母便帶著子女回老家，但我不知道住在何處。祖母派十六、七歲的父親，去營口將祖父骸骨背回安葬。祖母去世後，由姑姑主持家務，她帶養兩個弟弟，直到我父親結婚後她才出嫁。我見過姑姑，個兒算是高的，有顆前牙微外突，反應快，有主見，能言善道，有條有理，嫁到後疃姓曹的。大概父親一家日子又過不下去，全家去了奉天（瀋陽）。

父親曾磨麵粉，蒸包子、饅頭賣，性格如其姐，聰明能言，很有主意。他挑著擔子去賣包子，每天總買點燒肉和酒享受享受。生意漸好，養了驢、騾等畜，又養豬賣。家道正好轉時，父親卻生了場大病，癒後無論如何要回老家，只好將家裡的一點薄田賣掉作路費。所以回到老家後，仍舊受窮。不過到民國二十年左右，即我能記事時，大哥、二哥、三哥已長大。在農村中，不論為農為商，有勞力就能發展，而父親年輕時好喝酒的習慣，大概因牙痛而戒掉了，改喝茶，且能好好計畫家庭的未來。人家說他回頭了，可見他年輕時有些浪蕩。

我們家曾織布開染坊，就是買洋線（紗）來，有時混以土紗，用傳統飛梭機織布，染色後賣出。家中曾有兩三檯織機，都是哥哥們織。洋紗買回家後，要用傳統紡車倒線，按布幅寬窄，調配經線多少，再上漿（將麵粉漿糊刷在經線上），然後上機，另外也須將線倒成能裝入飛梭，以便織緯的線穗子。那時我家已住西河，有坐北朝南的四間北屋：東頭一間是獨門的耳屋，大哥結婚後住此；三間正屋，東間有炕，是父母及年紀小的五哥、姐姐和我住的地方，當中一間開一門，即正門，室內有灶，灶與東間的炕通，以便冬天取暖。這是傳統房舍建築巧妙的設計，但我一九八九年回家看時，所有的炕都改成床。

這中央間也是大家吃飯的地方，放置廚具之所。西間放雜物糧食等，叔叔嬸嬸曾住過，他們到東北後，五哥結婚後住在這裡。另外有兩間東屋，我記事後又蓋了兩間西屋，放織布機，及染布用的幾口大缸。當中的天井立著幾排柱子，各柱頭上綁著互聯的細橫杆子，是染布後的曬布工具。東南角有間豬欄，也是人的廁所。南邊是一堵牆，大門在西南角，西屋山牆當作影壁。

除織布染布外，逢中秋及舊曆年節，還做月餅及各種茶食。茶食也叫「菓子」，現在日本、琉球、韓國仍用此名。記得有一種風菓子，如在臺灣北方人所作之小桃酥，還有一種封糕，如臺灣的沙其瑪。有種月餅如臺灣所稱的「五仁月餅」，有核桃仁、青紅絲、冰糖等，最貴。所以過年人家去玩時，哥哥們還挑著菓子賣。

民國二十四年，我家建廠軋油，家鄉叫「開油坊」。在西屋西邊牆外七、八公尺處蓋了一座方形的大屋，這也是用河涯地建蓋的。屋中置石碾軋黃豆、花生等油料種子，西屋中則置用一棵樹幹做成的軋杆、蒸鍋，將碾成片的種子蒸熟再軋油。我們平常都是碾軋黃豆，偶而軋一兩次黑豆，因為黑豆油可作藥用。山東產花生是全中國第一，而臨朐就是主要產地之一。秋天收了花生後，除自家種的以外，還大量收購，冬天便軋花生油。

開油坊有兩種產品，一為油，一為渣滓。大豆出油少，一次軋直徑約半公尺大的六個豆餅，可得美孚煤油筒半筒多的油；花生出油多，同樣數量的餅，可得一筒半的油。大豆渣叫「豆餅」，可用以餵牲口和豬；種小麥、菸、蔬菜，都用豆餅（南方種甘蔗，也大量用）作肥料。生花生餅作飼料，而熟花生餅，也就是先將花生炒熟再軋油的渣子，味道很香，人們也買來蒸菜吃。家鄉認為豆油好，中日戰爭前大家都吃豆油，點燈也用豆油，不過其實豆油價錢較貴。戰爭後，日軍以大豆為軍用物資，控制收購因而缺貨，大家吃飯及點燈才用起花生油來。軋出的油放入甕中，家中炒菜時，嫂嫂們便拿著油碗從油甕中舀，那當然用的多。而許多人家買油時，只用一個小瓶，據說只有攤煎餅時用一點。

豆油冰點低，冬天只是較濃而已，花生油則濃到像濃稀飯一樣。所以賣、運花生油都在冬天。盛油的牛簍是用臘條編，縫隙用泥塗封。一個簍可容四、五十公斤油，單把車載兩簍，雙把車載四簍。冬天農閒，不少人從事運花生油業務。從沂水經臨朐到益都、青島等的大路上，每天都是絡繹不絕的車隊。推車的人有一根綁在竹杆上的皮鞭，用以指揮拉車的牲口，有人將鞭在空中打響，牲口一聽到，便加勁地拉。那時節，沿途客棧生意興盛，因為車隊要住宿，中午要打尖。

開油坊的那幾年，我們家業蒸蒸日上。舊時有了錢就買地，所以每年過舊曆年前，就有仲人到我家接洽，差不多每年都買。父親請仲人吃飯喝酒，仲人扛著杆子到地裡去測量。杆子是量地的工具，有二百四十步為一畝的杆子，有三百六十步為一畝的。我們本來只有高腳埠、南嶺、小溝裡幾塊薄地，幾年下來多了撥緟子地、大溝、東溝、東河裡等處土地，多半是肥沃的。

如下面所述，日軍將我的學校燒毀了。想起在家鋤地的那兩年，我們在冬天時節磨麵粉，烤火燒來賣，過年節前更兼賣蠟燭。我和哥哥去趕集市，我一手托著盛火燒的簸籮，在人叢中走來走去的喊：「火燒！賣火燒！」那圓圓的火燒，現在在臺北市信陽街麵包店仍可買到，不過這一切都不復返了。

老少及姊妹們

父母生了我們姊妹（此處「姊妹」是兄弟姐妹複合名稱，不稱兄弟，所謂兄弟只包括男性。）八人，一個哥哥在十幾歲時死去，剩下七個，我是六個兄弟中的老么，姐姐比我大一歲多。兄弟六個的名字，排行用「存」字，其餘一字是魁、元、俊、傑、文、武。起這六個名字，套一句大陸人口語，是挺有文化的，也就是說父親還讀了點書。他讀了《千家詩》，家中有部《易經》，他也會卜易卦，證明他也讀了《易經》。他的毛筆字還算可以。

大哥念了幾年私塾，二哥、三哥未讀書，四哥聽說讀了兩年，但他得父親的遺傳最多，聰明、花樣多、調皮，一手行書字如行雲流水。我記事時他已因不願在家下勞力，而偷偷到煙臺的商店中當伙計（店員）了。他自己起了個號，叫「士仙」。

五哥大我三、四歲，記不清讀了幾年書。只記得民國二十四年，我第一年上學時，他和我是同學，但到放麥學後（放假讓學生們參加麥收工作），便在家做事了。他讀了《詩經》、《易經》等書。姐姐未讀書，在家譜上無名，所以根本沒有名字，父母兄長平常喊她的小名（乳名）。父母只有這麼一個女兒，怕養不大，所以給她取名丫頭。

母親說，她生我時年已四十多歲。已有那麼多孩子，家道又窮，所以不想要我，便用棉花胎子（敗絮，胎唸如套）塞進我的嘴，放在一邊。恰好鄰居老媽媽，就是比我高四輩的希曾老爺爺之妻到我家，看情形趕快將棉花胎子從嘴中取出，才救了我。後來她常笑著對我說：「你是我的兒，是我救了你，你才長這麼大！」姐姐在一旁插嘴道：「娘當初狠心，不要你這個兒子，沒想到現在長成了個孝順兒」。

記憶中，我由於和五哥、姐姐年齡接近，不時吵嘴，但多半他們倆為主角。我和姐姐吵嘴時，如被母親碰到，被訓斥的一定是姐姐，如果她訴說理由，母親多半說：「他小啊，你也小?!」父親威嚴，連哥哥們都怕，大家本來在一起有說有笑，他一到來便鴉雀無聲。管教我的，除了父親之外就是三個兄長，因為和他們年齡相差很大，只要他們用白眼看我一下，或以不悅之色相向，我就怕，尤其對老大及老二。

大哥比我大將近三十歲，他和二哥都是山東大漢。大哥性子及說話比較慢，有條理，吸旱煙，有個不錯的旱煙袋，及結婚後大嫂給他縫的煙包子。與老二、老三比，多少懶一點。但他有才藝，像做月餅及菓子，都是他掌著爐子，控制火候；過年過節做菜多時，也是他主廚。蓋屋（建築房子）時，基礎由他設計，門窗由他造。他還會製造獨輪車子，包括車輪在內，所以他稱得上是個木匠。我家收繭繅絲時，手工繅車是他做的，繅絲時他也是居於主導地位。

無論是賣布還是開油房，都有賒欠者，平時就記在流水帳中，到舊曆年節大家都要清帳，就從流水帳中找出賒欠者名，做一人名索引，在名下寫出月日及賒欠款項。索引人名的排列次序，我雖未注意，但很可能是按百家姓的字序排列。這工作本由父親做，後來多年由大哥做。寫好清帳後，便背著個錢叉（兩頭有口袋，背在肩上的布袋，也稱錢搭子），拿著根打狗棍子，一莊莊的沿門按戶去要。

我曾和大哥一塊去要過帳，有時要找的人不在家，便白跑一趟。不在家，也非全是真的，有的是故意躲起來逃債，至於拿根棍子是打狗用的。我還記得大哥的一個笑料，出去要帳需帶毛筆、墨盒，冬季蘸墨汁的筆尖凍了，用前須放在嘴上呵一呵，甚至用唾液解凍。鄉間用鉛筆後，他只帶鉛筆，但用前還是放在嘴邊呵一呵，鉛筆著水分後就寫不出來，越寫不出就越呵，越呵就越寫不出。

家境不好，大哥三十來歲始結婚。大嫂是窨子溝老娘（外婆）家的鄰女。她本是賈家（音姑）臺子人，父親去世後隨娘改嫁到窨子溝。後來母親去世，就和繼父過活，繼父待她就像親生女一樣。有次我和姊姊隨母親去看老娘，大舅的二兒子說：「我領您（音nun）去看您嫂子。」她正到柴堆拿柴火做晚飯，聽到表哥說：「那就是您嫂子」的話，便對表哥罵了聲：「雞，你這個私孩子！」那時她只和大哥訂婚，還未結婚，民間風俗未婚妻不好見婆家人，所以她罵。「雞」是表哥小名，而罵「私孩子」三個字代表她的野性。大嫂過門時，新房設在東屋，我和姐姐在那裡玩，不知怎的我叫喚（哭）起來，大嫂便一直哄我，拿糖給我吃，一面說：「我替你打猴猴」。這就是老嫂比母的情狀。

大姪兒出生時，正是我家油房生意開張，父親很高興，便給他取名雙喜。二十四年，父親在祖墳前立碑，也請張太華師給姪兒取名「欽若」（欽字是排行字），列入碑文中。大嫂第二個小孩生下後，欽若便跟媽媽（奶奶）睡，成了我最親密的玩伴。二十六年，我上學堂時他也一定要跟著去，劉清齋老師替他改名「清月」。記得他眉清目秀，兩腮胖胖微紅，嘴唇紅紅，口齒清楚，紮（褲）腿的紅帶子鬆開了，他就乾脆拿起掛在脖子上，煞是好看。上學時，有時我牽著他的手，有時他跟著我走，嘴裡總是問長問短。跟著奶奶睡了，和奶奶感情就更好。父親雖然家規嚴，大哥也不怕老婆，但大嫂年輕，有時不免頂撞母親幾句。母親是老實人，受到兒媳婦頂撞只有流眼淚。欽若看到此情，就向他母親說：「娘，不要和媽媽（奶奶）吵架嘛。」

二哥性子急，一副直腸子，心中有甚麼就說甚麼，所以和別人拌嘴的機會也多。三個長兄都是家中的主要勞動之力，而二哥、三哥尤甚。我親自聽到二哥發牢騷說他是「做牛做馬」，而且至今不忘他含著眼淚說那句話的悲憤。開油坊時，幾乎天天趕集，如營子、張六河、盤陽、洋河、高崖、廟山、寨裡等處。用獨輪車載上豆餅到營子、張六河等處賣，因嶺西種植菸草，需豆餅作肥料。而到高崖、寨裡等處市集，則多半糴大豆。營子距家四十華里，有的市集相距二十、十幾，或六、七里。趕遠集，早上大約五、六點出發，若在冬季則天猶未明，下午回來時也已昏黑，兩隻扶車把的手，雖做了暖把（即棉手套），仍凍得痛。因是重載，穿著棉襖推車一會兒就出汗，然天氣實在很冷，脫下又冷。下雨季節，他們也只好冒雨而行，回到家渾身上下全濕，宛如落湯雞。這時父親必先令嫂嫂們燒一鍋紅糖薑水，又打高粱酒，同時燒油草，給他們驅寒。

三哥先結婚。三嫂娘家有兩個姑姑未嫁，所以三嫂的婚事也費了些事。三哥第一個小孩叫苗，是很漂亮的一個女孩，我抱過。然而有一年流行白喉症，她和大嫂的大女兒、嬸子的兒子，三個孩子在一星期內先後夭折。父親雖懂點醫術，束手無策，連名醫欒魁也無法。二哥的婚事有些波折，大概介紹的姑娘需要花錢，就是要聘金，故未成，也許是家中無錢。有一年五舅來說媒，吃早飯時，二哥不吃，等五舅、父親到齊後發脾氣，細數哪年哪月人家說哪裡的姑娘，父親都不允，這一次卻接受。其實二嫂過門後，大家覺得她容貌很不錯，二哥所謂的不好，大概是指二嫂未纏足，大腳板。其實後來做工、逃難時，大腳板反佔盡了方便。不幸二嫂幼年時未生痘，成年方出。成年人出痘最危險，二哥、父親用盡了方法，僅保住了她的命，而遺下了一臉麻痕。

二哥性子雖急，但心底仁慈、熱心助人。我小時種牛痘時哭著不肯，他抱著我說：「畫畫，畫畫。」種痘人的工作就做好了。有一年，鄰居臻慶二叔提著欽若姪的雙手在背上轉來轉去，結果脫臼。二哥就趕緊背著他到六十畝地找一位會按膀子的老太太看，她推了一下、拍了一下就好了。大嫂性子也急，所以和二哥有時拌嘴，但有一次大嫂傷了腳，二哥便急著去弄桑棒（桑木柴）和艾蒿燒水燙，桑棒則燃溫火烤。這都是百姓皆知的療法。

家中還有位嬸子。叔父不知甚麼時候到東北，在一家營造廠作水泥匠，他的行蹤隨著營造廠標到工程的地點而轉移。據我所知，七七中日戰前，他在奉天、撫順等地，戰後在秦皇島、太原待過。一人賺錢一人用，無甚麼積聚，一直打光棍。後來侯家莊一位在東北的人借了叔叔錢，到期還不起，便將他家中的堂妹許配給叔叔了債。叔叔回家娶嬸子後，又回東北去，嬸子生了一個堂弟，然如上所述，因白喉去世。

父親雖一封信一封信催叔回家，他還是一年一年的不回。因之嬸子有時哭鬧，母親便極力安撫。後來問題發生了，她和母親同輩，當然不可讓她和大嫂做同樣工作。但大嫂則以為，嬸子年紀並不比她大，而且嫁到我家來比她還晚，憑甚麼做事少！有時就和嬸子拌嘴，也為此而與母親頂撞。我去過嬸子的娘家，莊戶人家，二老和藹可親，我也叫他們老爺老娘（外公外婆）。那次是老爺用牲口（驢）載嬸子和我，嬸子怕我跌下來，便用手攏著我。

四哥是十六歲偷跑到煙臺，找在該處的父親外婆家的一位表叔，介紹他到一家商行作小伙計。四哥除了處理店中打掃一應事外，也要給掌櫃的倒溺壺（夜壺）、端飯。但他用功，晚上練習學寫帳，後來便作了記帳的。四哥有次回家過舊曆年，穿著衣料不錯的長衫，戴著金戒指、手錶，鑲了個金牙，說起話來都是「你們」、「我們」，而不是「您」、「俺」，總之是闊氣的樣子，到寨裡他以前做事的泉裕堂看朋友，大家都一副羨慕的樣子。

年節時，東家請喝酒，西家也請。出了正月，四哥回煙臺。又過了若干天，三哥也不見了，繼而發現窗龕內的大洋（銀元）少了若干，父親斷定三哥出走了，憂心忡忡。的確，少了三哥這位主力之一，家裡的生意就無法運作了。第三天傍晚，三哥扛著幾張鐵鍁回來了。他對父親說：「一輩子不出嫁是老大姑娘！」意思是要到外面世界闖闖，這顯然是受到四哥回家的影響。然而他一路上左思右想，大概也想到他出走對家中的不利情況，及他不識字的缺點，所以又回了家。

三哥性格不衝動，很理性，說話有條理，比較活動，待人接物周到，處事顧大局，所以家中有些對外事，大哥之外，父親也常命他去做。他曾自許的說：「咱就是不識那兩個字罷了！」意思是做事能力不輸別人。的確如此。他認得鈔票上壹圓、伍圓等字，會打算盤，會記帳的蘇州數碼（〡，〢，〣，〤，〥，…），當然也與他人一樣會用手指表示數目之法。集上交易論價時，雙方在一片布子或錢搭下面，摸彼此的手指，討價還價。民國三十二年，大哥等十二口人去東北後，他留在家便成了家長。

四哥在煙臺私自結婚，娶了個中學生，但他一直不敢告訴家裡。有一年家中收到郵寄來的小孩子穿的洋襪子（線織襪）、毛線結的帽子、肥皂等。家裡開油房，工作時身上弄得油油的，以前都是用鹼洗，寄來的肥皂正好排上用場。然而襪子、帽子則被批評不合用，因毛線帽針不密、有孔，冬天不太禦寒風。我在臺灣與家中聯絡上後，從不寄用品，就是由於這次經驗。

四哥後來到大連日本的滿鐵公司做事，月薪三十大洋。不幸四嫂得了一種病，病候之一是頭髮一直掉，後來不治去世。

四哥未再回大連，一段時間在家裡一同做事，然而他身體較弱，不適應，後來到鄉公所辦公。四哥和父親一樣聰明，會享受也是父親的遺傳。他好喝杯酒，弄點小菜吃吃。他抽煙，曾抽煙袋，然常抽煙捲。又抽煙又喝酒，引起我這個新制學生批評，說那是壞習慣：「你看，我將來也不抽煙，也不喝酒。」一九八九年我回家時，曾向四哥致歉，因為那時我既抽煙，有時且喝酒。

四哥在家又娶，那時父親已去世，對象是他自己找的。四嫂是大溝人，從我莊向南翻兩道嶺就是，我在西寺後唸書時常常經過。大溝有位張先生，在省府做事。他有兩個女兒，一個叫張竹君，後來到臺灣，丈夫曾是敦煌書局老闆。四哥和五哥同日結婚，花轎先到大溝將四嫂抬來，又到窨子溝抬五嫂。鄰人指著我說：「老六娶媳婦時要使喇叭了。」「使」是僱用之意，就是要用樂隊了。

四嫂未纏足，是大腳板，臉中部有點微微的凹，過門後大家覺得不夠漂亮。其實訂婚前四哥已親自看過，滿意。事實證明，四哥真有眼光。四嫂為人和氣坦誠，做事勤快，好幫助人，為人設想，而不與人爭。不久全家的人就都喜歡她了。我察覺到，她也因丈夫力氣小，做的重活不多，有時受到三位兄長的不滿，而自己特別勤快，以補足四哥的缺點。四哥第一個男孩我抱過，叫「欽明」，體態、氣質、稟賦宛如四哥，現在在柳山鎮公所做事，我兩次回家，都是他迎送。育有子女三人，一個在臨朐縣，兩個在濰坊市工作。

五嫂娘家是嶺西人。由於嶺西近縣城，有日偽軍的擾亂，尤其是數部游擊隊紛紛要給養（糧秣）、木柴、征夫，人民不堪應付，紛紛走避。如此一來，春天種不上地（播種），秋天無收成，社會經濟就破產了。因農村在太平盛世還是三年耕有一年之蓄，亂時一年不耕，自然就瓦解。而嶺東的六區因張聘三治理有方，人民生活尚能小康或活命。因之，嶺西出走的人有的到嶺東討生活，未逃的大家庭也靠賣傢俱過活。嶺東人便到嶺西收買轉賣，叫作買賣破爛，有的就在六區賣，有的到昌樂賣，因為張天佐在那裡也維持人民過安定生活。

我家就趕盤陽集收買。盤陽在瀰河平原，自古是大鎮，物阜民安。然而從我家西去，一過嶺就是另一景象，路旁草深沒徑，兔子蹲在路上，遇到人也不跑，和人瞪眼。所過村莊的屋子門窗皆沒，有的牆倒屋坍，行人道上也長了草。很少有人，有也是面黃肌瘦。有個老人坐在門口問我們買不買壽器，那自然是他的兒子為他製的。到盤陽一家大戶人家買東西，櫃子、箱子的木料都很好，碗碟等瓷器花紋美、質地亮麗，還說他們有個女兒，願意說給我（說，媒說省略詞）。哥哥們回家問母親，母親指著我說：「我要等他自己能掙碗飯吃時，纔給他成親。」不要看母親平時像尊佛，不善言詞，被嫂嫂們言語頂撞時只會掉眼淚，像毫無主意，但在這件事上她的決定真正確，否則我以後偷跑從軍就有困難了。不過聽說我走後，她後悔當初未給我娶媳婦，如娶了就可綁住我了。

哥哥們和五嫂家鄉人合夥殺樹（伐木）賣木材，由此機緣說成了五哥這門親事。她家鄉亂，年荒，所以訂了婚還未過門，她就到我家了。我和姐姐叫她五姐。五嫂很俊俏，到一個生地方，準婆家，當然不大敢說話，不過她口齒伶俐、反應敏捷，個性不算太強。一直到四哥結婚時，她和五哥纔同時完婚。但她未回家，是到窨子溝我外婆家住一夜，然後用花轎抬到家。

民國三十二年，五哥夫婦和大哥、二哥、四哥等去東北時，她父母哥嫂及一男孩住我家，她父母我們叫（稱）表大爺、表大娘。表大爺幫我家做事，表哥有時也幫著做，吃我們的。但表大娘和表嫂則自己做飯吃。有時就不分彼此一同吃。母親厚道人，沒問題，三嫂有時面色不好，話中帶刺，而表嫂一表人材，個性也強，對這種生活過不下去，有時和表大娘吵。我親眼看見表大娘一面做煎餅，一面流淚。那年六月，表哥挑著個擔子，一頭放孩子，一頭放點衣物食物，表嫂跟著向南去討生活。但南去必先過沂山地區，而那裡也是荒旱民飢，所以過了些天，他們又回來。

姐姐比我大一歲，兩個人一同玩，相互吵鬧，但反而沒有特別印象深刻的事可說。兩個人同其他小孩，在大門外樹蔭下的沙堆玩娶媳婦。大些時，秋天到南嶺上棉花田拾（採）棉花，向北望，紀山像一隻獅子南向，但影像蒼茫，引起悲傷蒼涼之感。姐姐哼著：「妮啊妮，你別哭，鐵樹開花、碌軸（碡）發芽我還回來。」這似乎是佛教故事，一個母親臨終時對小女說的話。

北方人認為鐵樹是不開花的，碌碡是石頭作的，當然也不會發芽，意思是永不回來，但用開花發芽詞彙瞞哄小孩。看著蒼茫的紀山，在秋風中聽到這念詞，不禁茫茫然淚下。我的衣服本來是母親或嫂嫂洗，到我外出求學時，姐姐也漸漸長大，就為我洗，而在校中吃的煎餅捲子，有時也是她做。我離家前聽說她說給了劉家溝的人。我在昌樂中學讀書時，八路（軍）已到我們家一帶，命令將所有的狗一律殺死。姐姐說我們那隻棕色的狗好像知道牠的命運，拼命撲到人身上吻人。說著說著她就哭起來。

我離家時母親已近六十歲，生活困苦，生了我們那麼多孩子，身上不時這裡痛、那裡痛，我難忘的是她牙痛、頭痛，她那老樹皮般的手，以及腹腫病。鄉下人不注意口腔衛生，所以牙痛是常見的病痛。父親戒酒是因為牙痛，有時看到他在屋內來回的走，並且呼氣。呼氣可以減少痛的感覺程度，母親也是如此。但她所受最大的痛苦是頭痛，痛起來似乎有條蟲在腦子中作怪。沒有辦法，聽說燃桑棒（木）火烤有用，所以每次她頭痛時，我們就去找桑棒。民國三十二年春，日本軍掃蕩，我們到窨子溝外婆家避難，母親頭痛起來。我弄到桑棒燃起來。根本不知道是否有效，但見母親一面流淚，一面說：「唉，要烤熟了！」那淚當然是頭痛所致。

母親的手因一生勞累，洗衣做飯，北方天寒水冰，根本無從保養。一到深秋，皮膚皸裂地像老樹皮。媽媽常常將樹脂放在油燈上烤，烤軟了，便放在皸裂處，黏接皮膚，因此我常到林（墓地，有許多松柏樹）中採樹脂備用。我上小學時，母親得了病，腹部腫。父親一天到晚翻醫書找藥方，也請樂魁師看。那時，尤其在鄉間，這種病大概難治。一天下午我放學後去看母親，她拿出一把三舅來看她時帶來的林檎果給我，一面流著淚，摸著我的臉說：「孩子啊，恐怕你要看不到這個娘了！」現在，六十年後，我每次回想起這一情景，仍不禁眼淚滾滾而下。後來聽到一個偏方，用狗尾花草煮肥豬肉，不施鹽吃，母親每次吃都顯得很難過的樣子。病好了，不一定是此方之效，因同時還吃其他的藥。

媽媽的眼淚不只因病痛而流，也因想孩子、擔心孩子而流。四哥因受不了家中的生活，十幾歲就偷偷離家到煙臺討生活。我想他應當會寄信回家告知的，但外出的人有時很久無音訊。有一天媽媽在院子中的棗樹蔭下洗衣服，一面洗，一面哭，喃喃地說：「這孩子是不是還活著？」孔子說：「父母在，不遠遊，遊必有方。」「有方」就是讓父母知道你現在在何方，甚至做何生活，這是孝道之一。心中有此一景象，所以我雖然也偷偷去當青年軍，但一到安徽阜陽報到，便寫信回家說已入學校讀書。因怕被日本及偽軍查出，所以謊稱入學讀書。

兄弟們多，便不免吵架。有次父親去趕集，哥哥們在家吵架，大哥上額還被劃破流血。父親回家一同吃晚飯時訓他們，說：「人家都知道我有點小家教，而我回到莊頭上，竟然聽說西河裡兄弟們打仗（吵架），我的臉向（音上）哪放！」另一次大吵，父親也壓不下去，便拿起根棍子打母親。我一手將棍子接住，並說：「爹，你不要打娘麼。」父親輕聲對我說：「孩子啊，不這樣沒辦法，壓不住了！」接著就又一面大聲罵，一面走著要打母親，我也跟著接棍子。唉，有效，吵架停了。我纔知道打母親原來是父親解決吵架之法，當然母親一棍也沒有被打到。兄弟們每次吵架，母親總把問題攬到她身上，說：「都是我不好，沒有教好您，您打就先打這個娘好了」。

大家庭的彼此信任也是問題。父親去世後，有次三哥挑著豆油上集賣，而錢搭子被小偷用利刃割破將錢偷走，三哥未發覺。他回家吃飯時，一面述說趕集情形，一面去摸錢才知錢沒了。他一時情急，竟對天發誓，說絕無私心。大哥、二哥就安慰他說：「偷了就偷了，發甚麼誓！」回想哥哥們受的艱苦，可知家長制家庭的缺點。除了過年時父親給他們每人若干大頭銀元作為壓歲錢外，我沒見另外給他們錢。也就是父有制財產完全歸父親掌控，哥哥們沒有私人財產。終年勞苦，自己無可支配之錢，二哥那句「做牛做馬」，出自心肺，而兄弟們打架也可從此處找到部分根源（大哥一九五九年十一月去世，因支氣管炎。二哥一九六六年五月去世。二嫂一九四九年九月去世，癌症。）

父母對子女的教育是隨時、隨地、隨事而行，身教言教，對人和事的批評解說中，都含有價值標準，含有儒家揭持的做人處世之道，如過年時張貼的「忠厚傳家遠，詩書繼世長」等春聯。私塾教育中所讀《弟子規》、《小學韻語》讀本，是人格養成教育。父親在晚飯時的談話，同樣發生重要作用。談話內容廣泛，有時事新聞、古人故事、有名詩句。抗戰開始後，父親有時在趕集，買了幾份報紙回家看，晚飯時說給大家聽。所以我那時便知道天津以北的廊房等地名，也記得「天子呼來不上船，自稱臣是酒中仙」等口傳有關李白的詩，和解縉對對子（對聯）的敏捷才能，如「門對千竿竹長短」等。

從私塾到學堂

我九歲那年，父親送我去上學。師傅是族長張太華，大約五、六十歲，個兒不高，不苟言笑，中過秀才，不過在此之前，他似乎未教過書，因為莊裡只有一處學屋，而五哥未曾跟他唸過書。學屋（校舍）離我家很近，約走六、七分鐘就到，是和五哥一同去的。屋內未掛孔子像，只一進門抬頭就看到牆壁上掛著一張紅紙條，上寫「至聖先師之位」。我們入學時都要跪在這紙條前叩三個頭，這是入學儀式，叩頭之後就成了孔子門徒了。可見孔子不僅代表儒家，而是代表智識，因在學屋中唸的不一定是孔門之書。

莊裡小孩如不上學，別人一直用他的小名（乳名）稱呼他，直到他長大。但如上學，則一入學師傅便問有無大號（學名）。如無，他便根據學生的譜牒，給他起個大號。我們家兄弟六個，我是老六，哥哥們早有大號，二哥、三哥雖未上學，父親也給起了學名。我們這一輩的名字有三個字，張之外中間一字是「存」字，這是我們的排行字，是早已訂好的，只有第三字須臨時起。我們弟兄六個的名字是：魁、元、俊、傑、文、武。三哥大概覺得俊字有點女人味道，棄而不用，自取一個「鋼」字，但族譜上還是「存俊」。

全校學生大約十幾個。最大的是大學頭，小名「清溪」，大號「存祥」。二學頭是十幾里以外的泉子崖來的，名字已不記得。他因姐姐嫁到郭家莊子，所以因便入學。他姐夫是放（牧）羊的，不識字，但對內弟很好，有時給內弟送午飯，便和大家說說話。有次他拿著他內弟唸的書說：「大半年就只唸這一點呀！」那是一本《詩經》。二學頭天才很高，唸書進度很快，字寫得也不錯，個性和氣，大家和他很友好。不過他沒有繼續讀書，好像放秋學以後就去作鞋匠了，五哥說他曾在高崖集上看到他修補鞋子。五哥是三學頭，他也是中途輟學，放麥學以後就在家幫忙工作了。鄉塾配合農村時節，約舊曆二月初開學，端午前後割（收穫）麥子，放麥學，讓學生回家幫忙。秋天收穫穀子（粟），放秋學。冬至後放冬學。

一大早就到學屋唸書，如在冬季，天還未亮就去。有時輪到負責劈柴燒水，供師傅洗臉。唸一陣子書後，回家吃早飯。飯後再去時的功課是背書，背時將書放在師傅坐的桌上，轉身背對著師傅，將所唸之文字背誦出來。不只背前一天上的（教的），也背以前上的，所以在放長期假，如冬學（寒假）前，看到大學生們抱著許多本書去背。小學生背不出時，師傅會提詞。冬天穿著厚棉襖，覺得身上癢，但不能用手搔，只能不斷擺動上身和棉襖摩擦。師傅便說：「是不是有個蝨子？我替你拿（捉）好嗎？」又一次，老背不出書來，原來有個乳牙快掉了，很活動，我便老用舌頭去動它。忽然掉下來，我就大喊：「掉了個牙！」師傅說：「噢，掉了個牙，那不要背書了」。

午飯也是回家吃。回校後先休息一會，夏天便睡晌覺（午覺），然後練書法。大學生寫大字及小字，小學生只寫大字。我無藝術細胞，五哥握著我的手運筆，還是一塌糊塗，弄得滿手是墨。直到如今我寫的字，還是和母親當年批評的一樣：「螃蟹爬地一樣」。練書法後，大學生們開始「講書」，就是師傅講解書中意義。私塾教育是學生始入學時，只認字記誦，背得滾瓜爛熟，而不解其義，等年齡大些後始開講。

師傅離開學屋時，大家就鬧著玩，也是大學生欺小學生的時候。還好，有五哥保護，但他輟學後，我就不時受到欺負。惡作劇的事是免不了的，做水槍，在竹筒或葦筒中盛石灰水，乘人不注意，噴到人家身上取樂。

私塾授課和學堂不一樣，完全是個人教育或天才教育，進度不一，聰明的日行千里，資質差的也可安步行進。我屬於後者，一年下來也不過讀了《三字經》、《百家姓》、《千字文》，及臨朐人編的《莊稼雜字》。這些書除《三字經》有教育、歷史知識內容外，均屬識字蒙書，不過或三字一句，或四字、五字一句的押韻，方便誦讀。至於《莊稼雜字》是將農村生活用的字，如農具、蔬菜名稱等編成書，自舊曆開春始，寫到年底過年止，目的在使農村子弟讀後能記日用帳。師傅除教書外也幫忙其他事，我父親在祖墳立碑時，就請太華師撰書碑文。其時似乎中、晚餐飯均由我家供，晚飯常常有酒。我想此外應該也給金錢報酬。

民國二十五年，太華師的姪子（太乙之長子）張彭作鄉長。他是洋學堂生，大概在省裡（即省會，山東省會為濟南）讀過中學，口才好，一手行書體毛筆字也很妙。他實行廢私塾改學堂，於是太華師未再教書。我們的學屋成了鄉公所辦公處，而另在莊東頭的東嶽廟內開班，由也是讀舊書、精通中醫的張樂魁大爺爺任教。

廟坐北朝南，神殿在東，印象中神像很高大黝黑。西邊三間平房，隔成兩部分。一間供師傅休息、看書、辦公之用，另外兩間是教室。院中有柏樹，當時人們都叫它松樹，還有石椅、石碑。碑大概是記述建廟之事，當時不知留意，一九八九年十月回家時，全村已拆除另建，當然不會再建廟。我無宗教信仰，但這座瓦房東嶽廟，是莊裡的重要建築和遊憩地方，毀棄實在可惜、痛心。

名義上是學堂，教了點「狗大貓小」、「手拍手」教科書，但那是點綴，實際上還是教孔孟之書。我讀了已忘其名的書和「上論」[1]，前者開頭是：「天皇地皇人皇氏，名曰三皇居上世。」是韻編朝代名、歷代帝王廟號及年號的書，似乎也是一本地區性編纂物。私塾無統一教科書，學生讀甚麼，全由師傅決定，各人不一樣。我後來讀歷史，樂魁師要我唸上述那本書，難道他看出了我的性向？全年教了一首歌，算是音樂唱遊了，那首歌是：「手持釣魚竿，相將到河邊。河水清且淺，魚來食餌鮮，大魚奉我父母，小魚奉我兄。」釣魚的人沒有分，這是標準儒家教育。不過父兄一定也讓他一塊享受，這就能一家和樂了，從儒家文化觀之，這首歌可能需要如此轉彎解釋。

中日戰前數年，山東交通建設非常迅速。臨朐縣城通第六區區署所在地，柳山寨的公路也興建，經過我莊南面及東嶽廟前。區長張聘三也帶著一個馬弁[2]，往來於區署及縣府間，並親自督測路面寬度，有時到我校喝水，有時因天乾辛勞而鼻子出血，也到學校急救。樂魁師是附近方圓數十里的名中醫，區長也請他為其夫人醫病。請時用馬載去，醫好後的謝禮，包括請吸大煙（鴉片）。事實上區長往來時，有時就在師傅休息室吸。樂魁師會吸，但很少吸，和區長抽是應酬性質。他看病一般是藥到病除，他還能治性病梅毒。抗戰時莊上（村中）有個幹游擊隊的小伙子染了此症，找樂魁師治。先用藥將患處壞肉爛去，叫作「毀」，然後用藥促生新肉，叫作「提」。幾個學生去看那小伙子，聽他說在外當兵的故事。他說起病來，便將病處給我們看，但見一層肉芽，他說很癢。

二十六年春，開學時來了位新老師劉清齋，是從縣城一帶來的。他受過新式教育。到校後先粉刷裱糊休息室，也是他的臥室，因他家遠，必須住校。然後清理院子，栽植花草，這些事都是我們學生和他一起做。休息時他為我們講故事，說他作第七區區長的經歷。他是張彭鄉長的同學。現在是學堂教育了，他買了多種掛圖，及上下班用的搖鈴。他先教國音字母，我現在能用國音字典查字，就是劉師教學所賜。初等小學只到四年級，他將學生依程度編了班，我作我們班的班長。然而好景不常，暑假後他未再回來，學堂就停辦了，原因是日本侵華的七七事變發生了。

日軍在舊曆年時到柳山寨，一兩天就經我村到縣城，未佔領六區，然而學校仍停辦。冬，莊東北角的張存濱招集他家的幾個小孩，及我們幾個輟學的人在他家一間房內上課。他在省裡（濟南）上過中學，是高中還是初中不詳。就這樣混了這一個冬季。二十七年上半年，無學可讀。秋後，樂魁師與存濱師共同開課教書，純私人辦，學生繳點學費，無政府管。存濱師教洋學堂教科書，樂魁教古書，我唸了《孟子》。這時張聘三區長成立了游擊隊，恢復地方教育。

二十八年春，同區荷花池的章學成師來教學。他是在青州的山東省立第四師範畢業，四師是很有名的學校。記憶中他教了些歌曲，如〈小麻雀〉、〈烏鴉反哺〉、〈漁翁樂陶然〉等，也教了六、七篇古文。他地理不錯，手中有一冊中國分省地圖。有次他有事回家兩三天，行前出了些問題要我們回答，其中一題問中國的五湖四海是甚麼名字，並說：「我書桌上有本地圖，你們可不要看啊！」他一走，我就去翻，當然將問題都答對了。我至今喜歡地理，可能受他的影響。

我到過章學成師家，小村莊及其房舍不錯，他信基督教，家中有一小教堂。不過這年夏季日軍掃蕩，將他的家燒了，他也被殺死。我想除了他是知識分子之外，他信洋教也是一因素，因日本軍很仇視洋教，而且是年，他們已進軍越南，預備發動太平洋戰爭了。我敬愛的好老師就這樣被殺，這是日本毀壞中國文化，令中國不易翻身的惡毒行為之一。

張聘三的游擊隊編成山東省保安第十五團，團副張毅軍的太太馮雪芳，住我莊東崖上張餘慶家。她是臨朐天浴口人，受的是學堂教育，她妹妹也住我莊上，都是基督徒。她召集村中失學少年教育，教室就在餘慶家。她兼婦女會任務，做婦女放足等工作。我家是僻鄉，到這時女孩還纏足。因之，雪芳師忙，許多時候由她妹妹教課。有次妹妹教唱遊，被她說了一頓，理由是鄉下人家保守，恐引起反感。

快過年時，雪芳師說：「你們幾個大學生應該陞學了，我寫封信，你們拿去報名考柳山高等小學。」我及我家人根本不知柳山小學為何物，當然也不知陞學這回事。一共有四個人去考：我、張嗣騫、張其昌、張嗣俊。其昌為太華師重孫，其父嗣良高等小學畢業；嗣騫為張彭鄉長大兒子，嗣俊為太華師三弟之孫。柳山高小此次召生兩班，我考中第三十八名。馮老師只教我一個冬天，但她指引我陞學，這是我一生中第一次大轉機。

民國二十九年春，去報到上學。柳山寨距我莊號稱五華里，無法步行通學，所以住在距柳山寨一里多的後疃姑家。他們近支族人子弟，也有若干人在校，記得有位是表堂姐曹桂英，及另一位男同學。桂英喪母，家境不好，另一位可以說是窮，但天資很好。我們上學、放學都結伴同行。級任導師是教國文的李會昌先生，也是後疃人。後疃李家在地方上人財都旺，該校校長李貫一（號）也是該族人。

會昌師在我與嗣騫等四個人報考時，就指著我說：「你行！」人總喜歡別人的誇讚，所以這兩個字時過六十多年，我還沒忘。這時，日軍已在甕石山上築了堡壘，駐著約有一個班的兵力，外加偽軍，也不多。他們人少，所以並不外出滋事，但有時砲轟寨裡（柳山寨），學校不安寧，乃在西南方約十五華里的西寺後開闢了校區，大約清明節後遷去。對寨裡時期的柳山高等小學印象，最深的是那首〈漁光曲〉[3]。一個電影插曲，曲調美而悲切，會昌師說是他教的，六年級同學全班都會，桂英表姐的聲音最美。我那班雖未趕上學，但「雲兒飄在海空，魚兒藏在水中，……，魚兒難捕船租重，捕魚人家世世窮」的旋律，至今仍迴響在腦中。

西寺後的校舍，據說原來是個繅絲廠。院子是長方形的，北邊一排房子，西邊一排中開大門，門北首有東西橫列的兩間六年級教室，南首另有一個通向民居街坊的便門，東邊一排房子是廚房、教員休息室及校長室。南邊是一排五年級教室。教師陣容除了原來的校長貫一、李師會昌、王師建堂外，加了女音樂老師王得傑。校長教算術，建堂師教歷史及六年級國文，音樂、美術得傑師教。建堂師年約五、六十，面容嚴肅，很少看到笑容，似乎腳下有毛病，走路微微有點顛，然乃全校精神支柱，張區長到校視察訓話完了時，總問他有沒有話說。

在抗戰時的鄉下仍有教科書，不知如何得到。建堂師教書先唸一段課文，再將課本放下，解釋一下。課文文字暢雅，可當作國文唸，我很喜歡這門課，考試得分很高。國文作文有時好有時不好，甚至會「抹桌子」。老師發作文本子時，先放成一疊，將好的放在上面，最差的在下面，接觸桌面，叫作抹桌子。得傑師的音樂課教五線譜外，歌唱教得也好。她用標準的國語說：「咱們學校惟一教材就是這架破風琴。」她將那惟一的破風琴修修裱裱後，彈起來居然不錯。她教六年級〈桃李迎春〉歌時，春盡夏來，教室外的石榴花照眼欲紅，院內的幾棵樹也綠意盎然，她和同學們的歌聲與風琴聲，飄響在院區空中。

會昌師說：「我們學校是個煎餅捲子學校。」學生們星期六下午回家拿吃的乾糧。臨朐人吃煎餅，將煎餅在鏊子上折疊著烤，疊成大約五乘十公分大小，叫煎餅捲子。把蔥花、鹽、油抹在煎餅上折烤，叫作油煎餅捲子。星期天下午，用包袱背著吃六天的煎餅捲子返校。吃飯時，校方預備幾桶熱開水，學生們將煎餅捲子用手拿著向水中一浸，約半分鐘拿起，就會變得像家常餅一樣軟，而內中的蔥花、鹽、油，便發出味道。通常還帶一點鹹魚或鹽菜就著吃。絕大多數學生如此生活，少數家境好的當然會帶點肉。

民國三十年春，山東保安第十五團團長張品三，在辛山創設臨朐簡易鄉村師範學校，招生一班。學生多半來自嶺西，就是一、二、四、五、七等區。臨朐教育落後，戰前城中只有一間師範講習所，日軍來後停辦。上述各區距偽日軍占領之縣城近，游擊隊也沒有文教建設，只有六區距城遠，隔著一條大嶺，張團長的十五團是從區長班底發展起來，有地方建設的觀念。而且其時山東省政府在縣境南靠沂山一帶，省府人員均經本區越膠濟鐵路而往魯北，故較有人材，所以能繼師範講習所而發揚之。校長是張團長，設班主任，聘大學畢業的程俊民為主任。也謀設簡易師範附屬中學，定在三十年暑期招生。

為趕上中學招生考試，學校將兩班五年級學生中，程度較好者選出一班，把六年級一年的課業半年上完。我僥倖被選入其中。每星期六下午也上課，星期天上午回家，下午返校。我的功課還是歷史、地理好。記得與高家莊高廣基同學（他哥廣孚在南鹿第八聯合中學求學，來臺師大國文系畢業，後任教授、校長秘書，後移美。）兩人下課後各躺在一張凳子上，人手一書，互相問答課題。我對瑞典、挪威的國都名稱脫口而出，他則說：「我怎麼就是記不住！」三十年，暑期招考初中兩班，好像劉珍年（現名聘）為榜首。我考取第四名，主要靠常識科

（史地在內）分數。我後來能考上臺大歷史系，當與高小時期的史地教育有關。高廣基及我同村的張嗣騫、張其昌也考取。

暑期開學時，學校遷至辛山。辛山是十五團團部所在，地處城頭漥中。漥就是盆地。臨朐有三大漥，人們說「一姑塘，二盤陽，三是數到城頭上」，這是六區農業的重要基地。辛山附近的廟山、城頭也是大村落，三國時曹操與孔融已在此作戰爭奪。

由於數年日軍未來進犯，張團長兼校長便大事建設，在辛山建了一排排的房子。一部分團部用，大部分為簡師及初中的教室及學生宿舍。雖非瓦房而是用墼（音擠，土與麥穰合成厚泥，倒入長方形木框中，拉起木框，曬乾而成。）蓋的，但整齊壯觀。省府教育廳長何思源[4]蒞校視察，團部以軍禮迎，請他閱視。何廳長非常滿意，批准該校為省立，張品三為校長。何廳長之行，文宣隊也去演戲唱歌，宣傳抗日，使我們大開眼界。但寒假期間日軍掃蕩，把只用過一學期的新校舍燒光。日軍過後，校方急修西寺後原用校舍，故年後開學時又到西寺後。

初中時期，教師陣容更強了，都是大學畢業的，有些是山東省教育廳轉來或介紹來的。最有印象的是，國文老師馬品三，似是北平人，北師大畢業，一口京片子，書法妙，尤工隸書，為人謙和，教書認真，諄諄善誘。教歷史的張老師眼球有點毛病，所以考試時無人敢作弊，因為你以為他看東，實際上他是看東北、東南、甚至是南、北。音樂老師仍為王得傑。

教衛生的女老師瞿彩蘭是瞿家圈人，聽說在北平協和醫院任過事。在班上我曾將父親的病狀告訴她：「很能吃，常口渴，人不但不胖反而漸瘦。」瞿師說是糖尿病。病人的肝臟功能衰，所蓄糖分尿出，小便發甜，時無可治之藥物，只能多吃青菜，少吃肉、蛋、糖等。我對父親說，父親說小便的確發甜，但他以為這五臟六腑的病，不可能好，應享受享受，不聽老師的話。

桃河張子封封誥師教國文及數學，為人坦誠親和，作文讓學生自選題目。時教室外有一叢白色茶花盛開，班長劉鳳翥就以「茶花」為題。作文簿發下時，文字旁邊盡是圈圈，意思就是文句美。

其時已無教科書，校中用石印法印發講義。地理課無地理圖參考，王得傑師便將她的中國分省地圖拆成一張張的，令我們在她教的勞作課上，用對開白報紙放大畫出，上地理課時掛在黑板旁邊供參考。另一位音樂老師江洞仙的琵琶、洞簫吹得很動聽，衣衫行止也是一副瀟灑飄然之貌。我班上有兩位女同學，其中一個是游擊隊十七旅長賓來庚之女。二人長得都算不錯，座位總在前排。

一年多的初中生活也有幾件事可述說。由王得傑老師組歌詠隊，練習勞軍歌，到傷兵醫院唱給他們聽。日本飛機常飛臨偵察，學校恐它轟炸，不敢在校中上課，而以班為單位，疏散到墓地中。北方將墳墓地叫做「林」，因凡塋墓地必廣植松、柏、橡、栗等樹。墓大，其前有備上供品的石桌石凳。在此處上課很舒服，空氣新鮮，精神比在教室中輕鬆，有野景可欣賞。宿舍不在西寺後，而在東寺後及劉家溝，早晚結隊往返，一路上唱歌談話，非常高興，領隊的得傑老師也一路哼唱。在辛山時，還去看張團長審問抓到的土匪。先問，然後用馬鞭打背，最後拉出去槍斃了。有位英文老師教得不好，上課中班長喊：「起立，鞠躬，下課！」就把他弄走了，課臨時由程主任代。

民國三十一年六月，學期快結束時有訊息日本軍進攻。一天大家在校院中議論打聽，王得傑老師匆忙跑來喊她弟弟：「王德馨，怎麼還不跑！」程主任說日軍還遠，不忙。王老師喊：「馬隊呀，已到南嶺上，有人看到了！」程主任哨子一吹，大聲喊：「快跑！」這是我最後聽到他的聲音。

我們實在跑不動了，歇一歇，繼續跑，各自回家。我們跑了，程主任怎樣？他身體雖魁梧，但很胖，一定跑不了。後來聽說，他和江洞仙老師，被日軍運到東北撫順煤礦做苦工，那準死無疑。王老師得傑下落也不知。日軍這次掃蕩，將十七旅長竇來庚打死，該旅瓦解；十五團的軍需處長及一個營長打死，雖未瓦解，從此一蹶不振，我們學校也未再恢復。我在臨朐的求學就此結束，大致情形如下：

二十四年：開蒙，私塾，師張太華。

二十五年：新舊交替，舊重，師張樂魁。

二十六年：學堂，師劉清齋，半年。冬，私塾，師張存濱。

二十七年：冬學，師張樂魁、張存濱。

二十八年：師章學成，半年，冬，師馮雪芳。

二十九年：柳山高等小學五年級。

三十年：六年級半年，初中一年級半年。

三十一年：初中一年下，半年。

我的年齡有三種說法。按照現有的最早證件，民國三十五（一九四六）年國民政府軍事委員會青年軍復原管理處發的服役證書，我是民國十七年（一九二八）二月二十日生。但民國三十九年（一九五〇），我到臺灣，在臺南一個區公所換發身份證時，弄成了民國十八年（一九二九）。兩岸通郵後，我問家中按十二生肖我屬甚麼，回答是兔子，那麼我就是民國十六年（一九二七）生了。不管哪一年，大致我在家鄉待了十六、七年。這十六、七年的故鄉記憶，除上面所述外，還有若干值得說的事和人，如父親和我的親情。

前面說過，人家叫我家為西河裡，就是我們家大部分的房子（屋）是建在西河東涯上。涯東邊是高起的台地，為我家與希曾老爺爺的打谷（穀），家鄉稱場垣。希曾爺家住場垣的東南邊，西北角有坐北朝南的兩間房子。父親住的房子是一間建築在打穀場台地上，門對打穀場，一間的一半在台地上，一半是懸鋪的木板，板用柱子頂著成一間地下室，板上開一洞，建一梯上下，地下室便通台地下方的房子。

臥室在西半間，另一間放著條几、八仙桌子和椅子、洗臉盆等。條几及桌上，放著他看的醫書、算卦書等。牆壁上掛著條幅畫及字畫，就是書法卷軸。幅畫內容有三國故事，如關公刀挑紅袍，字畫我記得有李白的「朝辭白帝彩雲間」詩。在莊裡，除東涯上餘慶等兄弟居處，及樂魁師家外，我家算是有書香氣息，所以能言善道、說得上話的人，不時去坐坐聊聊。逢寨裡集的日子，父親老友英山河裡王先生下午從集上回程時，常常去父親住處歇息聊天。燒水泡茶是我的工作，如果父親要自己吃，不下去同大家一塊吃飯，則做菜做飯的事是姐姐做。過年（春節）時到父親屋中走走的人要多些，父親便解說各畫中故事意義給大家聽。

有兩件事印象深刻。第一是學黃香溫被。上學後所讀第一本書《三字經》中有「黃香溫被」的故事，課文雖簡單，但這是許多人都知道的。待在溫暖地方的人，是不會瞭解故事的道理意義的。北方冬季氣候寒冷，鋪蓋的被褥，晚間就寢時也是冷颼颼，而北方人大都不穿內衣，棉襖褲脫下時就是一條光溜溜的身子，躺進冷颼颼的被窩，當然不好受，甚至兩牙凍碰出聲。在這種生活情況下，出現了黃香溫被的事。那時我和父親同牀睡，通腿睡，就是各睡被窩的一頭。我先睡，睡在父親那頭。這樣就用身體把他睡部分被窩溫暖了，他來睡時，我就再到我那頭睡，而他也不會覺得被冷衾寒。父親大概很高興而對哥哥們說了，哥哥就喚我小黃香。

有時我溫被睡著了，父親睡時也不喊動我，逕睡在我那頭，有時我雖未睡著，他也不讓我換位，自己去睡冷的位置。南方同牀而眠時，都是齊頭而睡，北方大概因為天冷，睡時都是各據一端，彼此可以用身體溫暖對方的腳，因腳冷就不成眠，睡不著。但北方天冷少水，尤其缺乏溫浴設備，並不常洗腳，所以縱然因天冷而無嗅氣發散，總是不衛生。至於新婚夫婦或求魚水之歡者，睡時可能不通腿，或先齊頭而後通腿。

第二件事是偷錢被打。我第二年還是第三年上學時，與一對兄妹同學。大概我借過他們一本書看，然後他們說，我把他們的書弄髒了，要賠他們錢。我不敢聲張，就偷父親放在錢版上的銅錢給他們。他們又要了一兩次，父親發現錢少了，一天早晨問我有沒有拿。我說沒有，其實那時正拿了若干。衣服上沒有口袋，穿著條單褲，上面也無口袋，只好將錢捲藏褲腰裡。父親洗完臉，我去倒洗臉水時，腰一彎，所藏的銅板（元）嘩啦散落地上。父親一看就大聲說：「你不是說沒拿麼！」並用手掌向我背上打了幾下，我一面哭一面說出原因。後來父親去看過學堂老師，那對兄妹也未再向我要錢。父親從未體罰過我，這次大概是涉及偷竊及說謊，所以重重的處罰。我曾將這故事說給兒女聽，意在借作教材，那知調皮的女兒好幾次故意說來調侃我。

我上高小是馮雪芳老師促成的，非父親之意，因他不知新學制，但他常看我讀的教科書。他有躺在牀上看書的習慣，不是傳統小說，就是如《本草》等醫書。我見他看教科書中的〈蒲公英〉課文，大概這與《本草》同性質。我考初中，被錄取名次是兩班八十人左右的第四名，父親應會高興，因他的好友英山河王先生的女婿考中第六名。但父親從未當面誇獎我，這應為以前作父親的風範，不會像現在的爸爸，子女有一點好，就連連誇讚。

不過我們也未因父親不誇獎而不努力，父親顯然也在調教我。有次大舅的兒子來看我們，他當過兵，在各處跑過，算是出過門的人，但我未和他多談。事後父親說：「你應學應對人情世故，你表哥來，你都不和他好好談！」上了洋學堂的我也有我的回應：「老師說，話多了傷人，話到舌尖留半句。」他想看小兒成人，但晚了，來不及了。初中開學時背上一包煎餅捲子及鋪蓋，臨行時到父親牀前一鞠躬說：「爹，我要走了。」這一別就成了永訣，他已因糖尿病昏迷過數次。我到校後，不到一週，一天夜裡學校的工友到宿舍找我，並說：「你們家有人生病是不是？」我心中已有數了。到校中，程俊民主任說：「你家中有人生病，你要快回去看看，我已找好一個人送你，不要害怕啊！」是哥哥到五子行英和鄉鄉公所，打電話到學校的。那時十五團地區已裝好了電話，哥哥們請隣人在半路接我。回到家時，父親已嚥氣些時了。

務農及昌樂中學生活

從民國三十一年（一九四二）暑期至三十三年（一九四四）秋，兩年多我輟學在家務農。當時十五團已被日偽軍不斷的掃蕩打垮，大部退守六區北部桲落林子一帶，並撤出六區，移往駐在五井一帶，投靠日偽的吳化文部，六區中部柳山、辛山等鄉鎮為日偽軍佔領。十五團治理的六區相當好，安定，沒有強盜，文教建設好，農業及手工業生產有發展，農民稅負合理。

然而偽軍佔領後，大肆搜括，治安變壞，人民紛紛出走關東。三十一年（一九四二）底，哥哥們衡量家中儲糧不足支持過春，挨到麥收，便賣了部份糧食作路費，全家十七口人中的十二口去了關東（東北），他們是大哥大嫂及兩個小男孩一個小女孩，二哥夫婦及一個小女娃，四哥四嫂及一個小姪子，五哥夫婦。同去的還有三舅和他姘婦、兩個表弟。他們先後到遼寧的本溪及清源煤礦做苦力，四哥因在東北待過，在公司做記帳工作。家中只剩下母親、三哥三嫂、姐姐和我。

能做事的就是三哥和我，可是三哥當甲長。由於郭家莊子是從柳山寨進城及到盤陽的大路，偽軍往來要人夫供役，要給養，甲長常到保公所開會討論推派人夫、糧食、木柴，所以許多工作就落到我身上。我盡力維持哥哥們每日早晨打掃院子的習慣。家中用水是到約三、四十公尺以外的一口井挑的，兩隻水桶是松木做的，浸水後頗重，恐有六、七公斤，外加水的重量，蠻重的。肥田用的人畜糞土，從豬欄中抬出，堆在大門內二門外的空地上，堆些日子發酵後，用钁搗碎叫作「搗糞」。堆積如小山的糞，三哥偶而幫忙外，都是我搗的，後來想想真不容易。

家裡本來有匹驢子供耕田、拉車、拉磨之用，但三十二年（一九四三）正月，日軍掃蕩時，被漢奸搶走了。三哥只得將留下供我們五口人過春的糧食，從柴貨垛底下的大甕中取出賣掉，和鄰人合伙買匹驢。耕地通常用兩頭牲口拉，現在只有一頭驢，只好添加人力，兩個人與一頭驢共同拉犁。這是很重的活。因我不會扶犁，都是三哥和鄰人扶，所以拉犁的都是我和三哥或鄰人。將搗碎後曬乾或晾乾的糞運到地裡時，「陳（重）車子」（載有糞土的車子）都是三哥推，回程時的空車子我推。地裡路徑窄，車子一扶不穩，輪子就滾離路下，再賣力上路，很辛苦，常滿頭大汗。

耩地（播種）後打頓子是輕活，這多半是我作。穀苗長出後，要用鋤將弱的、多的除去，將密行變成稀行，叫作「剜苗子」。年輕人比大人做好受些，因為工作須彎腰做，年輕人矮，彎腰比較容易，好受，所以我做的不少。穀苗、麥苗長到約五十公分左右時要鋤地，除草翻土。土壤鬆了夜間容易吸收空中水分，地下濕氣也易上陞，而且多鋤一遍，米粒就堅實一些。據說鋤上六七遍的田裡長出來的穀，做飯時小米就不易爛熟。

我家一塊地名「柘樹溝子」，是南嶺上的唯一窪地。在那裡鋤地，四周不見人影，有時害怕。鋤地時，頭戴葦笠，光著上身。小麥長得不很高，鋤地時披一塊毛巾足供遮陽擦汗；但高粱長得高，葉邊利，穀則穗子大，向行間歪，會磨傷皮膚，所以披一塊長的布，將兩個臂膀及背均蓋起來。這布就叫「披布」。

我另一自發的工作是拾糞。每天一大早背一糞籃子，拿一把糞叉子出門，遇到狗屎、人糞便用叉拾到籃子中，回家倒在豬欄裡，這是「積肥」。中國傳統農業發達，善積肥、施肥是原因之一。一塊人糞，農民說是一塊黃金。我拾糞時經常遇到做同樣工作的四老爺，即張太華師的四弟，他總說：「又碰到你呀！」是有讚美之意，因許多人上了洋學堂後便不肯做家事，我則凡力能做的都做，所以在村中受到點讚美。

力田時沒忘讀書。上坡（下田）時扛著鋤，鋤柄上掛一壺開水，另外帶一本初中或高小念過的教科書，有時是歷史小說，有時是五哥念過的《千家詩》，偶而也帶一本四哥用《易經》換來的《中華字典》。鋤一上午的地，大約休息一至兩次，家鄉叫「歇」，每歇約十五分鐘左右。坐到樹蔭底下，擦擦汗，喝兩口水，就拿起書來看。像《千家詩》，常常看不懂，字音讀不出，查字典寫拼音，就囫圇吞棗的念。現在有時還念錯字，就是那時造成的。冬季則在向陽背風的屋角扎了個小高枱子，在那裡溫習教科書。有次一個偽軍到我家找甲長，看見我唸書還誇讚：「這小孩很上進，很好！」其實我已滿頭大汗，因為我念的是國民政府編的三民主義思想體系書，萬一漢奸追究起來就麻煩了。

那一年臨朐一帶大歉年（「歉」鄉音作「見」），人民缺乏糧食，吃樹葉。樹葉有的無害，如榆樹葉。榆樹除葉外，榆花也可吃。鄉人叫榆花作「榆錢子」，因其形狀像有孔的銅錢。榆樹皮也可吃，將皮剝下曬乾，碾成粉，可作像沖泡的牛奶一樣的液質。我在鄰家吃過，滑滑的。附近所有的榆樹都被剝了皮，剩下慘白的樹幹無奈的佇立著。有的人吃了青楊樹葉，臉腫。我家在上一年秋出（挖出）地瓜時，將全部葉子虜（音路）下曬乾，運回家囤起來應付飢荒。鬼子掃蕩時我們五口跑到偏僻的窨子溝外婆家，家中的地瓜葉便被人家偷了些去。乾地瓜葉用水浸一下晾乾後，和大豆粉、鹽攪拌，上鍋蒸，很好吃。

叔父下關東多年，回家時第一件事就是要母親蒸菜（地瓜葉）吃。那年春我家經常吃地瓜葉，但多同時吃綠豆湯，因為綠豆湯有解毒作用，地瓜葉雖無毒，喝了也可防其他的病害。家中無錢買綠豆，三哥便「指麥青取錢」，就是先借錢，麥子下來（收穫）時用麥子還，這是高利貸。母親年紀大，牙齒不好，吃地瓜葉有困難，我便去買個饅頭給她吃。她不肯，不捨得吃，送還饅頭舖。後來我買到饅頭後，便立刻將之掰（bei，鄉音北）成兩半，她就不能還，只好吃了。

麥收前大哥五口、五哥夫婦回家。我去接他們，須帶點吃的東西給他們充飢。但家中甚麼也沒有，只好將未十分成熟的麥穗剪下，用開水煮熟，涼乾後用手將麥粒搓出，再碾成餅子，用包袱帶去。我向西去，走到西崖頭碰（遇）到他們。我一下就認出他們，而他們竟一時認不出我來。後來五哥說，那時我又瘦又黑。

夏秋間，大哥得霍亂症上吐下瀉，除樂魁師醫治外，又用燒酒和艾蒿搓身。其後轉成傷寒，數度危機，大嫂常常哭泣。我到大哥住的耳屋看，因屋被東屋遮住了陽光，黑黑的，而窗前又有棵梧桐，秋雨打在葉上，倍覺淒愴。

三十二年（一九四三）大約五月間，有同學說臨朐縣政府舉辦訓練班，可以去受訓。也摸不清是甚麼性質的訓練，幾個人就去了。訓練班是國民政府新任命的縣長王世福舉辦的，目的在訓練鄉保長人材，以便派往日軍佔領區，光復地方。訓練就在縣政府所在地「潭家坊子」，為昌樂西境，靠近臨朐。上課數週，教的是三民主義、時事等。畢業時，管轄臨朐的第八區專員兼山省東保安第五旅長張天佐[5]、遭日偽殺害的前十五團長張聘三之弟張燮文師（西寺後時，柳山高等小學教過我）等許多地方首領，均到場訓話。

這是我第一次見到聞名已久的張天佐。燮文師與會自然是因他哥哥的餘勢猶在，且其活動範圍靠近昌樂之故。結訓後縣長和學員一一談話，問願做甚麼。年級大的都被派任為保長或鄉長，其中個兒最高的排頭陳祝三（真名忘記），來到臺灣做建築工地管理員，死在臺灣。輪到我們幾個小的，縣長問：「你們能做甚麼？」齊聲答道：「上學！」縣長就寫介紹信讓我們到昌樂中學插班。

昌中以前在縣城，日軍佔領後移設於鄉村，初中部在賀家新木，距我家有六十華里。秋季開學後還是帶煎餅捲子，不過路遠，不能每星期回家，而由家中送。記得二哥送過一次。煎餅放在布袋中，送一次可吃一個月，幸好秋冬天乾，不會變壞。入學時，負責註冊者，留油油的洋頭，戴眼鏡，雪白的襯衫，打領帶，我第一次見到這樣的衣裝。後來才知道他是亓（音其）耀文先生，初中部主任，教英文，是我班導師。歷史老師是一位省府參議。數學老師教得很好，教材很熟。國文老師也是三十多歲，有時穿西裝，說官話。老實說，以前教國文的老師多穿長衫，馬品三師有時穿西裝，我就想：「穿西裝的怎麼也能教國文！」

教室宿舍都是借用民房。一位同宿舍，也是同班的同學，當地人，很會說話，告訴我們一些昌中的人和事，很會說黃話，會唱五更調（閨中女子思春曲）。學校辦籃球比賽，師範部和中學部對抗，競爭激烈，連各自的助陣者、啦啦隊也情緒激動。參加了一次師範畢業典禮，在一打穀場上，師長們坐板凳，學生坐地上。那是一個黃昏，天氣有些冷，但大家還是聚精會神的聽張天佐講話。話中一部分是說，日本在太平洋戰爭已節節失敗，最後失敗是毫無問題的；問題是日本人放下武器後，「土匪」（八路）的威脅怎麼辦。「現在不得已時還可找鬼子（日軍）來轟兩炮，鬼子放下武器時中央軍何時到？到來之前怎麼辦？」這話我印象深刻，事實證明他很有見地。

抗戰中末期，共軍控制了山東絕大部分地方，國民黨游擊隊剩下沒有幾個，張天佐的五旅是其中之一。共軍已攻擊其總部所在滄上數次，但攻不下，且因昌樂組織嚴密，各部隊支援靈活，所以共軍打不下滄上後必須很快撤出昌樂境。不過張部的危機很大，乃派出人員與日本佔領軍聯繫，協議張部保證膠濟鐵路昌樂段之安全，日軍則協助張部抵抗共軍之攻擊。張天佐自己不出面，一個團長負責聯絡。但張部仍有電臺與在安徽阜陽的山東省政府、重慶中央的軍統局聯絡，辦的教育還是三民主義教育。我們就數次接到校方通知，說恐有日本間諜來調查，令我們小心。當然校中也未掛國旗。

三十三年（一九四四）冬，學校宣佈蔣委員長號召知識青年從軍，我報名參加，三十四年（一九四五）因家人阻攔而偷偷離家出走，未再註冊入學，離開了昌中、家和山東。昌中半年是我生命史上第二大轉機。到臺灣後有次在臺中看到昌中校長郝子坡，那時他也在從事教育，其後昌中同學李雲漢組成昌中旅臺同學會，每年春節時聚會。

鄰居素描

印象深刻，至今難忘的鄰居玩伴及同學生活情形，是故鄉歲月回憶的一部分。

成山　張樂成，小名「成山」，論輩分他是前輩，因為祖父一輩的名字排行「樂」字。他是我第二年跟張樂魁師上學時的同學。長得滿清秀，書讀得很好，小字寫得頗漂亮，且帶有才氣，我讀上論，他已讀《孟子》，大概前此一兩年他已跟樂魁師上學。有次他摸著小肚子說有病，回家時他母親摸摸後說小肚子有一塊發硬，不久便不能上學，請假在家養病，而終未痊癒死去，我們都覺得可惜。

他的家庭有點複雜，父親與元配生了一兒一女，元配過世後續絃，繼室帶來一個女兒，是拖油瓶，後來又生樂成及一個小名叫「小堆」的女兒，一個小名「雙成」的男孩。大兒子是個瞎漢，學會了彈琵琶及說書，也會算命。夏天晚上乘涼時，鄰人們有時請他在場垣上說說唱唱，給他點錢或是吃的東西。有時成山領著他，或他自已靠著根拐杖摸索著到別的村莊去應事。大女兒小名叫「黛」，許配了人家，但未婚夫離家多年不回，她就待在娘家等。一家之主的父親去世時，這一兒一女哭得最傷心，喉嚨都啞了。後來繼母將大女兒婚事告到縣官，要求解除婚約，過了幾次堂纔完成，另外許配。記得過堂時，她繼母及瞎漢哥哥都進城陳訴。老三，就是拖油瓶的女兒，長得清秀，會唱鄉歌，大約十四、五就許配了人家。

他們家境貧窮，總共只有大約一畝地，而修公路時還佔用了一長條。地頭上有三棵很大的酸楂樹和小石榴樹（五月榴花之榴叫石榴），年年結實纍纍，算是一筆收入。地中多半種地瓜和玉米，這點收入外，靠瞎漢賺一點點錢，再就是鄰人送點吃的東西。我到他家經常看到他們吃地瓜，很少吃其他穀物。所以成山上學，欒魁師免他束脩（學費）。我與姐姐常和小堆、雙成一同玩，尤其在那三棵石榴樹蔭下。他母親約四十歲，夏天熱，而只有一件上衣，有時只好光著上身。她很會說話，不怕生人，所以有時男人們和她開開帶有葷味的玩笑。傳說有人有時送她食物，有特別密切關係，但這不一定可靠，只是傳聞。

不要以為淳樸鄉民的傳說可靠。有次我三嫂言語頂撞母親，母親就掉眼淚。三哥看到了，便關起房門來教訓老婆。我聽到三嫂叫道：「你打死我吧！」母親和我要勸架，就去叫三哥開門。不應。二哥拿了張钁去撞門。不久後教我冬學的張存濱便問我：「你二哥還沒娶是不是，聽說他拿著钁去撞你三哥的房門。」多可怕的流言。

同樣的流言還有。我家前鄰夫妻兩個生了三個兒子。老二、老三和我年齡差不多，有時同玩。老大娶了媳婦。據說媳婦天還不亮起來套驢磨煎餅糊時，公公去拉她。她拒絕，公公說：「誰的不是一樣。」老二、老三平常不穿鞋，跑起路來很快，沒上學。張彭鄉長辦學堂，推行義務教育，說如不上就稟（告）他們。二人雖去上了學，但幾天就不見人影了。他家確有困難，二人去上學，家中就少了幫手，何況他們也不做生意，用不著記帳，也不必寫信。媳婦後來喝滷水自殺，原因不知。媳婦家興師問罪，要來「搗磨子殯」，男方家人都不敢在家，搬到別處。所謂搗磨子殯，是在出殯時候，女方可到男家隨意打砸器物，打人。

珮姑

其實我們姊妹都叫她老姑，因為她是祖父輩。希曾老爺爺和老媽媽生了兩兒一女。老大樂沼為人厚道，見人笑嘻嘻，身體差一點，不能幹重活，但能繅絲織布。其妻我們喊大媽媽，也是誠實型，沒生小孩。老二樂池自幼有點野性，時與人吵架，甚至打架，耍起性子來常躺在地上一面滾，一面罵人。有次不知何故對他娘說：「你娘家沒有一個站著尿尿的。」站著尿尿的是男人，男人有力量，他的意思是他母親娘家無可怕之人。他長大後變好了，不大隨便說話，而且努力幹活，架車推木材去青州賣，推大簍花生油到青島賣，家庭生計他扛了起來。樂池娶了個標緻能幹的太太，我們稱二媽媽。他們除種幾畝薄田之外，原來也織布維生。在希曾老爺爺細心教導之下，二媽媽學會了織布。她也會針灸治病，有一年暑期下午放學時，我感到不舒服，發悶，從莊東頭的學校走了很久，走走就需歇歇。到家母親一摸上額，很熱，猜是中暑，便請二媽媽來扎針。上額及兩個太陽穴三針，胸前又扎了幾針，立刻就覺得不悶了。擠出的血暗紫色，濃濃的。扎完後她說：「燒碗紅糖薑水喝就行了。」

二媽媽機伶之外又生了個兒子。這一下老媽媽的偏心全部施展出來了，對大媽媽處處不好，大媽媽常在人後流淚，連大爺爺有次都企圖用剃刀自盡。老爺爺沉默寡言，鎮日忙自己工作，老媽媽則不然，她活躍，經常這家那家的串門子，因之消息靈通，也是消息傳播者；喜歡幫助人、勸架，我們家兄弟們吵架，每次她都聞聲而至；她也能幫助婦女生產，可說是自學產婆；很會說話，而且雖有誇張性但聽者無此感覺，所以也替人家說媒。她有點組織能力，曾聯絡些老太婆徒步到泰安燒香（進香）；有些親和力，人們和他接觸說話，全無厭煩之感，我們小孩尤其好繞在她身邊。就是對兒媳婦的偏心令人不服氣，而這一點珮姑能發揮制衡力量。

女兒珮姑是她家老么，比我和姐姐大十一、二歲。中等身材，不胖不瘦，皮膚白皙，瓜子臉而略圓，大眼睛，黑髮長辮，妝扮雅緻，儀容氣質端莊，一手好針線活，裁繡俱工，常見她繡花。也會做紙花，父親百日時，就是請她幫做各種冥樹冥花。我常和姐姐繞在她身旁，要她說故事。我們兩家的場垣連在一起，收穫麥子時天氣不寒不暖，她有時出現場垣中割麥穗。端午節時，常為姐姐和我做荷包。她家大門開在東首的巷內，到場垣遠，便在臨場垣的牆上開了一後窗口進出。她家賣酒，有時其他家人不在家，她便代辦，常見買酒的男人在窗門外左顧右盼的端詳她。

珮姑為人公正，她娘偏袒她二嫂她不管，但對她大嫂不好，她便抗議勸說，而老媽媽差不多都聽她的。珮姑嫁到十餘里外的解家莊，回門時二哥、三哥幫忙，將平時一人推的獨輪車加寬，加裝車把，成為前後兩人推挽的車，用葦席做成車篷。我和姐姐一同坐車去，陪伴她回娘家。老姑丈是個讀了幾年書的人，年青俊逸，人們說他是個「學飽子」。他們分別時我在場，一副新婚小別，依依之情。

家鄉中有個風俗，新婚夫婿必須到婚後第一個農曆年後方能到岳家，而且岳家鄰人，尤其青年人還用種種方法對待他，有如婚後鬧新房。老姑夫婦回家拜年時，老媽媽殺雞、買肉、每早沖蛋，盡心招待，鄰人也一家接一家的宴請。少年們逗著人家玩，把雪團放到他貼膚背上、懷裡，為此老媽媽拜託大家不要這樣，並加意維護女婿。這是門美滿婚姻，生了個男孩，我見過那位為他的裔孫命名「五世」的慈祥老人，五世應為「五世其昌」之意。

不幸的是，當地游擊隊拔壯丁，他們不願被拔，便由友人介紹老姑夫到昌邑王豫民的第四縱隊，而在一次行動中被打死。他們家久未接信，之後才知道這件事。後來我離開村莊到外邊上學，老姑雖偶而回娘家，但從未再遇見。鄰居五媽媽說，她從關東回家的那年秋天，走到東嶺上碰到老姑。問起老姑夫，老姑摸著五世的頭，流著淚說：「沒有了（音連），沒有了。」我有時經過東嶺，想起五媽媽的話，不禁佇立東望，想到悠悠白雲下解家莊流淚哀淒的老姑。

一般而言，後娘對其夫與前妻所生之子女常常不好，甚至虐待，尤其是她自己生有小孩時，情況更壞。但也有不然者。我村前街有小名叫「香為」者，他後母對他便非常好，像對親生兒子一樣，因之鄰舍（音神）比（音百）家交相讚美。我見到香為幾次，年紀雖小，已看出是瘦高型身材，白皮膚，很清秀。有次是他貪玩，到吃飯的時候還不回家，他娘出來叫（喊）他。他還要：「待一下。」他娘也只好等他，順便就和鄰人說起話來，談話多是有關香為，充滿慈愛關懷之情，然而說絕不姑息，該打就打，該罵就罵，但從未聽說她打過香為。當然香為也照顧弟弟，有時背著，有時抱著，站在一邊看別的小孩玩耍。

親娘也不一定就疼愛孩子。鄰居郭家長女小名叫「蔻」，賦性多少有些遲鈍，常背負著弟妹到我家找我們玩，有時站在街角看別人玩。她母親喊她回家，如未能一眼就看到，一聲就有回應，找到後就一面罵一面打，用金蓮腳踢，蔻就哭。我們看得發呆，都覺得很奇怪，明明是親娘，怎麼像後娘一樣虐待。其實也不難了解，家境只能挨著日子過，沒有幾畝地，收的糧食不夠吃，好像丈夫也不是經常力田的人，我對他幾乎沒有印象。重要的是她患癆病，而蔻之下又生了兩個小孩，的確累人。以前沒有避孕知識，造成了很多悲劇。

萬春大叔　郭萬春大叔還有個兄弟（弟弟）叫「萬冬」。我想一定夭折了兩個兄弟，否則不可能春之後就是冬。從我記事，他們就是住在接近壩崖，坐北朝南的三間屋中。一間是有炕的臥室，兩間算是客廳吧。抗戰時萬冬到外面幹游擊隊，娶了媳婦，不過沒有帶回來過，只他自己有時回來看他哥哥。他有眼病，經常紅紅的，有時流淚，回家時有時到我家，尤其是父親在世時，必定來。說話還算得體，態度也溫和。

萬春大叔一直打光棍，因為他似乎一畝薄地也沒有。怎麼生活？他給有地的人「看坡」，就是看護莊稼。當小麥或是穀已長成後，他便扛著張钁到地頭上走，不時在一塊地頭上鏰上兩三钁，這叫作「號地」，表示他要看護這地上的莊稼。年年由他看護的地，根本不必與地主人說就號了。他的確負責，我見他在中午時分，頭戴葦笠，到各地去察看。因中午農人都回家吃飯或休息，偷莊稼的人常在此時下手。

他第二種收入可能是冬天農閒時，有些人在他那裡賭錢，如推牌九、擲骰子、押寶、看紙牌等，他供桌子座位、茶水等，有時還替人打壺酒在那裡喝。凡在那裡玩的，都出點錢給他。他會剃頭，有時給人剃頭後，人家便留他吃飯。過年時鄰居會送他點麵粉、年糕等物。如實在過不了日子，他也會委婉地請人幫助。有次他對我三哥說：「老三呀，近來日子難過，你看怎麼對合對合。」三哥就叫我送些東西去。

大叔好喝兩杯，父親年輕時也嗜酒，所以閒時父親常到他那裡看牌，我常到那裡叫父親回家吃飯。大叔也不時到我家會客室和父親聊天，他到時父親必命我生火燒水泡茶，因那時爹已戒酒。爹去世後，三位哥哥也偶而去他家聊天。那裡是莊裡的聚會所、休閒地，但沒聽說在那裡發生事端。

萬春大叔雖然家徒四壁，但為人誠實自愛，莊上無論發生甚麼壞事，從無人懷疑到他。他保持自尊。在我家聊天聊到吃飯時，父親留他吃，他差不多都謝絕起身而去。他也給人家說媒，偶而做土地買賣的仲介人、勸架。他喜歡逗著小孩玩，說故事。他會理髮，人們勸他到市集給人理髮賺點錢，他做了幾次就不幹了。總之他是村裡一個有用的人，起著調理的角色，給人深刻印象，以致雖走過千山萬水，在半個世紀之後，我還執筆描繪他，可恨自己文筆差，不能繪出他的全部精神、行為來。

東涯上　廣義的東涯是指磨盤溝東北段所有的人家，不過我家所謂東涯僅指餘慶二叔一家。他父親樂仁生子六人：保慶、餘慶、豐慶、儀慶、雲慶、祥慶，我們依次叫他們大、二、

三、四等叔。他們兄弟六個，我們西河裡也是兄弟六個；他們住莊東北角，我們住近西北方。不過他們是已發達的家，我們是正在發達的家。他們家有東西兩個大門，相距約一百五六十公尺。門內南邊西段無屋，只是一道院牆，東段一排房子原是四叔儀慶夫婦住的。

抗戰後儀慶當了鄉長，便撥出幾間作鄉公所，有一個秋冬天又騰出兩間開辦學校，教師是馮雪芳，我在此受教。南屋之北約十公尺左右是一座庭院。南北房與東西大門之間有一長方形空地，就是堆土、堆糞、拴牲口的地方，靠南牆根有幾株梧桐樹。庭院有三個院子，正中一個院基高起，門是過道屋，地面及牆壁磚築，瓦頂，門外首兩邊有石獅各一。有兩頭紳士型的狗，由於門庭深，所以吠聲低吭。拾級而上，面對門廊的是東屋的山牆，也就是影壁。西向幾步就看到一個四合套院，仍是磚鋪瓦蓋。南面有伙房，僱著辦飯的（廚婦），有餵牲口的一間。東西為居室，正北是一座月臺，約五六級到頂，頂上放置著盆栽，再向前就是堂屋。這是大媽媽，就是欒仁妻子住的地方。

欒仁去世早，我未見過。在我跟著馮雪芳師上學之前，我隨母親到他家兩次。一次是他家當會，前去念佛。莊中女佛教信徒們，每隔一定時間便輪流在各家掛起釋迦牟尼等像，大家齊集燒香念佛，謂之「當會」。輪值者將家中打掃乾淨，泡茶待客。會眾唱佛曲，一人唱一段後，眾人合之。合聲似乎總是：「含含含……美呀……，含含含……憐呀。」我家也當過一兩次會。大媽媽大家風範，言談不快不慢，不高聲，和藹微笑，可說溫中有嚴。兒子們對他很尊敬，媳婦下人像《紅樓夢》中眾人對賈母一樣。

保慶大叔七七蘆溝橋事變前好像在濟南做事，抗戰後回家。他大概受了點洋教育，走路時挺直胸膛，鄉下人便覺得他驕傲，說他仰著「牙子」走路。他懂中醫，會開藥方。有一年樂魁師生病，樂魁師給人家看病不錯，但給自己病開的藥方則幾副吃了仍無效。保慶大叔去看他，看見他的藥方後，偷偷的每味藥加重一錢，樂魁師很快就好了，原來他給自己開的藥分量都不足。

父親是他們慶字輩中老大，所以我們兄弟們喊他那一輩的人都以叔叔相稱，而叔嬸們都叫母親嫂子。嫂子就是大嫂，老二、老三之妻方稱二嫂、三嫂。大嬸子（保慶妻）氣態雍容，他們生了兩個兒子。老大存鴻，念了幾年書就回家做家事了。他娶了上洋河三姨的大女兒，結婚那天晚上母親帶姐姐和我去賀喜。第一次見到大表姐，她長的和三姨一樣清秀，但更嬌媚，也是慢言慢語。我發現大戶人家中的女人都是慢言慢語，大概這是擇媳婦的條件之一。大表姐生了個男孩，小名「聲韻」，門口玩耍時被腳踏車壓折了腳背，上了藥，一瘸一瘸的，還是在門口看別的小孩玩。表姐生第二胎時，難產去世。

老二存濱小名叫「木」，在濟南上學，大約是上到初高中之間，日本軍佔了濟南，他就與他爹一同回家。二十六年冬，他開了個班，教我們幾個學生。我聽到他和餘慶二叔說：「真可惜，那些教科書都燒了！」當然是因怕鬼子查到才燒的。這是日軍侵華對中國教育的間接破壞。存濱後來到他四叔鄉公所幫忙，曾和樂魁共開班授徒，到附日偽軍中做事。保慶也做了偽軍官員，和小崔墳一個寡婦相姘，一次夜宿女人處，被村民抓出殺死，然其所屬部隊將該婦人及殺人者抓去槍斃。聽說存濱也於中共佔領後被槍殺。

老二餘慶是當家的，但並不威嚴。他們兄弟都是高個子，而二叔較黑，這是因常趕集，也到地裡幫忙農事曬的。民國二十四年（一九三五），五哥與我一同跟太華師上學，餘慶叔到我家和父親說閒話，曾勸父親說：「私塾不可以再上了，應上學堂！」並說了許多理由。二叔也懂點中醫，但不開藥方。他家開藥鋪，我曾經持樂魁師開的藥方去抓藥，就是二叔抓秤。其實大家庭每每兼營藥店，因為他們人口多，常有人看病買藥，且家有讀書人，每懂點中醫。極端貧窮人家抓藥，他們不收費，這是布施、修德。他們好像沒有做其他生意。他們的地產差不多集中在莊東頭的平坦台地上，和西頭的台地同是村中最好的土地。此外他們在東嶽廟前公路之南有片菜園，有水井，專種蔬菜。有一對外地來的要飯的（乞丐）夫婦住在那裡，替他們看園。

在中日戰爭前，地方平安，農務、百業均有發展，政府用人少，縣以下行政單位少，一個村莊的地方（地保）就可將稅收直接交給縣政府，公費支出少，人民賦稅輕。事變後，游擊隊人數大增，以臨朐六區而言，區署下有鄉公所，其下有保長、甲長。我們英和鄉鄉公所除鄉長外，常川用四、五個人，保長事繁時也需個幫手。這種增加的開支，當然還是由百姓出。但這還是小事一宗，嚴重的是鄉長、保長、甚至甲長的租賦相當部分免除。想想看，凡當鄉、保、甲長者，都是土地較多者，他們免除的賦稅，當然都分攤到其他無勢較窮者身上。

山東佃戶在總戶口中所佔比例，遠比江南者少，而山東有些地區又竟成了中共老解放區，當八路軍者多。當然人多地少是基本原因，但不是因佃租重，而是由於上述租賦轉嫁。我家在民國二十七八年時稅捐，以賦元為準，達近二兩多銀子，但因作甲長，約有半兩免納。東涯上作鄉長，免納比例更高，這也是中日事變後，他們仍能安然度日的原因。

和我家最親近的鄰人是恒慶大叔、臻慶二叔、傳慶三叔。他們與父親共一個七世祖。三人的父親樂興不知怎麼排的，成了老五，我們就喊他妻子五媽媽。他們家沒有幾畝薄地，五爺爺大約五十來歲去世，我還記得五媽媽哭：「我的天呀！」恒慶小名「懶蛋」，一如其名，不能幹，懶，但吸旱煙，口中常銜著一根煙袋（桿）。為了幫他們，父親勸他弄兩隻煤油筒，挑我家油房軋出的豆油到集上賣，賣完時結帳，再繼續讓他賒。窮，娶不起兒媳婦，但五媽媽想找個人幫幫家事，當然也想抱孫子，便替大叔找了個童養媳。大概十二、三歲，我們叫她姑，過了若干年纔舉行過門禮，我們改口叫她大嬸子。

傳慶三叔小名叫「亮」，性子很大，就是很強，不馴，但聰明。他們都沒上學，而傳慶叔自學認識了若干字。他們吃的常常是地瓜、地瓜葉，也吃用玉米和高粱混合做的煎餅，用小米做的很少吃。冬天鍋中煮的是綠豆和地瓜稀飯，蒸的也是地瓜或地瓜葉。他受不了這種苦，便到游擊隊去當兵，吹號，是號兵。他曾回家住過一陣，因為生疥瘡很厲害。那時凡是當過兵的，差不多人人長過疥瘡，因為常常睡在地上，潮濕，很少洗澡，衣服少，沒得換洗。後來他成了八路，參加過徐蚌會戰。

三兄弟中我最親近，至今佩服的是臻慶二叔。看起來二叔有點傻樣，因為他反應不敏銳，也不善於言詞。但他有巧思，而且自己動手做。家鄉舊曆六、七月有連陰雨，道路泥濘，穿布做的鞋行動困難，他便做木頭鞋。木屐在南方很普遍，造木屐也是一種行業，在北方則少見，二叔無前例可循，完全是根據需要構想、設計的。他好養鳥，鳥籠用不同顏色的蜀黍莛紮成，就是以高粱稭子與穗間細而堅韌的一段，染成了紅綠等色後紮的。籠中又佈置小屋，及花草等。

家鄉每一家都養雞，用以生蛋、供肉外，雞喜歡吃蜈蚣、蝎子等害蟲，有維護安全的功用。每家都建一個矮矮的雞屋子，夜間雞就地而臥，排泄些糞，很快就乾了，所以事實上是臥在雞屋中的雞糞上。臻慶叔想，那樣雞一定很難過。於是將雞屋加高，造了一層二樓，不用樓板，而是用細木條排成，條間留空，以利雞糞落於底層。這改善雞的居住環境的用意是超越時代的，令人讚嘆。但春、夏、秋三季無問題，冬季就不行了。因為雞所站的橫條間有空，下面冷空氣上升，雞縱然臥著，也無法溫暖腿腳，於是雞的腿腳凍壞了，這是設計時未想到季節變化所致。五媽媽家有個時期養一匹驢，二叔用盡心思美化轡頭，給它佩上紅色穗子等。假如二叔受了好的工科教育，他一定是個發明家。

在農村生活了十幾年，看到、親自做的農事，值得說說。

地瓜　從美洲經菲律賓傳到中國，清乾隆年間始到山東的sweet potato有許多名稱：「蕃薯（藷）」志其來源，「甘藷」表其味，「地瓜」說明其生態。家鄉是丘陵地區，人們大量栽種，家家栽種，統叫作「地瓜」。以栽種時間分，有春地瓜、麥地瓜。前者與種穀時間相同，要先培苗（秧），在院中支（搭）起土炕，上置土，將選好的種瓜植入土中，要有差不多三十來度的傾斜度，上蓋細沙土，以便苗容易攻出。

秧苗呈淺紅色，長到差不多八至十公分時便採下，拿去種。種穀的地，耕作成平平的，種地瓜的則是耕堆成一條條的土壠。在壠上每隔大約三、四十公分用手挖成一個凹洞，將二至四顆苗栽入其中，並澆上點水。水都是河溝中挑來，有時要走很遠很深去挑。地瓜種好後，壠土乾結，地下水分不易蒸發上來，同時壠上也生了雜草，所以需要鋤一次，鬆土除草，通常是鋤一次而已。地瓜秧是蔓生的，節間生櫱，根入地中。所以需要「翻秧子」，用根細木棍，將秧子挑起，使其離開著地處，然後諸秧放在同一相反方向。

麥地瓜是割了麥子後，將麥地犁成壠栽種。這時天氣已暖，培秧苗已無需建炕，就選一塊地埋地瓜。秧長得很長，栽種前先剪成十來公分長一段一段的。其栽種、翻秧、鋤地與春地瓜一樣。到八月十五（中秋節）時，地瓜已長成，不過尚不充實。快到霜降時候，就「出地瓜」，就是從地中挖出的意思。要先割秧子，將它們放在一起。如果要留葉子，就一手拿著秧頭，一手將秧上葉子擄下，就在地裡曬乾，然後挑回家。

秧子曬乾，或給牲口吃，或碾成粉餵豬。用一張鐝，在地瓜生長處四周鐝兩三鐝，最後一钁就將地瓜刨出。地瓜不易保存，所以挖出來後，就將可以吃到開春的藏在院中掘成的地窨子中，或水井壁上無水處旁挖的洞中。其餘的切成一片片的，在地裡曬乾，叫「地瓜乾子」。乾子碾成粉可以做「包穀」（窩窩頭或餅子），這是一般平民，度春天青黃不接的重要食品，然吃多了，就有胃酸。地瓜切成地瓜乾時，或用菜刀菜板，大量切時太辛苦，就用小鍘刀，如中藥鋪裡所用者。

花生　落花生簡稱「花生」，家鄉人稱為「長蟲（生）果」。這也是抗旱作物，沙土地最適宜。山東在戰前出口的花生油佔全國出口額大部分，花生就出在魯中山地地區，其中沂水是重點，臨朐產量也多。有的人家種是因自給自足經濟，有的人家是因土地不宜其他作物而種，收穫後可出賣。換言之，是不自覺的經濟作物種植。花生也有春種、麥種兩種。家鄉的農作，肥沃地（田）是兩年三穫，輪流種。如果某年秋收的是小米（穀（谷））、高粱，或地瓜，這收後的地或耕作後種小麥。這是「冬麥」，在舊曆八月十五（中秋節）時播種，麥苗長出後約十公分，天氣冷，苗萎根活，或被大雪覆蓋，總之苗在地中過冬，故謂之「冬麥」。秋收後的地或甚麼也不種，閒著過冬，到春天種小麥，是「春麥」，或種玉米。

無論是冬麥或春麥，都在五月節（五月十五）時收穫，這是一穫。小麥收穫後立刻種大豆，或地瓜、花生，這是「麥地瓜」、「麥花生（菓子）」，這些作物均到秋後收穫，這是二穫，就是秋到秋收有兩穫。二穫後的地或閒著過冬，到春天種穀、高粱等，或種冬麥，收穫後種大豆等，均到秋收穫，就是第二個秋到秋收第三穫。

洗衣劑　鄉下人窮，食用油很少，據我所見，僅獨輪車的軸不時屢點油，此外就是炒菜用點，所以手上不易有油垢，洗手時用水沖就行了。我家開油坊，哥哥們手臂上自然常常有油。他們通常用鹼洗，四哥哥從煙臺寄肥皂回家時就用肥皂。一般人家洗衣服則用皂角。要洗的衣裳多時，婦女們通常是結伴到小溪邊洗，或只用水或用鹹皂。有時在家中洗，利用柴草灰水。其法是將柴草灰盛在篩子中，將篩子放在木架上，架下放一大盆。不斷地澆水在柴草灰上，流到盆中的水就是含鹼質的，可用以洗衣了。

註釋

1 現存的《論語》共二十篇，通常把前十篇稱為「上論」，後十篇稱為「下論」。

2 馬弁，古代男子戴的一種帽子。舊時稱低階武官為馬弁，後指官員身邊隨從。

3 〈漁光曲〉，電影《漁光曲》之同名主題曲。《漁光曲》於一九三四年六月十四日在上海上映，該片將漁家生活以電影形式展現在世人面前。作為中國早期有聲影片之一，《漁光曲》上映後頗受歡迎，曾經創下連續放映八十四天的記錄，同名主題曲也成為傳唱大街小巷的流行歌曲。

4 何思源（一八九六—一九八二），字仙槎，山東菏澤人，畢業於北京大學。一九一九年官費留學美國，後輾轉留學德國、法國。一九二六年回國任廣州中山大學經濟學教授，一九二七年任國民革命軍軍事委員會政治部副主任，一九三八年兼任魯北行署主任，一九四二年任山東民政廳長，一九四五年任山東省政府主席兼國民黨省黨部主任委員，一九四六年十一月調任北平市市長。

5 張天佐（一九〇六—一九四八），字仲輔，曾化名張道一。山東省壽光市田馬鄉李家官家莊人。一九二七年考入山東省警官學校，畢業後任利津縣警備營連長、自衛團中隊長、員警分隊長。一九三二年考入山東省地方行政人員訓練所，結業後任坊子分局、武城縣、昌樂縣公安局長。七七事變後，歷任昌樂縣縣長、八區保安五團團長、國民黨山東第八區行政督察專員公署專員兼保安司令、山東保安第一師師長，山東省政府委員。一九四八年，張天佐被任命為山東省府委員、國民黨山東省黨部委員。同年，張天佐在與華野山東兵團交鋒的濰縣戰役中陣亡。

第二章

大江南北奔波

十萬青年十萬軍人

「青年軍」是蔣委員長在民國三十三年（一九四四）十月十四日，號召知識青年從軍，由軍事委員會主導，同年十二月在四川的綦江、璧山、瀘州、萬縣，貴州的札佐，雲南的昆明，陝西的漢中等地入營組建完成，而三十四年（一九四五）八月十五日日本向同盟國投降，三十五年夏天便復員了的軍隊。故「十萬青年十萬軍」徵召目的在於對日作戰，計編成二〇一至二〇九共九個師，及獨立六三一、六三二兩個步兵團。

三十五年（一九四六）復員時，除二〇七師調到東北曾對中共作戰外，其他的第一期青年軍，除了復員時極少數留營者外，都沒有對中共作戰，後來對中共作戰的，幾乎都是第二期青年軍。那就是說第一期青年軍在戰史上沒有地位，不過在愛國運動，以及在中國兵役史上，有特殊的地位和意義。

為什麼要號召青年軍？三十二年（一九四三）底盟軍反攻，日本在太平洋的戰況開始失利。三十三年（一九四四），中國境內中日戰爭情況卻相反，在日軍集結兵力發動「一號作戰」[1]下，中國軍隊節節敗退。日軍有意固守佔領的中國大陸，所以要打通越南西貢到中國東北的交通線。他們積極南下，使我們失而復得的福州、溫州等地丟了，並沿著柳江、桂黔鐵路，一直打到貴州的獨山。

當時重慶震動，並有遷都準備。另一方面，我們在以前就有國軍遠征到緬甸，解救被日軍圍困之英軍之事；部分國軍更到印度接受美軍訓練後反攻緬甸，驅逐日軍出緬甸，對日軍作戰打得不錯。在此狀況之下，國軍在國內戰場被日本人打得稀里嘩啦，很多社會名流及教育界人士，便促請政府要求盟軍到中國來把日本人趕出去。中國於是開始準備自己的反攻力量，美國也有意思加強在中國的戰力，所以說「遠征印緬青年軍」對「十萬青年十萬軍」的組建有示範作用。並且，在這之前有一段時間政府號召、鼓勵公教人員子弟從軍，公教人員子弟差不多都是知識青年。這件事也可以算是在十萬青年十萬軍之前政府鼓勵知識青年從軍的案例。

十萬青年十萬軍的募集很快就額滿了。在抗戰時期，大家都充滿愛國精神，加以當時在昆明、貴陽、重慶、成都、漢中、西安等有些流亡學校。很多淪陷區學生不願被日本人統治，跑到大後方如上述各地，政府乃設臨時學校收留、教育他們。這些學生富同仇敵愾心，而且經濟情形很壞，學校生活也很困苦，所以除了愛國精神促使這些學生從軍外，物質生活困窘也是原因之一。同時在安徽的山東、江蘇流亡學生也有很多從軍。

三十三年（一九四四）十月的某一個國父紀念週會上，昌樂中學初中部主任宣佈蔣委員長號召知識青年從軍，並把政府所開條件，及應徵者每個人發放三仟元儲備銀行券路費等告訴大家。昌樂中學負責報名、體檢及其他一切從軍的工作。那時我是初二上程度，算是年紀比較小的。大家拚命地報名，年紀不夠的就虛報，個兒不夠高的也因為這是愛國行為，學校勉強格外允許。我也報了名，結果還沒放寒假，家裡就知道了。我家到學校距離有六十華里，三十四年

（一九四五）過舊曆年時我回家，全家都反對我從軍，母親還要到學校去找老師算帳，哥哥們說如果我還要去四川重慶，乾脆回家幫忙鋤地。我費盡口舌，除愛國殺敵外，從軍的各種好處都說了許多遍。母親晚上允許了，天明又反對。舊曆年後學校快開學了，還是說服不了母親，我只好偷跑離家。

我之所以堅決從軍，除了愛國思想，還有幾項助力。那時家鄉日本軍高居山頂堡壘不動，偽軍只顧搜括。和日本方面虛與委蛇，實則心在國府的張天佐部隊，白天巡防，發現夜裡八路軍進入。八路軍已從沂蒙山區老解放區北上，到我莊向南隔一條嶺的上洋河，已經要求我莊的人殺狗。在張天佐那裡上學的人回家，說他們有中學也有大學可上。而張天佐在一次師範畢業生典禮演講中也說，鬼子（日本人）敗是一定的，但一旦鬼子放下武器，中央軍還未到，土匪（八路軍）打來怎麼辦？此外，我族中一位族長張太乙，數次和我談話，非常鼓勵我從軍，他甚至說：「去，說不定老蔣會看上你呢。」在十萬青年軍中會看上我，當然是笑話，不過那是鼓勵。

回到昌樂縣，我沒到學校，直接去青年軍徵集辦公室，由他們帶我們走。我們一批批的走。我走的時候，是四個人一起，其中有一個是宋錫正[2]，復員後到北師大求學，來臺灣後以臺北師範學院教授資歷退休，他叔叔是立法委員。宋當時已是山東三民主義青年團臨朐縣的書記，也報名參加。另一個是喬錫大，在昌樂縣政府任科員。還有一個是杜韜，天津人。三十四年初，我們四個人一起走。山東第八行政專員公署，也就是張天佐的機構，原與日本人有接觸，派穿著鐵路局職員制服的人，帶著我們走。我們在膠濟鐵路上的朱劉店站上車，準備到濟南，再轉津浦路到徐州。到濟南在旅店休息時，碰到日本人拉警報，是第十四航空隊飛機飛到泰安去炸火車頭。後來我們知道，日本人在沿火車道兩邊修建了土牆，飛機轟炸時，火車頭可以丟下車廂，自己跑到兩土牆中間躲起來，防飛機轟炸的彈片。

我記得在徐州還遇到一次空襲警報，在徐州車站雖然有張天佐的人員照顧，我們還是很害怕。日軍已經知道青年軍招生的事，有的人在徐州被日本人查出來就抓走。我們從徐州上隴海路火車一直到商邱下車，去住旅館。旅館的人一看就知道我們是做什麼的，不過我們有一個偽警察帶著，可以遮人耳目。他帶得很好，但是就帶我們到商邱為止，再向前我們要自己走。

抗戰前我沒到過縣城，一直都待在鄉村。到了商邱，一下車就看到很多客棧（旅館北方稱客棧，也稱店）在招攬客人，記得我們住的那一家客棧叫「文明客棧」。客棧只管住，吃要自行到旁邊的飯店，但有其他的服務，譬如幫我們叫飯、叫車。我們在商邱住了幾天，四個人就雇了一輛板車，用人拉的車子，上面可以放行李也可以坐人。從商邱向南走，經亳縣、十字河。大概走了一、兩天的時間。這個地方是黃泛區，民國二十七年（一九三八），國軍把黃河花園口堤炸了，黃河泛濫，以阻日軍西犯洛陽、西安。

我們到亳縣時，城裡都沒人，城牆殘斷。看到一片麥田，因為春天快到了，雪已經融化，青芽要冒出來。看到青的顏色很高興，而其他地區似乎都像蠻荒。十字河就是國軍和日軍交界的地方，過了十字河後就是國軍的防區，但十字河還是偽軍控制。晚上住店，偽警檢查旅店時，說：「老鄉們，我們都是中國人，將來你們混好了以後，不要忘記我們。」那時候日軍敗相大家已經看得清清楚楚。

經過界首，我買了第一本書。界首應該是抗戰時興起的城市，房子通通是木板造的，市景很繁榮。接著到了安徽省阜陽，我們住在「三塔集」。在安徽北部，很多地方都以「集」為名。阜陽這個城市，從古就很富有、文化程度也很高，到了明清漸漸沒落。我們在阜陽等待所有到此地區集合的從軍青年。阜陽有山東流亡中學，山東省政府也流亡在這裡。我們淪陷這麼多子弟出來，不被敵人利用，政府當然很高興。

此外，還有江蘇省青年到這裡從軍。原本預定我們要過平漢鐵路，到後方重慶去受訓，但是這時候，日本在豫西、豫中作戰，佔領控制平漢鐵路，巡邏車來來往往，護送的省府軍隊無法掌握沿途道路狀況，因此不敢帶著這群徒手的學生冒險通過。尤其青年軍的某人好像是委員長的子弟，動不動電報就到中央去了。中國向來沒有這種情形，大批學生從軍，在中國歷史上這是第一次。山東省政府在當地的軍隊不敢帶我們過平漢鐵路，雖然有一隊已經夜晚到了鐵路邊，看到日本的巡邏車，不敢過去又回來。

我們在等機會過鐵路的這段時間，就在阜陽由山東省政府軍官負責臨時編隊，因為大家要到重慶去，將來軍隊也是美式武器配備，所以我們預先學習英文。山東省政府在這裡，教我們的是省府參議，哥倫比亞大學畢業的郭金南，他原是基督教濟南市青年會主持人。我們從他那裡學到一句最有用的話：「英文沒什麼了不起的困難，你唸就行了，每篇唸上五十遍，保準你什麼東西都行，唸得滾瓜爛熟就是你的。」後來讀臺大大一英文時，我打個對折，念二十五遍，就可以脫口而出，非常有用。

我們在阜陽編隊後，即作初步術科訓練。後來政府要我們在第十戰區就地整訓。李品仙[3]是司令長官兼安徽省主席，安徽屬於第十戰區，戰區以兩廣部隊為主力。司令部在立煌縣（原稱金家寨），在大別山裡面，距離鐵路比較遠。於是省府送我們離開阜陽，經河南固始，到了安徽六安縣的毛坦廠，將我們移交給第十戰區，編為青年遠征軍第六三一團和六三二團。

毛坦廠這個地方也是在大別山裡面。大別山氣候適合種植水稻，山上竹子很多，出產桐油、茶葉。六安縣出產的六安茶，在中國茶葉市場中小有名氣。六安可說是魚米之鄉，且這地方與外界隔絕，不受戰時經濟波動的影響，物價非常低廉，我們拿到的伙食副食費，每天可以吃到大魚大肉。那是因為它和外面的經濟不同，和日本佔領區沒掛勾，我想政府也切斷該地和日本佔領區的關係，所以在這時候，生活上和吃飯是很好的。但是在南方由於氣候潮濕，瘧疾、痢疾、疥瘡這三種東西，每個人都無法避免。另外睡覺的地方很簡陋，洗澡也談不上，北方人到大別山都很難適應。而軍中醫療工作也很差，所以後來有若干人死於這三種疾病，因此那時候士氣低落。

第十戰區將很多優秀幹部調到這裡來訓練我們青年軍，像我們的連長就是李品仙的外甥，團長劉昆陽體格魁梧，被派來帶我們山東人，可能因為山東人體格比較高大。他的英文不錯，術科也好，是一位很優秀的長官。

廣西部隊是地方派系的部隊，聯合起來抗戰，可以說已經不算軍閥了，但我們被接管後，吵著不要軍閥：「我們要中央帶，不要軍閥帶。」我們是徒手部隊，沒發武器，另外一連廣西的部隊才帶武器，負責站崗的工作，沒發武器可能和我們排斥廣西人有關。我們的訓練，術科少，學科就上英文、三民主義、步兵操典等。三民主義這一套思想教育很好，我是那個時期好好唸了三民主義。因為我們許多人是初中程度，學有不足，所以學習特別認真，高中、大學程度的就不好好唸了。我們連長說，每一次測驗，成績最好的總是我們幾個初中程度的小孩子。

另外，我有一個同隊的同學，他是山東萊陽人，名叫陳建章，他去從軍時是初二程度，人個兒不高。他把帶的一袋衣服賣掉，買一本中英對照的小說自我修讀，書名是《茵夢湖》[4]，我就跟著他唸。後來到嘉興青年中學時他就直入高中，到高二就能幫人家考大學。陳建章後來沒有到臺灣，在南昌讀兩年制的專科，因為中共認為他是青年軍，是蔣經國的人，就命令他去挑大糞，一挑就是二十年，他的一生就這樣毀了。

我們沒有編成師，是另外編成兩個獨立團。我是中國青年遠征軍獨立步兵第六三一團，另外，有一個六三二團，後來大家只知道青年軍有九個師，很少人曉得還有二個獨立步兵團。

三十四年（一九四五）八月，日本人投降。那天晚上全連歡呼瘋狂。抗戰勝利後，政府需要一些維持安全的人力，於是我們部隊沒有馬上復員，而編為憲兵，六三一團變成憲兵教導第三團，六三二團變成憲兵教導第四團。憲兵團派人來接收，我們行軍經過六安、舒城、桐城到安慶。那時候安徽省政府在安慶（如今在合肥），我們在安慶時住在東南中學內，該校經日本佔領時期的破壞，斷垣殘壁，我們自己勞動服務，先把牆建好，地弄好，然後才能住下來。開始受訓時，發放武器，發的武器是日本軍投降繳出的三八式步槍。

我個子小，是從排尾數第二名，拿步槍拿不動，只能拿騎兵用的馬槍，馬槍比較短，比較輕。憲兵的訓練很注重體操：單槓、雙槓、木馬等。除了一般軍事教育，還有擒拿術的訓練，那時候憲兵兼司法警察，所以教擒拿術。因為憲兵兼司法警察，所以關於法律方面的訓練課程很多，尤其在預備軍官訓練時，像憲法、民刑法、民事訴訟法、刑事訴訟法等，都是請安慶法院的推事來講課。憲兵的訓練非常嚴格，班長簡直像惡魔一樣，弄不好，就用槍條打手心。

青年軍待遇是政府規定的，每天有定量花生米、黃豆、油、米等若干。但憲教團未按規定辦理，而且到了都市，物價上漲，生活就差了。訓練時，我們野外操練，有同學的褲子都裂開了，但卻無新衣服替換。吃飯只能吃八寶飯，裡頭有沙子、稻殼。一天到晚都出操、打野外，出操多，吃的東西也多，米不夠吃，就把買菜的錢拿來買米，剩下的只能買一些小白菜、買一些辣椒醬，然後拌飯吃。所以這時候吃的情況比在大別山時差很多，後來有人告到國防部，國防部派人來視察，情況好像有一點改善。

三十五年（一九四六），政府依照號召青年軍時的條件命令復員。我們先改受預備軍官訓練，加強術科訓練，讓我們具備擔任排長的帶兵能力。改編成憲兵團之後，生活這麼困苦，大家對軍閥（李品仙）的印象就改變了，覺得軍閥不壞。復員時，政府有幾個方案讓我們選擇，第一個是「留營」，願意留下來的就繼續留在軍中服務；另一個是「復學」，原來讀大學及高中三年級的可入大學讀書，此外政府分別在貴陽、杭州、漢中、嘉興，後來又在長春，共設立五個青年軍中學供我們讀。

長春青年軍中學是二〇七師和新一軍、新六軍在東北復員時成立的。另外是有志青年到邊疆去；還有就是青年軍職業學校，是二年制，有會計等科，讓學生畢業後有一技之長。年長的同志運動大家不要留營，到青中、青職去。這時候官長就火大，把這些同學抓去罰站。我從小就心儀張騫和班超，所以我就報名到新疆去，後來陳建章勸我別去，他說：「國家給一條路，你不走。」還有我們一個好心班長也勸我說：「小孩子到邊疆去能做什麼，還不去上學。」這兩個人把我說動了，所以後來我就去在上海與杭州之間的嘉興青年軍中學。仍有一些人留營，後來他們到南京負責南京到湯山一帶的衛戍。

註釋

1 「豫湘桂會戰」，日本稱「一號作戰」或「大陸打通作戰」，是日本帝國陸軍於一九四四年四月至十二月期間於中國河南、湖南和廣西貫穿三地進行的大規模攻勢。

2 宋錫正（一九一七—二〇〇七），一九四〇年代末畢業於北京師範大學，一九四九年來臺，任國立臺北師範學院（二〇〇五年升格改制為國立臺北教育大學）教授，著有《孔子的教育思想》、《孔子教學思想之研究》、《先秦教育思想與實施》等書。

3 李品仙（一八九〇—一九八七），廣西省梧州府蒼梧縣人，字鶴齡，新桂系將領，中華民國陸軍二級上將，曾參與辛亥武昌起義和北伐戰爭。

4 《茵夢湖》（Immensee），出版於一八四九年，德國作家狄奧多・施篤姆（Theodor Storm）的愛情中篇小說。

第三章

輾轉於學校及軍隊之間

嘉興青年軍中學

報名到嘉興青中、青職的人，在三十五年（一九四六）六月，從安慶坐輪船，經蕪湖，到南京下船。時值盛夏，青弋江在蕪湖入長江。江水茫茫不辨岸涯。在南京紫金山、雨花臺、中山陵、玄武湖等處玩遍，乘火車到嘉興。嘉興是魚米之鄉，人文薈萃的好地方，那裡有兩個大營房，嘉興青中在西大營，青職在東大營。在嘉中，從初三開始讀了兩年半。其間生活情景，我在嘉中旅臺同學會出版的《青禾》第三十九期所寫〈嘉青兩年半〉足見梗概：

兩年半嘉興青中的生活，在我雖不能說多姿多彩，但足資回味的確實不少。可惜隨著歲月逝去，許多印象已和我校同學與秀州女中合演的樂劇一樣，（山）在虛無縹緲間了。

我們憲教團的同學對其餘同學如二〇八師復員者的第一個印象是軍事訓練不夠。不是嗎？早晚點名時我們立正，稍息動作比他們整齊的多了！難怪隊長當眾誇獎我們。不過二〇八師同學的活潑也顯出了我們這些北方孩子（憲教三、四原稱青年遠征軍獨立第六三一、六三二團，多數為山東、安徽人）的遲緩呆板。北方的渾厚和南方的靈秀在那裡一望而知。

雖然我們已在稻作地區的大別山和安慶住過，但江南的景色仍令我們神往。每一條溪流，不論它是多麼窄狹，水總是深深的、清清的、緩緩的流。那和北方平時乾枯，雨後濁濁洪濤滾滾而下的景象完全兩樣。大小溪流上船隻往來倏忽，人們撐篙划槳，點船攏岸，比我們騎腳踏車的巧便多了。難怪金兀朮到了大江一望說：南人駛船如騎馬，嘆了口氣，掉轉馬頭回去了。

江南人住的是茅屋，但又矮又小，北方農家雖也住土牆草頂屋子，可是寬敞高大。然而小茅屋中的人吃飯時有魚有肉，而許多北方人則是一盤鹹菜而已。從那時起我才明白為何中國的戰亂多發生在北方。

晚飯後同學們三三兩兩，絡繹漫步於運河之畔。河上片片風帆映著夕陽，上海開杭州的錢塘號快車飛駛過，大家不約而同的抬望眼，注目遠送，心中想著，口中罵著那些乘車的有錢人。星期天兩三同學各帶著一本書到田間溪畔，或朗誦，或談天，而一片綠油油的油菜隨風起浪，層層疊疊。開花季節更是蜂吟蝶舞。我在作文時用了「鳥語花香」四字，蔣振邦同學每見到我便念這一句，也不知他是笑我酸溜溜呢，還是文縐縐。不過嘉興電影院所演《文素臣》片裡的一首插曲也有這一句，不少同學會哼。國文課講到丘遲的〈與陳伯之書〉，老師念了一遍後指著其中一段說：「這都是有名的句子！」「暮春三月，江南草長，雜花生樹，群鶯亂飛。見故國之旗鼓，感平生於疇日。」我不知道念了它多少遍。江南雖平安無事，但我山東故鄉已烽火遍地，與家人音訊不通，所以對後兩句的意義雖然並不了解，但竟也數次引起我黯然神傷，彈想家之淚。

江南人最喜歡嘲笑北方人髒，不好洗澡。可是嘉興地方法院的推事，忘了是擔任甚麼課的老師，告訴我們說，浙江山地人一輩子只洗兩次澡，出生一次，死後一次。我想他大概是漏了一次，洞房花燭夜總應也洗一次吧！說起南方人的髒，真令北方人受不了。第一，南方人用糞便水澆菜，我們開始簡直不敢吃那種蔬菜。北方種蔬菜用底肥，就是先將肥料拌在泥土中，然後下種，而且大多數是用豆餅作肥料，苗兒長出後只是一遍遍的澆水而已，所以很清潔。第二件是南方人的糞坑。滿坑的蛆令人噁心，而且那坑有的在田角路畔，男女二人可同時解手，邊談邊解。當時我就想，江浙是文化薈萃之區，怎麼這樣不乾淨，不知羞恥。不過這使我懂得清兵抓人時張溥何以能躲到茅坑裡避禍；如果我不到江南，絕不了解陳若曦[1]筆下的任秀蘭怎能在糞坑裡自殺淹死。

同學們的用功贏得校長和老師們的一致誇讚。早晨整個校園中一片朗誦之聲。有的蹲在窗臺前，有的站在牆角下，大多數走來走去的唸。晚點名後教室不准開電燈，但每間教室中總有幾盞煤油燈亮著，直到隊長來催促就寢方息。有的同學由於用功過度患上肺病。大家是卸下征袍的戰士，所以對國是特別關心。中午和晚飯後的休息時間，閱覽室中擠滿了人，中央日報、申報、大公報、東南日報，觀察週刊等任君閱讀。那雖是一所國防部預備幹部局設立的學校，但乃開放的學府，它的規模和學風受到美聯社記者讚揚，那篇報導由陳建章同學譯出刊在我們的紀念冊中。晚飯後許多人聚在教室前的草地上，或坐或躺，或嘴上咬著一根草，靜靜的聽中央廣播電臺的新聞報導，接著是紛紛的議論，各抒高見。

聰明的同學也有，當大多數的我們還渾渾噩噩時，他們已去吊秀州女中學生的膀子，或是晚上去聽紹興戲，還到後臺看女戲子卸裝，回到寢室夜不成寐。回校時大門已關，便翻牆頭爬進去，有時被隊長抓到，或「照相」，或報告校方處分。老實說，我最佩服他們，那都是豪傑之士；縱然作不了劉邦，今天也一定作了董事長。

我們的圖書儀器設備。創校時常一車車的從嘉興車站拉進學校。中華書局的《四部備要》、商務印書館的《萬有文庫》等應有盡有。我有時也到街上買幾本書。秀州是文風極盛之地，所以書局中新印舊刊俱備。我曾買雕版的《牡丹亭還魂記》等。那時我是個冰心迷，冰心詩選，小說選，散文選都有，還有網羅各家的新詩選。許多同學迷著看巴金的《春》、《秋》、《家》。

在美國密歇根大學學教育心理學的胡昌冀校長曾告訴我們，當時中國的局勢很像明朝末年，而其部份原因是學文科的人畢業後拼命想作官，以致政局敗壞。他勸我們學理工，一來自己有一技之長，可以掙碗飯吃，二來也不致危害國家。因之同學們都爭入理組。我的數學很差，初三的幾何學大概是老師給了點同情分數，才勉強過關而升入高中，但高二分組時還一度想入理組。為了想入理組，大部份時間用在數學上，到頭來還是不行。可見自知之明是多麼重要。有些同學真棒，平時睡覺看小說，考試時門門成績好。

由於校長是學者，領導有方，潛移默化，老師們也是京滬一帶的佼佼者，或是名大學畢業的新秀，教學認真，而同學們曾當阿兵哥，知道用功，所以第一屆畢業同學中，考取大學的，如華力進入了北大，某些人進了清華園，某些人考上浙大又有某些人被北師大錄取了。胡校長高興的宣佈：「浙大竺校長[2]說：『你們的升學率很高。』」

物價猛漲時期，我們的老英文先生，帶著八百度的近視眼鏡，彎著背感謝同學們湊錢給他的小孩子買鞋。那副令人心酸的情景我至今忘不了。物價管制，嘉興街頭商店家家歇業，國文老師佐繼英出了個「蕭條都市記」的作文題目。我用不文不白，非詞非曲的一堆字排了一篇，他批道：「蕭條之狀躍然紙上」。我想大概是他的感觸躍然在我的作文簿上。無論如何是一段令人難忘的日子。

東北戰事逆轉，報傳中共欲成立偽政府。一位地理老師說：「果如此，是中國最悲慘的局面。」那時我不太了解一個國家有兩個領導中心的意義和後果是甚麼。和談開始後，新自浙大畢業，聽說在校時及出校後一直和共產黨鬥的歷史課游老師說：「很困難，但希望成功。如果成功，我們便可一致集中力量，開發地下資源，建立工業，很快我們就列入強國之林。」歷史常常作弄人們的命運，大家一致的期望不一定便成為事實。不過，我願再一次讚美我們學校的教育方式。老師們在課堂上隨時將時局很透澈的分析給我們聽，增加了我們許多智識觀念。

長春青中轉入嘉中同學組成的歌詠隊，在嘉興作過一次公開演唱。那次我沒有去聽，不過國文老師、嘉興縣議會副議長告訴班上同學說，當唱到「在江南望東北」時，許多聽眾為之落淚。現在這句歌詞應改為「在臺灣望江南」了，但伴奏的不應該是眼淚，而是吾志不移的愛國情操。我們是為拯救國家危難而當的青年軍，國家利益是我們的最高目標。當我們的行為利己大於為公時，應有所反省收斂。這種道德原則不因地位高低而不同。

從杭州到臺北

到了三十七年（一九四八）底，徐蚌會戰結束。本來是蔣經國兼任局長的國防部預備幹部局，由賈亦斌[3]接任。青年中學屬國防部，賈亦斌認為當時政府無法有系統地抵抗中共，需要重編軍隊。本來二〇七師在長春復員，成立長春青年中學，其中還有新一軍、新六軍復員的同學，後來長春危急，政府把學生撤到嘉興，全國五個青年中學變成四個。

每一個中學有三千多人，總共有一萬多人，就有一萬多個排長，他想用之組軍，但未能實現。後來青中解散，同學們各奔前程。時孫立人[4]的第四軍官訓練班在上海招兵，有的人就到第四軍官訓練班去了；有的人到高雄要塞去，我們一批人就到杭州加入青年救國團第三縱隊，隊長是胡軌。我們當排長，但是沒有兵。當時住在靜祠寺，每天逛西湖壓馬路，實在無聊。

這時候在嘉興和杭州間的長安鎮有一流亡中學：「山東濟南第一聯合中學」，我校山東同學還曾派人去慰勞他們。後來，嘉興青中的校長離開嘉興回南昌，經過杭州，我們去看他，他說：「山東省教育廳長郭泰華是我同學，我幫你們寫信，你們到山東第一聯合中學去上課。」我們拿了信到南京去找山東省教育廳長，順利到長安鎮山東第一聯合中學插班讀到高三。

流亡學生就是流亡學生，那就是逃亡的生活，很多同學跑單幫去上海買東西，根本沒有好好地唸書。我們去的四個人仍穿著軍服，這三個山東人及一個江西人，是真正唸書的，每天起床內務整理整齊，上課時好好地上課。兩個月後，四月二十一日，中共過江，那天早上，教官還告訴我們，美軍就要登陸了。教官話雖說得很好，但事實上，大家紛紛散了。我們四個人回杭州救國團，回去還是少尉排長。我們是軍隊，有武器，從杭州撤退，就有車坐。很多流亡學生，沒位置坐，有的在車箱下的橫軸上鋪木板坐臥，這是最好的位置，有的只能用繩子綁在車頂上撤退，雨下得很大，在車頂上的人就慘了。雨淋之外，過隧道時，車頂上的人如未臥下，便摔下車來。

到了浙江的金華時，車子停下來，因為土共在浙江和江西一帶路旁埋伏，傳出槍聲。我們直接到了湖南衡陽，那時候長沙還沒有失守，廣西、湖南、湖北是廣西部隊的勢力範圍，劉昆陽[5]是衡陽的警備司令，我們沒和他接洽，就住在衡陽。這時候很多流亡學生到了衡陽，我們就去招兵，招了很多流亡學生來加入青年救國團。當時衡陽為戒嚴地區，不准賭博，我看到兩個人在湘江畔賭博，被巡察隊當場槍斃了。還有，那個時候已經天下大亂，到處抓兵，有的部隊團長都被抓了。被抓後遭剃頭，也不敢講他是團長，講了一定立刻被槍斃，到了廣州才偷跑掙脫。

李彌[6]兵團從衡陽經過也是抓兵。後來程潛[7]仿照北平的傅作義[8]，倡議局部和平。於是中共過江後，國軍除了上海有一個保衛戰外，其他地區都是撤退。長沙失守，我們離開衡陽。從衡陽走有二條路，一條路是經貴陽到重慶，一條路是從廣州到臺灣。我最好的同學陳建章，他爸爸是知識份子被共產黨殺掉，他把哥哥和弟弟從山東弄出來。但此時哥哥從軍去，一個弟弟託同學王一鳴帶到臺灣，另一個也託貴州同學帶往貴陽。我們有一批人就隨著軍隊到了廣州。

當初的抉擇，讓往後的際遇完全不同，我的同學陳建章選擇了貴陽、重慶方向，但因為是青年軍，最後是被共方下放勞改，挑了二十年的大糞。我到了廣州，住在沙河鎮，是現在暨南大學的所在地。在廣州那段時間，一直只是在操練學兵，我感到是生命的浪費。這時候有同學告訴我，吉林的長白師範學院撤到廣州，準備要復校，要招考學生，我一個很好的同學，名叫李鑫，他是江西人，原來也在救國團，他先辭職到廣州，考取了長白師範學院，後來長白師院決定遷海南島，他向院長方永蒸[9]請准也允許我隨去海南，我向救國團請長假，跟著長白師範學院到了海南島。

我們中途遇上颱風，船躲到九龍灣，不少人吐了，開始我還撐著幫人取開水，後因吃的飯未煮熟，同樣未能倖免。長師到海南借駐瓊海中學，又招生一次，我報考外文系，沒考取，假如報考史地系，應能考取，因來臺後成為名中醫師的黃畏三報考史地，和我共同溫習功課，不如我熟而考上了。長師成立一個先修班，收容我們一批大約二、三十個人，也是給我們開課，有數學、英文、國文等。

對海南島及瓊海長白仍存留點滴印象，首先，映入眼簾的是海島沿岸的棕櫚風景線。從瓊州海峽望去，近處是茂盛幽深，林岸沙灘延伸向遠方，一條黛白的線沒入海天之際。長白師範學院的學生自治會，令我這在大陸未踏入大學之門的人印象深刻。組織自治會的選舉活動宛如內閣制的國會選舉，競選者成立影子內閣，明白宣示人事之外的政策主張。自治會做的事，許多是臺灣大專院校訓導處的職務。這使我瞭解了一九四九年前大陸的左翼學生為何拼命掌握自治會，為何學潮那麼多。學術社團活動多，如「春秋社」（便是地域性的魯籍學生會社）出壁報，我還在壁報上寫過〈大英帝國承認中共的面面觀〉。「青年軍同學會」是另一性質的社團，他們競選自治會的人力豐沛，如民國三十八年（一九四九）秋選舉，二〇七退伍的同學盧毅君、喬兆坤均是幹濟之材。

而先修班同學也有他們自己的「小小歌詠隊」。流亡學校學生隨時隨地利用時間讀書者多，但也有像先修班的一位同學開飯前，用筷子敲著飯碗說：「讀書，國家給我幾塊錢，我就給他讀幾塊錢的，為甚麼多讀?!」這是指伙食費而言。先修班主任薛振家對我們關懷備至，教我們國文，選了些砥勵品行、用功向上的文章。我住在瓊中北面一里之外金花村的五賢祠，即奉祀李德裕、蘇軾、蘇轍等的祠廟，同住者有楊道淮[10]、馮永壽等，其中與遼寧張大春常讀至深夜。大春來臺後成家，為求深造，留學日本，不幸染病往生。在先修班的三個月中，看了勵志哲學、修辭學、《陳獨秀的最後見解》[11]、屠格涅夫的《初戀》，抄錄了《詩品》的要旨以及李德裕、韓愈、史可法的數篇文章，還有陸放翁、李易安等若干詩詞。閱讀了《國父思想》、《方法論》，及若干地理著作冊子。

三十八年（一九四九）底，中共佔領廣州、雷州半島，海南島局勢緊張。春秋社同學向三十二軍軍長山東趙琳接洽，二、三十位魯籍同學組成軍中服務隊，於三十九年（一九五〇）元月八日離校。到達軍部後，被送往經過文昌、定安到台積的一個訓練班受訓。數週後被分組送往瓊東、嘉積一帶鄉村，作反共宣傳，因海南土共馮白駒[12]抗戰時興起，控制鄉村，故我方進行宣傳對抗。工作約三個月，有時途中遇到槍響，大家便跳下車來臥倒備戰。到鄉公所做宣傳，當地人雖不懂國語，但雇有譯員，用漢字寫在黑板上也可一看就明白。

四月，中共軍登陸海南島，政府為保存實力，很多部隊未作抵抗即撤出海南。三十二軍自瓊東、嘉積、萬寧等縣全部集中，撤往大洲島，再由臺灣派船接回。受訓時看到教育長不斷買洋酒喝，可見其對處境的苦悶。然而一位領導我們下鄉宣傳的鄭處長，則毫無此種消極形態。撤退時，部隊、眷屬擁聚嘉積一處海灣。因大木船不能靠岸，須先用小木船將人員行李運出。

上船時人們爭先恐後，船已滿載，仍手攀船舷不放，以致船翻，人落海中，老婆哭、孩子叫，喊聲震天，亂成一團。此時整個灣口的人聲沸騰，維持秩序者乃對空鳴槍，要大家安靜。

有時聽到轟轟的砲聲，人聲也隨之而起。逃命時有力量才有生機。數艘小船過來，明明是軍部政幹班應先上船，但配備著卡柄槍的工兵連士兵用槍托逼他們「後退！後退！」，工兵連就先上船了。在大洲島上待了三天兩夜，用臉盆、椰子殼，翻過一個小山頭取淡水煮飯，在海水中撿蚌殼及彩石，眼望著海南島岸上，爆破著國軍運送不走的軍火。

四月二十八日夜，我們上了登陸艇，據說是最後一批撤退的人員。五月二日晨，靠岸基隆。上岸後接著乘火車，到臺中縣沙鹿鎮長白師範學院接待中心報到。這是因三十二軍縮編，我們方得以離開軍隊。

長白師範學院接待中心設在一個小學內，惟無學生，可能是已放暑假或特地空出來供我們住。三十多個人輪流做飯，日食早、晚兩餐。早餐後有的人去臺中或新竹看電影遊玩，有的在樹蔭下玩橋牌、吹牛、接龍等。我因一直有升學讀書之念，偶而到新竹看過一場歌仔戲外，都待在房中溫習功課。後來長白師範師院不能在臺復校，教育部宣布解散，並將學生撥交臺灣省青年服務團成立的接待站。該站接待的人很多，來自不同地方。每日有術科、學科、勞動服務，反正不讓人有閒空是軍中訓練要訣，因一有閒就會發生打架等違規事。在開訓典禮及國父紀念週時，看到過團長上官業佑[13]。

這種生活顯然不符合我準備功課以考學校的需求，但我自己不名一文，幸好馮永壽同學剛得到他們山西老鄉、時任行政院長閻錫山[14]發放給山西省子弟的救濟金新臺幣三百元。那時候，三百元很值錢、很管用。於是兩個人就離開團，到和平東路二段臺灣省立臺北師範學校（今日國立臺北教育大學的前身）的教室暫住，預備功課應考。同住的還有後來到加拿大留學，畢索大學（Bishop's University）任教、退休的蔡繼德，以及黃紹清等。看了約二十幾天書，便報名應考國立臺灣大學、臺灣省立師範學院、警察學校，以及一個招訓到敵後（大陸）工作，班址在淇哩岸的一個訓練機構，此外還有一個機構已不記得其名。

仗打過了，結果如何不知，而生活無著。永壽已找到他在臺北法院任職的父親，其他的數人只好到處找機會。聽說一位嘉興青中的隊長在臺中當警察局長，便乘霸王車去臺中。但他調到屏東去了，又跑到屏東。見了面，除了請我們吃頓飯外，他也無力相助。那時韓戰已開打，六月二十六日，我曾在臺北火車站看到中央日報「韓戰爆發」的大字標題號外，爾後報紙報導中華民國要派軍援韓。我回到臺北還是無去處，乃到國防部找王化行師[15]，請其協助報名從軍。他問：「你怎麼知道我們要派兵？」我說：「報紙上報的。」「報上說的怎麼算數！你現在做甚麼？考大學了沒有？」「考了，能不能考上不知道。」「等等看看吧！」王化行師於民國三十六（一九四七）至三十七年（一九四八）任嘉興青中訓導主任，我們學生非常佩服他的能力、服務精神的積極、對學生的愛護。嘉興青中旅臺同學集會時，他都蒞臨致辭訓勉，數年前往生。

等考試放榜期間，我到當時臺北火車站前、中央日報旁邊的「反共抗俄聯合會」做工友，端菜、擦桌子、送信。夜裡就睡在飯桌上，所以晚上一定等夜深人靜方能睡。自己不會騎腳踏車，只有走路，而夏天臺北的太陽一點也不體諒人。有一次會中派我去淡水送信，給了我路費，回來後我除了車費外，餘下的繳還。人家說「這就是你應得的」，我仍是還，根本不知出差費規定，說好是誠實，說不好是愚笨。蔡紀德到國防部找了份公文收發的臨時工作，沒有地方住，夜間在新公園睡，餵蚊子。

臺灣師範學院先放榜，我考了備取第五。盧毅君同學說：「就等於考取了！」這句話對我是天大喜事，因為考取考不取，不僅關係前途，更重要的是有關生活問題。考取了，一開學便有宿舍住，有飯吃。盧毅君同學是青年軍二〇七師，在東北復員後入在永吉的長白師範學院，輾轉到海南島，競選學生自治會成功，許多會中幹部也是來自青年軍的同學，所以和他熟。到臺灣後，他們長白的正科生，教育部允許插班到臺灣師院入讀，盧不需考試，但對同學們的事仍很熱心關注。繼而臺大放榜，我正取，警察學校也考取，在唭哩岸的那個機構也寄錄取通知單來。

大概是受了陳建章的影響，我一直想升學深造，所以有空便看書，終得一圓宿願。但如果不是馮永壽同學慷慨，讓我分享他那三百元新臺幣，我不可能離開青年服務團去預備考試並應考。這位來自山西陽泉，在北平入河北臨時中學，隨長白師範入海南島，同在先修班讀書，同去三十二軍，同來臺灣的同學朋友，是我生命奮鬥中的一大恩人。他後來入讀行政人員專修班土地科，但後來一直作管理人事，曾在經濟部、證券管理委員會等處任職，最後自考試院人事主任退休。

我先是到師範學院報到註冊，原因就是一註冊入校，便有宿舍住，有飯吃。負責註冊的那位先生說，你的數學怎麼考了一分？我想這一分一定是閱券委員送的，因為如果任何一科零分便不予錄取，這一分通常是閱卷者的積德分。他又說：「你的地理考得非常好，誰教的？」從這句話可知他是嘉興青中的教職員。

註冊後就要報到、編隊、分配住房，我便到臺大第五學生宿舍倪寶亭那裡，取我寄放的蚊帳等用具。寶亭也是長白師範先修班同學，到臺北後，得知他以前的中學校長當臺大學生宿舍舍監，便請蒙校長找了個第六宿舍的工友，負責打掃清潔，包括廁所在內的工作。他住一小間工友房。我去時正好一兩位其他同學在閒話，便問我為何不上臺大而上師院。我說上師院立刻有飯吃，上臺大，我雖享有青年軍公費，但從申請到領到需兩個半月，這期間無法生活。寶亭說他是工友，吃飯只繳菜金，不繳米條，他可將米條借給我，我再去借點菜金就行了。

就這樣，我決定上臺大歷史系，最後關頭未去師院。這期間我還在反共抗俄聯合會做工友，從車站到臺大辦入學手續都是步行，因無錢買那車站到公館的一路車票。臺大註冊我雖免繳許多項目費用，但體育課需要的一點錢不能免，是向反共抗俄青年聯合會借的。那時人家知道我已考取大學，自另眼看待。後來我領到公費時方去還，他們說不用還，我當然一定還了。

註釋

1 陳若曦（一九三八—），原名陳秀美，臺灣女作家。就讀臺灣大學外文系期間，與白先勇、歐陽子、王文興等人共創《現代文學》雜誌，後留學美國。一九六六年隨丈夫段世堯前往大陸定居，遇上中國文化大革命，一九七三年離開中國大陸移居香港，一九七四年移民加拿大溫哥華。陸續將文革期間親遇目睹之經歷以小說方式呈現，創作〈尹縣長〉、〈耿爾在北京〉、〈任秀蘭〉等作，引發巨大回響。

2 竺可楨（一八九〇—一九七四），著名的氣象學家、地理學家和教育家。一九一八年獲美國哈佛大學博士學位。回國後歷任武昌高等師範學校、南京高等師範學校、東南大學、南開大學之教職，一九二九至一九三六年任中央研究院氣象研究所所長，一九三六至一九四九年擔任浙江大學校長。一九四八年當選中央研究院院士，一九四九年未隨國民政府撤臺，任中國科學院副院長。一九五五年當選為中國科學院院士。

3 賈亦斌（一九一二—二〇一二），湖北興國人。一九三二年進入南京陸軍步兵學校，後參加抗日戰爭。一九四三年起歷任國民政府軍事委員會少將參議、青年軍復員管理處少將組長。一九四六年起歷任國防部預備幹部局辦公室主任、副局長、局長。一九四九年率部於嘉興接應中國人民解放軍，並加入中國共產黨。

4 孫立人（一九〇〇—一九九〇），安徽盧江人，中國對日抗戰時期，少數非黃埔軍校系統的留美軍官。一九四二年在緬甸以寡敵眾，擊退日軍，救出受困英軍與西方人士，受頒大英帝國司令勳章（CBE），是極少數外國軍官得主。一九五五年遭指控兵變，直至一九八八年方解除三十三年的軟禁生涯。

5 劉昆陽（一九一二—一九六一），一九三二年考入廣西軍事政治學校，一九三六年考入中央陸大學習炮科，一九三九年加入國民黨，抗日戰爭期間，歷任豫鄂皖邊區游擊第一縱隊副司令、第五戰區第四縱隊上校副司令等。抗日勝利後，調任五戰區長官部少將高參、徽蚌埠第八綏靖區司令部第二處處長，一九四八年升任師長。後被中共俘虜，一九六一年在關押中過世。

6 李彌（一九〇二—一九七三），雲南騰衝人，中華民國陸軍中將。一九二六年黃埔軍校第四期畢業。參與抗日戰爭與二次國共內戰，一九五〇年率部撤往緬甸、寮國、泰國交界地，任雲南省政府主席兼雲南綏靖公署主任，繼續反共任務。一九五四年率部撤往臺灣，屬下段希文等部隊自願留下，即日後的泰北孤軍。

7 程潛（一八八二—一九六八），湖南醴陵人，同盟會元老，國民革命軍一級陸軍上將。他曾參與北伐、對日抗戰。一九四五年抗戰勝利後，掌管華中軍政，後改任湖南綏靖公署主任兼省主席。一九四九年轉向中共，歷任全國人大常委會副委員長、湖南省省長等職。

8 傅作義（一八九五—一九七四），山西省榮河縣人。對日抗戰期間，晉升陸軍二級上將，勝利後作為第十二戰區司令長官，負責熱河省、察哈爾省、綏遠省的日軍受降。第二次國共內戰期間，一九四七年十二月任華北剿匪總司令部總司令，但一九四九年一月，傅作義決定北平和平解放，加入中國共產黨，倡言「北平局部和平」，共軍遂和平進入北平。

9 方永蒸（一八九三—一九九四），遼寧鐵嶺人，畢業於北京高等師範學校英語部，一九三〇年赴美國哥倫比亞大學學習教育。歷任東北大學教育學院院長、北平師範大學教授等職，一九四六年創辦長白師範學院。來臺後，歷任考試院考試委員、臺灣師範大學教務長等職。

10 楊道淮，著有《北平和談中南京棄守：流亡學生日記之一》（臺北：三民書局，二〇〇〇年），此日記是由民國三十八年二月底蔣中正總統下野後，李代總統敦請社會賢達顏惠慶等試探和談可能性之日起，到和談破裂，雙方宣佈再戰，共軍順利渡江，國軍棄守南京之日止。

11 陳獨秀（一八七九—一九四二），安徽省安慶人，近代重要的思想家，是新文化運動的倡導者之一，也是五四運動的重要領袖。其於一九四〇年三月二日至一九四二年五月十三日期間發表的四篇文章和六封信，被輯為《陳獨秀的最後見解》，內容為陳獨秀為民主政治的看法，呈現他對曾經深信的馬克思共產主義的思索與轉向。

12 馮白駒（一九〇三—一九七三），海南瓊山縣人。一九二六年加入中國共產黨，是中共在海南島的武裝鬥爭領導人。中華人民共和國成立後，歷任海南區委第一書記、海南行政公署主任、浙江省副省長等職。

13 上官業佑（一九〇九—二〇〇二），湖南石門人。一九二五年加入中國國民黨，歷任浙江省民政廳佐理員、軍事委員會別動總隊第一支隊指導組組長等職，因西安事變應對得宜，得蔣中正賞識。抗日期間，參與淞滬會戰。一九四九年任西北長官公署政治部中將主任，未受毛澤東招降，由蘭州經廣州、海南至臺灣，一九五〇年任臺灣省青年服務總團團長，歷任總統府國策顧問、國民黨臺灣省黨部主任委員等職。二〇〇二年病逝於臺北。

14 閻錫山（一八八三—一九六〇），山西省五臺縣人，早年加入同盟會，響應辛亥革命，後為北洋軍閥晉系首領，之後支持國民革命軍北伐。對日抗戰期間，曾聯日剿共，亦曾聯共剿日。一九四九年來臺，曾短暫主持中華民國政府在臺軍政，代理總統一職直至蔣中正復行視事。曾任中華民國行政院院長、國防部部長及總統府資政等職，晚年定居陽明山，最後安葬於此。

15 王昇（一九一五—二〇〇六），字化行，江西龍南人。中華民國陸軍二級上將，曾任駐巴拉圭共和國大使、國防部聯合作戰訓練部主任、國防部總政治作戰部主任、政工幹部學校校長等職。

第四章 落地東瀛生根臺灣

臺大七年

民國三十九年（一九五〇）我進入臺灣大學歷史系，四十三年（一九五四）畢業，同年考入臺大歷史研究所，三年卒業，時為四十六年（一九五七），總計七年之久。

榜單上錄取名額十八人，但有的也考上臺灣師範學院等校而去了那裡。十多人一班，適合臺大的小教室。國文及中國通史（大一通史）課與也是和人數不多的中國文學系同學同班。一年級課均為通識及基礎課，除上述兩科外，有人類考古學導論、地學通論等。國文教師是臺靜農先生[1]，中國通史為勞榦先生[2]，考古人類學導論為李濟先生[3]，地學通論為凌純聲先生[4]。

大學沒有教科書，教師也沒有印發資料，上課時埋著頭抄筆記而已，根本就不懂關注老師們的來歷。後來才漸漸知道教授陣容堅強，不是北大出身便是留洋學生，如臺先生、勞先生是北大畢業，李濟之先生是美國哈佛留學，凌純聲乃法國留學。通識教授來自不同學系，如李濟之、凌純聲是考古人類學。二年級始修的課程便多數是歷史系教授教了，也是陣容堅強，如教西洋通史的系主任劉壽民哈佛畢業，教西洋近世史、英國史的文學院院長沈剛伯[5]英國留學，教西洋近代史的張貴永[6]，中古史的徐子明[7]也是德國留學，教遼金元史及史學方法論的姚從吾[8]留學德國，教清史文獻學的李宗侗[9]留學法國等。據凌純聲先生說，通識課程由老先生教乃是傅斯年校長[10]的主意。這的確是善政，後來此傳統廢，如教通史者均剛得到碩士或由助教陞為講師者，這些人自己尚未通，教起學生來當然就不可能精要或淵博了。

大一國文教材也是傅校長規定的：上學期教《孟子》文選，下學期教《史記》文選，因為這兩書能培養學生的浩然之氣及忍辱負重的精神。先生們教學各有其特點，然都有道理，如勞先生教中國通史教到漢武帝便盤桓不前，學年快結束時，方一洩千里，談到近代。起先大家還議論紛紛，不過仔細想想，中國歷史發展，在許多方面到漢武帝已告一段落，或已具規模，如儒家為核心的思想文化基礎已奠基；國家版圖雖未掌控青藏高原，但在朝鮮及中南半島方面超過清代；郡縣制已定型，刺史的出現已開地方大行政區的先河等等。

劉先生的西洋通史雖每堂課必重複上一堂所授一半，但重要發展時期段落深印學生腦中。凌先生的地理課，寒假期間每人須讀一本中文或英文書，指定給我的是有關氣候帶大氣變動等問題的英文書。二、三年級方杰人先生[11]的中西交通令人獲得中國與中亞歐洲經濟、文化交流梗概。芮逸夫先生[12]的民族學課介紹許多民族的風俗習慣，李玄伯先生以Lewis Morgan[13]的人類學理論解釋中國古代史，均屬聞所未聞。

學生必須修一門社會科學，我二年級修了薩孟武先生[14]的政治學，這門課的課堂故事、趣味話，及沈剛伯先生的西洋近古史、英國史，將我的思想導向了民主自由的境界，可以說換了個頭腦。我們那時選課還不考慮考試分數問題，只注意名教授。薩先生說臺大最優秀的學生在法學院，其次在文學院，所以外院生選他的課，考試分數多不高。我系中萬文彬、袁定宣仍選了他的政治學。果然第一學期兩個人補考，第二學期只得七十多分。

薩師熟讀《漢書》及《通鑑》，講課時每講十來分鐘便說個故事或笑話，如謂宰相京外視察時，人告以強盜殺人，他不管，告以耕牛喘氣，他便前去看。問何以重牛而輕人命？他說強盜殺人司隸校尉管，牛喘氣，無有管者，而宰相佐天子治天下，協理陰陽，牛喘氣代表天氣不順，或有災變發生，影響大，故往查看。意思是政事各有所司，不容混亂。

勞貞一先生講秦漢史時述說漢文帝細柳營勞軍，車駕到營門衛兵不許進門，告以天子前來，衛兵說「軍中只知將軍令，不聞天子詔」。一句話便使我瞭解分層負責的道理，獨裁攬權的不可取。姚先生口才欠佳，講史學方法論時常常手摸肚皮重複說：「騎馬要騎在馬背上，游泳要跳進水裡」，意思是只講道理不行，要動手動腳實地去做。

在浙江讀中學時已看過傅斯年先生在大公報發表的震驚朝野的〈這個樣子的宋子文非走開不可〉大文。那時只知他是名學者，然他是何種學者，哪裡人，都不知道，還以為他是雖千萬人吾往矣的魁梧大漢呢，沒想到在臺灣大學作了他的學生！開學典禮在法學院禮堂舉行，沒有麥克風，所以傅校長講的話除成了校訓的「敦品勵學，愛國愛人」之外，聽清楚的只有引《論語》的話勉勵我們：「君子之過也，如日月之蝕，其過也人皆見之，其更也人皆仰之。」學校買了兩輛交通車，一天一些學生和他同看新車，他微笑著問：「如果老師和同學同在車上，座位應給老師坐還是讓同學坐？」學生說：「給老師坐。」他點點頭說：「對，給老師坐。」他確實將大學生當成了小孩子。可惜不久後，他在臺灣省議會答覆質詢時因受刺激而不支倒地死去。其時中央政府經費不足，臺大費用由臺灣省支給，所以校長到省議會答覆議員詢問。臺大同學憤怒到省議會找議員郭國基[15]算帳。傅校長之死對臺大的發展，甚至臺灣政局都有負面影響。

臺大文學院的教室多是小間房，適合小班教學，而事實上許多課就是頂多十來人。哲學系三十九年招生只錄取一個人，我就看到一個先生講，一個學生聽的場景。臺大的大門樸實無華，與韓國從京城大學改名為漢城大學（今首爾大學的前身）的校門口一樣。從火車站乘一號公車在臺大站下車，一進校門便看到象徵熱帶風光的兩排椰子樹，樹壇上遍植杜鵑花，每到花開時節，滿園芬芳，被稱為杜鵑花城。傅校長逝世後葬在校門右側，是為「傅園」，此外又鑄了一口大鐘，懸掛在校總辦公室與文學院之間，上課、下課均聽這「傅鐘」的號令，識前塵往事者，可隨聲憶起天才橫溢，有工夫，有魄力，有功績的傅校長。

三十九年（一九五〇）臺大的學生已是來自全中國各地，於是學生社團也有地區性的，如山東同學會。不過政府在大陸吃足了學潮的苦頭，所以在臺灣大學中便不成立學生自治會，而每系每年級推舉一個代表，全部班代表合組代聯會，每年改選一次。這樣，代聯會是被動組合，不像自治會那樣學生自動組合選舉而成，所以不易掌控操縱，加以訓導處透過國民黨組織監控，便沒有學生組織興風作浪了。聽說三十七、八年次（一九四八—一九四九）的學生也有扭秧歌、唱左傾歌的。事實上我第一次到臺大是去青年軍學生宿舍找于凱，他不在，問另一學生，他揮揮手小聲說，他這幾天才被抓走了。這個學生是張伯淵[16]，二〇八師復員，三十八年

（一九四九）考入臺大歷史系，我進臺大後他便成了我的學長，直到他畢業就職、留美，一直幫助我，保持聯繫。

于凱也是青年軍復員的嘉興青中同學，山東膠東人。在嘉中的山東同學每逢春節便相聚包水餃聚餐，于便講在抗戰時國共合作期間，他和中共女政工人員的接觸情形。她們拍著他的頭，口喊「小于」和他玩。于凱說時很興奮，對中共很有好感。後來他和前山東省主席沈鴻烈[17]很熟，嘉興青中解散前後，沈任杭州市長，于竟進入沈公館，負責一應事務，其後到臺灣進入臺大，被捕後囚押很久方槍斃，他應該並無冤屈。我從海南島來時，舟山群島國軍也撤退來臺，當時風聲鶴唳，局勢動盪。

不久韓戰爆發，美國第七艦隊協防臺海，情勢方緩。然政府保密防諜工作積極進行，同學們有時無聲無影就不見了。日記是檢查的重點。我本來有寫日記的習慣，然因有人在日記中發牢騷被抓住把柄，所以我停止寫，這是所謂白色恐怖的惡果之一。

註冊入學時尚無宿舍可住，仍暫住倪寶亭的小屋，大約十一月第九、十宿舍蓋好，搬進第九宿舍，從此一住七年。二年級起遷至二樓。宿舍在舟山路南側，路很短，石子鋪面，夏季晚飯後，與要好同學穿著木屐，來回走著閒聊。從第九宿舍向南穿過第十宿舍，便是園藝系的花圃，花花草草頗為宜人，臺大體育場建好之前，我每天早晨到這裡做柔軟體操、唸英文。我住一〇二號房間，同室均歷史系新生，有湖北萬文彬（儀威），軍校畢業，在部隊幹到營長，國防部參謀，時年約三十二歲，卒業後任大園中學歷史教員，留美學歷史及圖書館學，任職中學圖書館長，後在Houston自力辦美南文史資料館。

袁定宣，江蘇東臺人，大學畢業後在軍中作翻譯官，留美改行機械一類學科，以工程師退休。王士正，畢業後任職中廣公司等處，移民美國。俞國基[18]，安徽人，父任職郵局，畢業後任中華日報南部版編輯，及臺灣日報、中國時報美洲版、中國時報編輯與主筆，及自由時報副社長。俞不太注意上課，興趣在文藝、音樂、社團。四年中我除了應付課業外，看了若干翻譯小說，而最有興趣者是朱生豪譯的莎士比亞，有的好句子可以背誦，和俞國基、王士正等談話時，也帶有莎氏文學味道。我在故鄉無甚麼現代文藝作品看，在嘉興青中始接觸到中國現代文學，到臺大方知點西洋文學。

宿舍的伙食團由學生自己管，食米之外的副食就是蔬菜、豆腐，用心調整也不過更換不同的蔬菜而已。所以那時常常生病，也不是大病，後來想想，很簡單，營養不足而已。上課時，座位稍後一點便看不清楚黑版上的字，是閻志恆同學出錢為我配了一副近視眼鏡，以今天的話說是「他是我的眼」。上英文課時，老師要學生們誦讀一段課文，楊明皓說我讀的「very soft」，但作業成績不好，因無錢買鋼筆、墨水，便去買鋼筆尖來綁在樹枝條上當筆，買些紫顏色粉用水泡泡當墨水。器不利，工就不能善其事。

那時大學畢業須寫畢業論文，我寫的是《清文宗本紀校訂》。李玄伯指導林瑞翰學長[19]作《清聖祖本紀校訂》後，便指導若干人寫其餘的本紀校訂，如袁定宣寫《清穆宗本紀校訂》。以我做的而言，主要是改正事件發生的日期。中國朝代史本紀所記事件發生的日期，率多為京外報告到達京城日期，而非事件發生日期，這是從《左氏春秋》起的傳統。文宗咸豐朝乃太平軍戰爭時期，所以我參考了《剿平粵匪方略》，郭廷以的《太平天國史事日誌》等書。認識了第一手史料與轉手史料間的差別，是一大收穫，平時除考試之外未寫課業報告，這一份畢業論文委實是重要練習。但那時根本不知道可以出版，林瑞翰的以後就出版了。

畢業典禮上有幾件新鮮事。平時樸實無華的女同學換上了漂亮的旗袍或洋裝，描了眼眉、塗了口紅。這時才知道我還可以喝幾杯酒，那天喝的是清酒。我第一次穿西裝，是周廣美拿她爸爸的西裝給我穿，為我打好領帶，在她家裝扮的還有陳月紅同學。

歷史研究所已招生數次，是年我決定報考。但考試後不知能考上否，乃請宿舍導師田醒吾先生幫忙。他的朋友宋金印時為鶯歌中學校長，便聘我到該校教書，後因我考取歷史研究所而未走馬上任。

同學們星散了。女同學都回家藏嬌，軍校畢業的萬文彬到大園教書，二〇七師青年軍復員的王璽[20]到豐原教書，袁定宣、杜維運[21]等未受軍訓者均赴成功嶺受訓，我也是復員青年軍，有少尉預備軍官資格，所以不必受訓，仍留第九宿舍，等研究所放榜。

那年班上畢業生考取研究所的好像就是施碧倫與我。研究所畢業須修滿三十二個學分，通過第二外國語考試，寫份畢業論文，並通過口試。修了些甚麼課幾全不復記憶，但徐子明老師的《史通》課則記得清清楚楚。劉知幾的《史通》是本史學史、史學理論、史學方法的書，而徐先生用教國文的方式教我們，說《史通》文章好，要我們背誦。有個同學不背，徐師趕他出教室，他也不出去，徐師的一隻臂膀本就有顫抖的毛病，這一下更厲害。

徐師猶宗古文，反對白話文。他說胡適當年從國外到北京大學教書，眼見不如黃季剛[22]等人的學問好，便想提倡白話文來掩護自己。徐以為用白話文者根本不識漢字，臺灣大學文學院長沈剛伯、中文系系主任臺靜農等均不識字，只有半個人識字，就是中文系教校勘學的王叔岷教授[23]。徐先生從反白話文進而反提倡作白話文之人。國內興起反胡適風時，他寫了篇〈胡適與國運〉，說胡的思想言論禍國。其實徐先生是很寂寞的，我依他吩咐背誦《史通》文選，但也問他歷史上文學改革也常有，如「文起八代之衰」。他說對，歷史上有，但這一次和以前不一樣。

第二外國語我選擇法文，當時外文系加拿大籍的卜爾格神父開這一門課。第一學年以 *French Without Toil* 為教本，第二學年英法文選，我記得有歌劇卡門，老師還在他教堂中放錄音唱片給學生聽。第二外國語沒有學分，所以我是旁聽生，不是選課生，但老師不管，只要你坐在教室中，他用手指一指，你就必須回答問題或翻譯，法譯英或英譯法。因之，如沒準備好功課，根本不敢去上課，也就是說，這門課讀得很踏實。考試時由外文系和歷史系的先生共同出題，歷史系的方杰人神父出了一道翻譯題，是《通報》論文中的一段；一個作文題「致法國友人書，報告臺灣大學的校史及現況」，我把會而可用的字都寫上去了，成績如何不知，不過至少過了七十分，這是研究所的及格分數。然而法文久不用就忘了，因為生活及研究工作中沒有用到法文資料，不過日後從美回國時路過法國，還認出許多字。

我選了李玄伯先生的清史文獻學課，有意無意的興趣向清史傾斜。三年級時立法委員新疆錫伯族人廣祿先生[24]開滿文課，我也選了，在圖書館任職的李學智[25]，比我低數年的陳捷先[26]、王民信[27]、莊吉發[28]等是同學。我學了一年便因研究所畢業，未再繼續，所以便忘了。不過我曾在南洋史圖書館中找到一本法文的滿文文法，並告訴了廣祿老師。所謂南洋史圖書館，是日領臺灣時治南洋史的臺北帝國大學日籍教授的書，那時座落在臺大文學院二樓的東盡頭。此外廣先生以我們這些學生為班底，又找上治西藏學的歐陽無畏[29]等，創辦了「中國邊疆史學會」。

學智、捷先等繼續上滿文課，後來他們都能利用滿文研究清史。我還學了俄文，是東北籍立法委員教的，已讀到蘇聯駐聯合國安理會代表的演講辭；入近史所後，仍和王璽到臺大去旁聽劉宗怡老師的課，唸到普希金的詩。但俱往矣，如今連俄文字母都忘了。不過有一年在香港遇到大陸上的俄國文學專家郭寶權及其夫人，他送了我一本他譯的普希金詩，至今為寶，有時拿出擦擦灰。

研究所的課業很少，我到中文系聽課，聽了屈翼鵬萬里師[30]教的《詩經》、《尚書》，王叔岷先生以《淮南子》及《莊子》為課本的校勘學。看了《韓非子》、《呂氏春秋》、《墨子》，《通鑑》讀到西晉八王之亂。我讀得很慢，因為我喜歡地理，每讀到一個初見的地名，便在楊守敬（一八三九—一九一五）以明代十三布政使司為標底所製之歷史地圖上找，很費時間。看了《三國志》及《史記》、《漢書》各一部分。課業少，無外務，因家不在臺灣，逢年過節，至多到老鄉友人家吃頓年夜飯便回。宿舍中靜靜地，是讀書的好地方。於是除書籍外也讀史學論文，做摘要。現在仍保存著所摘《史語所集刊》第十本中王崇武[31]寫的〈論明太祖起兵及政策之轉變〉，《文史雜誌》孟森[32]的〈明開國以後之制度〉，《輔仁學誌》的〈北魏北鎮考辨〉，及《明史紀事本末》、〈清初（關外時期）女真、滿洲部族發展狀況〉等文。

讀研究所期中，教育部舉辦留學考試，我報名參加，沒考上，不過我預備考試時將Hayes and Moon Wayland的*World History*的大部份譯成了中文，這對英文程度有所增益，譯文放在身邊很長一段時間才丟了。第二件分心的事是關心時局。隨著自由民主觀念的增漲，臺北出版的《自由中國》雜誌吸引了我的注意力。雜誌是半月刊，我訂了。每逢出刊之期，一直等到雜誌到手，連夜看完才入睡。總統連任問題，行政院合署辦公問題，反攻大陸有無希望問題，言論自由問題等，殷海光先生[33]演講也跑去聽，不屬於研究所課程範圍的事也湧上心頭。

胡適[34]第一次來臺灣時有演講節目，姚從吾師對我們學生說：「去聽，這是現在的孔子啊。」張貴永師則說：「胡先生出國這麼多年，還是講這個問題！」胡講《水經注》問題，是史學方法中的辨偽。弄清版本，是文獻的外部考證，但許多人將之誤會為《水經注》內容，這就成了文獻內部考證問題。

畢業論文題目二年級上學期還未決定。決定題目須先有個目標方向，決定要研究甚麼，這須在看書、看文章時發現，可以依靠看書籍評介，或熟識的老師指教。然讀書發現不易，即使碩士班研究生仍不到注意書籍評介的火候，而老師指示也必須雙方多次接觸談論，對學生的程度興趣有所瞭解方可。我是中等程度，也未顯興趣所在，所以未得指教。

郭廷以量宇先生[35]主持的中央研究院近代史研究所籌備處，需要人手，便對他的同事前中央大學校長周鴻的女兒、我臺大同班同學周廣美說了。廣美告訴我這事，然而班上畢業同學都去受預備軍官訓練，不受訓的只有到豐原教書的王璽，我便函告他。王璽來臺北見郭主任，我陪他到南港。郭先生OK王璽的職務後，問我畢業論文題目為何。我說還未定，他說：「二年級了怎麼還未定！」他的臉型就是有嚴肅味。我很笨，若提及做《清文宗本紀校訂》，曾用過郭先生的《太平天國史事日誌》，他對我的印象可能就深刻點。

從郭廷以先生那裡，我到了史語所李光濤先生[36]處。我大二時曾隨班上同學到楊梅火車站，看該所放在那裡的文獻，是光濤先生招呼的，他將他出版的論文送給我們，就這樣和李先生相識了。見他時，談到畢業論文題目問題。他說清太宗兩次征朝鮮，他作了丙子之役，還有丁卯之役無人作，我可以作，就這樣決定了碩論題目。這題目屬清史範圍，需要與教清史的李玄伯師說定。史料主要用《李朝實錄》、《清實錄》中的〈太宗文皇帝實錄〉，及《明實錄》中的天啟、崇禎兩朝部分。

玄伯師說這三種史料就很夠了，實際上還用了若干專書。一直寫到論文考試前不久，還沒有寫完，考試前大約個把星期方將之送到考試委員手中。委員中有清史專家蕭一山先生[37]，李光濤只出三題，人未到校；另外是文學院長沈剛伯，歷史系主任劉崇鋐[38]，及指導教授李玄伯。主要是蕭先生發問，還記得他問清代軍制變化情形。沈院長問宋代中國的科技發展很不錯，何以明代就不行了。

在臺大期間確實開了眼界，代聯會請名人演講，外交部次長沈昌煥先生[39]說，我們反共抗俄國策是偉大的，連美國都不敢說，美國只能反共，如說抗俄，蘇聯立刻抗議。陶希聖[40]講美國對華政策，說臺灣對圍堵共產世界明明地位重要，但美國的妥協份子硬是咬著牙說不重要。說「咬著牙」三個字時，他自己就咬著牙。胡秋原[41]講蘇俄問題時說：「它不屬東方，也不屬西方，不東不西，不是東西！」梁實秋[42]講莎士比亞，言詞幽默。寫《風蕭蕭》的小說家徐訏[43]說：「打掃清潔？一天只有二十四小時，這裡擦擦，那裡摸摸，二十四小時就完了，還能做甚麼事！」文學家大都如此，有次我到外文系夏濟安先生[44]宿舍，請他寫申請美國學校的介紹信，看到他書桌上滿是書報信件，只剩一處堪容信紙的空位。夏先生當時被許為有成就的學者。

西洋音樂唱片欣賞會也是前所未見的。那時公私都窮，唱片都是向美國新聞處借的。妥斯卡尼尼指揮樂隊風采，天才音樂家貝多芬、卜拉姆斯等名字及樂色，都是前所未聞的。為了加強英文程度，大學二年級選外文系Sister Ronagne（羅素英）的Prose and composition。外文系同學每天上的、讀的都是英文，我讀的英文只此一堂，所以考試都是七十來分。外文系及名教授給的成績不好看，隨著出國留學風潮申請外國學校入學許可，因而數次遭拒。不死心，還是在英文上下工夫，暑假夏濟安先生給若干人講西洋著名小說*Wuthering Heights*（即著名的《咆哮山莊》）[45]，我也參加。夏先生還要大家寫作文，其時正值颱風過境，我就以此為題作了練習，成為另一新鮮經驗。

羅素英老師雖為天主教徒，然教材及課堂上從不涉及宗教，而另在其金門街教堂開查經班（Bible class），同學閻沁恆[46]等數人參加，但最後我沒信教，志恆[47]信了，而且說我只去學英文不信教。這沒辦法，我從小受破除迷信影響，總跟著不信怪力亂神的孔子走。方師杰人在下午課後時段給我一人講道，也沒有動搖我這塊石頭。一九五〇、六〇年代是美國富庶之秋，臺灣窮苦之時，所以美國許多社會救濟物資來到臺灣。有一年也有一批衣物送到臺大，大家抽籤決定，其中有些大衣，大半成新。臺灣接受救濟物資，大概直到一九七〇至八〇年代，其後則有力對外救濟。

大學部外系轉進歷史系的同學比轉出去的多，畢業時全班二十三人，所以平時也有集體活動，如前面提到的到楊梅車站看史語所的文獻，及到銀河洞遠足，到臺中北溝看故宮博物院及中央圖書館文物，那時為防大陸共產黨飛機空襲，所以初步將部分文物藏於防空洞中。畢業時得青年救國團協助，全班到南投日月潭玩。袁定宣父母招待班上七、八個人到他家吃飯，菜餚豐富，尤其袁伯母做的揚州獅子頭，放了荸薺，咬起來很清脆，肉則入口即化。讓我們這些平時吃青菜豆腐的人，大快朵頤。

韓戰時，臺灣與韓國合作，將許多投降到聯軍的中共士兵軍官說服到臺灣，當時號為「反共義士」。他們到臺後，部分住楊梅郊外山坡上。政府發動人民去慰勞服務，我不知怎樣也在學生服務隊之列。見到的是陰雨濛濛，新建木板房濕漉漉，床鋪下及門前道路泥濘不堪，時氣溫低，冷颼颼，人們的臉上看不到溫暖笑容。這剛來乍到的場景，似乎預告著那些人爾後的命運。

國立歷史博物館編輯——第一份正式工作

研究所畢業了，臺大也放暑假了，第九宿舍大部份人去樓空，因之我還可以繼續住一些日子，等下一步工作。下一個工作是我上任不久，就改名為「國立歷史博物館」的國立歷史文物美術館。是吳相湘先生[48]給找的職業。吳先生到臺大是教中國近代史，但我大學的中國近代史，修的是夏德儀卓如老師[49]的課，所以不認識他。讀研究所時，一天吳先生到研究生研究室找人，碰巧只有我一個人在。他說他有朋友在美國大學教書，要將李劍農[50]的《中國近百年政治史》譯為英文，需要人幫助找資料，問我願不願意做。我答應了，後來知道他這位朋友是鄧嗣禹[51]（S. Y. Teng），哈佛大學博士，時在Bloomington的印第安納大學教書。李劍農書譯出來後名為*The Political History of China:1840-1928*，鄧先生很客氣，還在序言中說出我幫忙之事。就這樣和吳先生熟悉了。他曾和國立歷史博物館長包遵彭[52]、臺大另一位近代史教授李定一[53]合作編中國近代史文集。這就是我進歷史博物館的機緣。

住進第九宿舍時身無長物，七年下來不免有些筆記本子、書籍、衣物，便到南昌街買了個樟木箱子裝載，雇了輛三輪車，離開了故鄉之外第二個久居的場所，奔向平生第一個正式工作。歷史博物館座落臺北南海路北側，背負植物園，東北鄰中央圖書館，東鄰科學館，是南海學園的一部份，南海路南邊是建國中學。館的主體建築是一棟日式二層木板樓房，很幽靜的地方。我剛離開臺大園藝系花園，接著住進植物園邊，時運很好。

歷史博物館收藏展覽的物品有商周鐘鼎彝器，尤以河南博物館寄放最為有名，另有甲骨文、漢簡、繪畫、古錢、陶器等。館務分展覽、研究、總務三組及秘書室。我在研究組，工作主要是撰寫展覽物品的卡片說明文字，所以需要考古器物圖譜及甲骨文相關的文章書籍等。此時我修的《尚書》、《詩經》等有關上古史的課程便用上了。寫了兩篇介紹館藏陶器及冥器的文章，發表在《中國一周》[54]、《教育與文化》等雜誌上，這是我撰寫的文字第一次印成鉛字發表。此外的工作，則是幫包館長翻譯哈雷路克（Harry Charles Luke）的《土耳其史論》為中文，還有閱覽藝文印書館出版的《明史》。

研究組長姚谷良夢谷先生[55]從事繪畫藝術，口才好，從他那裡聽到許多甲乙人物、古物，及繪畫方面的常識。秘書王宇清[56]對中國服裝有興趣，一直鍥而不捨的研究，終寫成《中國服裝史綱》。河南博物館的王老先生，熟於孫中山與宋慶齡及孔祥熙方面的裙帶關係，乃前此聞所未聞。館長包遵彭，湖南人，海軍下崗人員，斯文彬彬，對事情很用心，為避免館中火災，毅然將吸食多年的香煙戒掉。博物館毫無基礎，他硬是無中生有，與同志何浩天[57]、張忠渠等奮鬥努力，使其粗具規模。不少特展都是借的物品，如中國歷代錢幣展、圓明園的設計圖展覽等。包遵彭對專家禮遇有加，也很能交際。當時張其昀[58]為國民黨部秘書長及中華民國政府教育部長，他便拉攏得很密切。

包因肝病去世，王宇清任館長，繼王者為何浩天，均能拓展業務，與外界交流，如展出剛出土的三星堆文物、南美馬雅文化文物。秘書組的葉程義先生管公文撰寫，白天辦公，晚上上補習班，卒考取政治大學中文系，以教授退休。

在歷史博物館交了三個朋友，可惜一個已往生了，一個是張朋園[59]，一個是羅錦堂[60]。朋園在臺灣師範大學歷史研究所求學，錦堂則在國文系念博士班，當時都在歷史博物館實習，也都在研究組。朋園功課我只記得一項，點《十三經》中的數種。早上他們二人都到植物園打太極拳，我在臺大時學過，所以不參加。最好的時光是晚飯後的散步，沿著南海路可以看馮作民[61]開的舊書攤和他雇來的漂亮小姐。

向前不遠處，泉州街口有美國新聞處，有時舉辦音樂會，擺放各種英文刊物，吸引人到此走動。再向前牯嶺街，是舊書攤集中地，有不少大部頭的日文書擺出求售，也有圖片及畫刊。那時無錢也無興趣，後來到中研院近史所任職往訪時，才偶而為圖書館買幾本。買舊書要當機立斷，一遲疑可能就失掉了機會。有次看到談遷的《棗林雜俎》[62]，講了一下價，覺得有點貴沒買，等下了決心再去買時，已被人家買走。

錦堂是甘肅人，研究詞曲，在臺大中文研究所得到碩士學位，是鄭騫先生[63]指導的。畢業後欲修博士學位而臺大未設，乃多方運動臺灣師範大學設，指導先生仍是鄭師，且因師大圖書缺乏，所需也是向臺大借。錦堂讀博士學位，所以朋園常常喊他羅博士。臺灣第一位博士生，各方都很看重，而他身材高挑，面貌友善，性情親人，談話聲音高低適中，不快不慢，能盡情達意，善於交際，與張其昀及愛護西北子弟的黨國大老監察院長陝西于右任[64]均熟識。他畢業後又到香港新亞書院及日本京都大學訪問研究，最後到夏威夷大學教書退休，我數次去夏威夷，均承蒙招待。他曾為文介紹過明代北曲宗師臨朐馮海浮惟敏[65]的文學。我對這位前賢老鄉的認識，讀其書知其心在百姓，以「海浮子」為筆名，都是由錦堂兄此文章而來。

馮作民，東北人，第二期青年軍（一九四六年七月蔣在廬山召開青年軍師長會議，決定發起第二期知識青年從軍運動），從二〇七師退伍入嘉興青年中學，如何來臺已不詳，只知其在國語日報作校對多年，受蒙何容[66]、林海音[67]及東北鄉長齊鐵恨[68]關愛，練了一口標準國語，讀書甚勤，文史知識很豐富，下筆暢順可讀，著有《中國歷史名詞集解》、《臺灣歷史百講》等。嘉興青中解散時，馮作民是高一程度，但抱著本英文《西洋通史》硬啃。因是東北人，有日文底子，乃參考英、日文，書寫《細說西洋》。

他在南海路開舊書攤時，雇了一位漂亮的店員，我與羅、張三人，每次到店都多方替馮老闆美言吹噓，加以作民口才頗好，後來便摘下了近水樓臺的月亮。他數次送我他收集到的對我有用的書，如今身邊還有楊倫箋注、新興書局出版的《杜詩鏡銓》、《日本史年表》及其所著他書。作民後來不開書店搬到內湖住，專事寫稿，雇一小姐抄寫，他口述。家庭不和，離婚，且因所著書版權被人欺詐取得，在酒醉後持刀殺仇人子女一人、傷一人，被判無期徒刑，死獄中。在獄中時，適我在埔里暨南國際大學兼課，往來經過南投，曾數次前去看他。女兒婆家到南非開工廠，前妻及兩兒亦往。

在歷史博物館雖只一年，但那裡的人都文質彬彬，寬厚客氣，友此諸人，身心得益，而我一生對古器物、圖畫、古文字之常識，是自此養成的，起碼不排斥。以前只知道大學是學習、研究學問的地方，現在既然知道中央研究院史語所、近史所的情形，王璽不斷將近史所近況告訴我，而我出國的希望又不可期，於是想變換工作，到近史所謀生路。進行的路子有兩條：比我高一級的陶天翼[69]已到史語所，他很熱心，拿著我的碩士論文，數次去看郭量宇主任，向他推薦我。另外周廣美已到美國留學，知道郭主任到美國公幹，也前去推薦。近史所工作洽定後，方告訴包館長，恐早告知他不允我離去，然遲告，他大發脾氣，不滿近史所挖人，聞量宇主任為此還到歷史博物館向包館長解釋。有了這次經驗，後來張朋園轉移陣地時，近史所洽定後，先自史博館辭職，過些日子方到近史所報到。

中央研究院近代史研究所

民國四十七年（一九五八）年十一月一日，我到南港中央研究院近代史研究所籌備處報到，做起助理研究員來。比我早來的年輕朋友有李國祁[70]、呂實強[71]、王爾敏[72]、李念萱[73]、李恩涵、鄧汝然、李作華、王萍、王樹槐[74]等。他們工作的場所是一座兩層樓房，樓上作為民族所籌備處。大多數人在點編外交部移給近史所的清季總理各國事務衙門的外交檔案。每人兩手臂都帶著一副黑袖套，以防污染衣服。然而所中並未令我編檔案工作，記得曾跟歐陽無畏先生到臺北中央信託局複印外交檔案中的地圖，即文件的附圖。外交部因業務需要，函索這些地圖。歐陽先生自幼到西藏學喇嘛教，所以精通藏文藏學，並在廣祿師的邊疆史學會刊物上，發表藏印邊務交涉及邊界問題的文章，內容充實。聽說他到西藏，乃羅家倫[75]當中央大學校長時送出去的。那時的領導人物，真有眼光魄力，羅先生不只能寫〈玉門出塞〉那樣氣勢的詩歌[76]，也是身體力行的人。

剛到近史所時，印象深刻的事為擔任伙食委員。那時尚未結婚，住單身宿舍。中研院單身宿舍的伙食團有個規則，新入伙食團的人必須在入伙的下一個月當伙食委員，負責監督工友配菜買菜等一應事務。我在嘉興青年中學及臺大第九宿舍都作過伙食委員，有點經驗，只要負責任事就成。我每天晚上都和工友商量好明天午晚餐的菜色，吃飯時也注意監察。因之，一個月中大家都很滿意，尤其最後一天加菜，很豐盛，得到大家的讚許。後來我才知道，大家之所以滿意，是因為我前面，即十月份的伙食委員不管事，把伙食費交給工友自行處理，所以吃的不好。繼大功者難為業，繼無功者自然就易為了。

近史所的功課，編檔案之外就是讀書及做研究。這兩件事有時連在一起，就是所讀者與所做的專題研究直接相關，為專題的素材；有時並不相關，讀書為充實自己。我未編檔案，便閱讀圖書文件，以期找到可以研究的題目。近史所每週或每兩週舉行學術討論會，同仁們在會中的討論報告，泰半與專題研究有關。就有關記錄與記憶所及，我介紹過周策縱[77]所著*The May Fourth Movement*，而且對整部書只覺得完整無缺，無須增補之處，也就是五四運動範疇中無可發展之空間。近史所同仁介紹這本英文著作，我還是第一人，而同事劉鳳翰[78]也在臺大歷史系轉述了我的說法。

記憶猶新的是計畫研究龔定庵[79]，而且將其《己亥雜詩》，即辭官南歸途中紀事詩，按日作了排比分析，但因知大陸有位學者寫了篇定庵思想的文章，而其時臺海兩岸嚴禁互通，所以無緣得見。另一方面李國祁又說要和魏源[80]的思想見解相互比較，方能顯出龔自珍的獨特之處。我同意他的說法，於是放棄此一議題的研究，只以他對新疆建省的見解寫了篇〈龔定盦的建設新疆計劃〉，發表在《思與言》雜誌上。

我在臺大研究所研究的是清初與朝鮮的關係，對近代史並不熟悉，加上無人指點，所以一時之間未找到可做之題目。後來在外交檔案中發現一宗光緒三十一、二年（一九〇五—〇六）

中國民間抵制美貨運動的檔案，乃參以美國外交檔案，及其他中英文新聞紙、公文書、專著、論文等，寫成《光緒卅一年中美工約風潮》[81]。書中首從十九世紀美國排斥、虐待華工，及十九、二十世紀之交中國人民的覺醒，以交代中國人民第一次全國性抵制外國運動，何以指向對華政策比較和平的美國；繼而研討中國國內各地、婦女，海外華僑的抵制情形；最後則是考察抵制運動的效果，發現成果不如預期，進一步分析原因是中國處在被列強瓜分，非常借重美的門戶開放政策，以及中國進步不如五四運動時期的結論。這是一本兼具中美關係史、華僑史、及清季中國社會史的書，全書中心意識是中國人民的覺醒、國族主義的覺醒。

本書費力最大的是閱讀美國外交文獻的微捲。閱讀內容包括一九〇五、一九〇六兩年，美國國務院與中國政府及駐美公使館，與美國駐華大使館往來文書，美駐廣州、汕頭、廈門、福州、寧波、杭州、上海、煙臺、天津、牛莊各口岸領事致國務院、駐北京使館的報告。這些文獻自一九〇六年始有打字本，一九〇五年全部及一九〇六年部份均手寫，龍飛鳳舞的字體識別不易。雖然知道應該讀個把小時就休息一下，然閱讀機一打開，就自然地往下看而忽略休息，等到覺得眼睛不舒服，已造成傷害。我的眼睛本來就不好，經這次過勞傷害後，更是不堪，急性結膜炎害兩次，每次皆兩個多月不得閱讀。

民國五十三年（一九六四）春夏間，近史所已決定我是年到美國哈佛大學訪問研究兩年，須在九月成行，以趕上該校的開學時間。於是我的書必須在行前寫出繳所。當時的緊張情形已不復記憶，不過未忘記每天一包香煙不夠，凌晨三點香煙沒有了，寫不出稿子，向守大門的警衛借新樂園香煙。那一段時間，每晚煙灰缸中的煙蒂都是滿滿地，幾個月下來腰都有些彎曲了。

然而所撰之書的名稱原來並非上述之《光緒卅一年中美工約風潮》，而是《清末中國反美運動》。改名原因是如下所述故事。九月底我離臺赴美前數日，將寫好的書稿交給同事吳章詮先生，請再為我看一遍，並囑在我行前還我。但我行前一兩天，到處找不到他，電話給他妹妹，也說找不到他。我無可奈何只好走了，到了哈佛大學東亞研究中心（East Asia Research Center）。不久中心主任費正清（John King Fairbank）[82]招我，及哈佛燕京學社訪問學人（Visiting Scholar of the Institute of Harvard-Yenching）臺灣大學歷史系陳捷先至其辦公室說：「臺灣又抓人了，抓的是臺大教授及近代史研究所人員。」並說了些批評性的話。

我很快自近史所同仁處得知，被捕者是魏廷朝[83]，因他與其師彭明敏[84]（臺大法學院教授）在旅館中計謀散發臺灣獨立宣言。我寫了封很長的信給郭所長，說魏不可能做此事，長信是希望引起情治人員注意信中所言。此時我還不知吳章詮也被捕，之後才得知，章詮看我文稿時，曾將之放在廷朝桌子上，並寫了張字條給廷朝，說稿子有一段很好，他可看看，並在字條後署名。情治人員抓廷朝後來近史所搜證，看到稿子及紙條，乃將稿子拿走，並捕章詮，因為書稿名稱為「清末中國反美運動」，其時中華民國與美國同盟反共，以為反美就是親共，即便乃歷史事件，也不容忍。

過了些天收到郭所長的信，對抓人事未談，只問我將書名改為《光緒卅一年中美工約風潮》如何。我瞭解近史所的處境，所以奉命惟謹。我將此事告訴楊聯陞先生[85]，楊先生說：「郭先生改得好啊！」原來是郭所長去到情治單位，將章詮及書稿要回。我回臺北時，有人告訴我，我如未出國，恐怕也被抓去。我卻以為離開臺北時，魏廷朝被抓已數日，他們如想抓我，那幾天也夠用了。不過後來聽我太太說，確有情治人員到我家找我，告訴他們我已出國，未再來過。

在近史所這段時間，除做所方指派工作，如與歐陽無畏去中央信託局複印地圖，及在討論會中提報告，如民國五十一年十二月報告周策縱所著《五四運動史》一書外，還發表了兩篇文章：〈說明代宦官〉及〈龔定盦的建設新疆計劃〉。前者是覺得前人論明代宦官時，均強調太祖如何嚴禁宦官干政，重用宦官乃明成祖靖難之役的結果，及重視宦臣收稅、開礦，干預司法的片斷事蹟，未作整體通盤考量。該文自宦官之收用、教育說起，延及宦官在中外政治、軍事、財經、司法等之地位及其影響，在結論中指出，重用宦寺乃明廷「樹立內朝以牽制官僚外朝」之策。約十年前明史研究學會[86]以這篇文章之故約我入會，臺灣師範大學歷史系教授林麗月[87]說，她至今仍作為指定教材，要求學生研讀。

我仍舊是單身漢，在臺北無親戚，於是歷史博物館便成了我臺北走動之地，還是光棍的張朋園便是談話對象或聽眾。人們往往對大學有所認識，對中央研究院這個只做研究不辦教育的機構便毫無印象，史語所王叔岷師介紹我到該所時，我就是如此。研究所的狀況，同仁們如何編輯檔案，每兩星期一次的討論會，及我在會中報告周策縱所著《五四運動史》的情形等，都對他講過。有次張朋園說：「唉，你介紹我到近史所好嗎？」我說：「你這是捨近而求遠，你是郭廷以先生的學生，直接去找他就行了。」當時不知他是怎麼進行的，後來知道徐乃力先生[88]出過力。朋園告訴我事情快成時，鑒於我離開歷史博物館去近史所時，未先告訴包館長，他非常生氣，便建議朋園先從博物館辭職，然後向近史所報到。

我也曾將朋園的意願告訴郭所長，所以朋園報到前一兩天在茶水間遇到他時，郭所長便笑嘻嘻地說：「朋園就要來了！」使郭所長笑嘻嘻不容易，朋園就有使他笑的條件。在南海路開舊書店的我的好友馮作民，每提到朋園，對他的風度便讚不絕口，歷史博物館各展覽室的管理小姐誰不欣慕？近史所的女同事便曾在公眾前擁抱他。

當時中研院只有兩棟辦公研究室，史語所一棟，近史所與民族所合用的一棟，及一棟單身宿舍，一間廚房，周圍都是稻田。到臺北去，要步行到南港，再乘臺北基隆公路局車，臺北市的公共汽車東向只到松山。因之，同事們要到臺北看場電影娛樂一下，都很不容易。下班後，尤其夏季白天很長，晚飯後有時打打橋牌，或沿著田阡走走路、談談天。民族所的文崇一學長[89]，臺大歷史系高我兩班，和我很談得來，不時到田間散步，有時談到臺灣學術界缺少客觀批評精神，應該提倡此種風氣，於是談起辦一刊物的問題。

結論是聯絡中研院史語、民族、近史三所，以及臺灣大學文學院各系有此觀念與趣者共同舉辦。沒有費很大的力量就聯絡好了，高年級同學除文崇一之外，還有李亦園[90]，臺大歷史系講師傅樂成[91]，圖書館的李學智等都來了。在臺灣大學文學院辦公室開討論會，決定刊物的名稱為《學術評論》。然而向政府申請登記的結果是不准，甚麼理由已不復記憶，不過那是戒嚴時期，報禁可能包括雜誌在內。大家無可奈何，不過客觀批評，辦刊物的想法仍未忘懷。

一天上午乘院公車自臺北回南港，偶然與人事室主任胡佛[92]並座。他雖然在人事室服務，但職缺則在近史所，所以比較熟悉。一路上談了客觀批評的觀念，兩人想法非常一致，他聽我說申請創辦刊物失敗的事，說政治大學的朋友們辦了一份雜誌名叫《思與言》，但出了兩期就難以為繼，因為他們的成員都是學社會科學的，較少文史方面的稿子，而且經費也困難。他便說道：「我們合作好不好？」我立刻以為這是好主意，因為《學術評論》未獲准創辦，而且其基本社員都是治文史的，缺少社會科稿源，雙方合作則得到一個現成的發表地盤，稿源也能文史、法政兼具，乃答應，並找發起《學術評論》的人員商議。

商議結果大告成功，於是原《思與言》雜誌社改組，由兩方人員共同辦，改訂組織章程，採戲稱的內閣制，就是理事長不負實際責任，一切事務均由執行編輯辦。每位社員每月繳費五十元新臺幣，執行編輯每任一年，稿件限人文社會學科範圍，每份稿件須經二人審查。當時文史刊物只有《大陸雜誌》[93]，但考證氣味較濃。《思與言》社友以大學講師、助教層人員為多，雖然史語所徐高阮先生[94]說該刊文章乃年輕人練習之作，但《思與言》的確使臺灣的期刊（雜誌）文章活潑了些，著作以外，也注意翻譯、評介，出版品及資料介紹。該刊發表的文章可以用來在大學升等、申請國家科學委員會補助費。不過這個以文會友、以友輔仁的青年團體也引起了政府情治單位及黨的注意。

有個家了

個人漂泊在外，職業未定，或雖定而收入不足以養家活口時候，是不可能談婚姻大事的。所以在歷史博物館時，雖研究組長姚谷良介紹其友人女兒，儀態雍容，也只來往數次而已。雖實屬無奈，也應明白向對方說明原因，不該無疾而終。此事確實做得不當，至今思之歉然。

到中研院近史所時，臺大歷史系同班同學袁定宣之二弟宸宣，在植物研究所任研究職務，夫人張玉澍在同所任事務員，而袁伯父母及四弟也在院中眷舍住。袁伯父乃江蘇泰州一帶製鹽賣鹽商，為人豪爽、健談，逢年過節均約我這光棍到其府上吃飯，因而熟悉。我與定宣友誼甚篤，申請到印第安納大學留學時，三千元美金簽證保證金是他借給我的。因此與袁家往來多。張玉澍乃將其同事臺南劉津月女士介紹給我，由袁伯父母出面在他們家吃飯，植物所研究人員汪文浩小姐作陪。

雙方滿意，後來交往，情況頗為順利。但兩者之間有條大鴻溝，是當時政治社會形成的外力。我是山東籍外省人，她是臺灣人。這種省籍隔閡今天對婚姻已無大礙，但在那時則是重大阻力。她在節慶回家時對父母說明，回應是反對。一直到兩人決定結婚後，方同去臺南忠義路她家，求允婚。她爸爸會一點國語，媽媽不會，由在鐵路局做事的六叔任主任詢問員，尚在中學讀書的二妹劉美江任助理。反對的說辭是，臺灣到山東太遠，難以探望；而問我生辰八字我又不知，無生辰八字當然是大問題，這是傳統習俗重視的。不過我覺得他們擔心的是我曾否結過婚，家中是否尚有元配媳婦。沒有滿意答案，婚事免談，同時也不准劉小姐回臺北做事了。

晴天霹靂，兩人相對大哭一場，我只好走。到臺中沈景讓家稍待，吃了飯，第二天回臺北。回去後發現津月給我的一張紙條，說她已回臺北。原來她在我離她家後，接著也離家北歸。她父親留不住她，也只好流著眼淚讓她走。津月平日看來是一柔弱女子，但這事的表現卻是堅毅不屈。

她父母倒也能適時適應，看到女兒鐵了心，便答應了婚事。訂婚禮在臺南辦，民國五十三（一九六四）年五月十三日，在臺北市國軍英雄館舉行結婚禮，郭廷以所長證婚，陳三井[95]當伴郎，任紹廷[96]、黃福慶[97]等同仁做招待。印象最深的是臺南的禮餅，好像是一盒四塊，有長方形的、方形的，都是厚厚的，料子充實，香甜可口。自此我認為結婚禮餅都是那樣子，而臺北人結婚禮餅有的是餅乾，我便覺得菲薄。那時近史所已決定送我到美國哈佛大學東亞研究所作訪問學人，但津月未對岳家說明。婚禮中特請會閩南語的黃福慶同仁陪岳父岳母。福慶在談話中說了此事，事後岳母便問內人津月：「張先生要到美國去了，你知不知道?!」津月說明是公家派的，不是自行出國，兩年期到必須回國，方才釋然。從臺灣留學美國者，的確有因單身漢不能簽證出國而結婚者，岳母的懷疑是有道理的，當然那時去美國學習是大家期盼的事，所以一經說明，也就無事了。不過後來岳母還問津月我有沒有寫信回家，太座說明每週一信，她才放了心。

我在臺灣原本是單身的，過舊曆年時，都是同鄉鄉長或中小學時的師長約我去過年。結婚後過年時都是到岳家。岳父兄弟六個，他是老大，岳母家兄弟就有五個，過年時大家紛紛去拜年，七大姑八大姨的閩南語稱呼，把我弄得頭昏腦脹（結婚時已如此）。岳父會些國語然不多，岳母可以說根本不會，而我也根本不會臺灣話，所以一家人在一塊吃飯談天時全靠津月、二姨子美江、小舅子俊成、三姨子美聆、四姨子美杏等做翻譯。我覺得這有礙他們談話，同時有時說著說著他們就全用臺灣話了，就像中國人請外國朋友吃飯一樣，所以每次回岳家，我都盡量到大街小巷轉。

臺南市不大，但有許多古蹟，如安平古堡、赤崁樓、億載金城、孔廟、延平郡王祠、五妃廟等。安平古堡和億載金城及鹿耳門，距岳家所居新生街遠，所以都由小舅開車載往遊觀。新生街和永福路原是條南北向路的兩段，南段為新生，盡頭與建康路接，北段為永福路，北盡頭與民族路交，二者以中正路為分界線。後來二者統一名永福路。該路北盡頭，橫過民族路即赤崁樓，乃荷蘭人殖民臺灣時的總督府，中有許多歷史文物。億載金城是清季福建巡撫沈葆楨（一八二〇—一八七九）所建防倭砲臺，本距海岸不遠，今則站在該處不見海岸，僅見巨砲數尊。

新生街與開山路之間及中正、中山路以南乃文教區，有臺南女中、臺南中學、進學國小、中學等。每校皆庭院廣闊，我晨起後，常到岳家不遠的國小運動。但最常去的地方是五妃廟，乃明末寧靖王之五妃，鄭氏降清時，盡節縊死該處，日治時期為之建廟立碑。五妃廟在五妃路的東頭，我初次訪觀時，路與廟均荒草地，其後路修鋪柏油路，廟修整圍牆，牆內道路用石板鋪成，栽植許多樹。清晨一早便有遊人帶鳥籠去，籠掛樹上，人做運動，鳥相互應叫，另有人煮茶品茗閒話。有石碑數塊，紀頌五妃事，其中一塊即日治臺灣臺南郡長設立的，思想觀念與中國人同。

岳父劉亦勇祖籍福建泉州南安，已是移居臺灣第六代人。我初到他家時，他做染裝冊本的線繩為生，住忠義路日式房子，與尚未結婚的六弟同居。他為人誠實寡言，因身為兄弟中的老大，故本與父母及未婚弟妹同住。父母去世後亦然照顧弟妹，勤儉度日。岳母姿容風雅且能幹，注定了是一家之主。津月臺南女中畢業後，因中央研究院李先聞所長[98]領導的植物所，與臺南糖業公司合作設糖業試驗所，得入植物所做臨時事務人員，二妹、弟弟、三妹、小妹猶在中小學讀書。二妹考上國立臺灣師範大學英語系夜間部、三妹考上私立銘傳商專時，先後寓居我家，兒子欽士及女兒欽如幼時也先後承蒙她們照顧。因之我們，尤其是兩個小孩與兩位阿姨感情特別好，二姨結婚時我們全家先到臺南，與岳家人同去雲林馬公恭賀。三姨出嫁時因新郎家在臺北，新娘盛裝從臺南來太遠，岳父母便先到我家，新娘子由我家嫁出。二姨夫婦及三姨夫婦均在臺北做事，所以往來繼續頻繁，三姨夫在嘉裕西服店作經理時，我穿的西服都是換季時的便宜而質料不錯的貨色。

一個人漂泊在外，久不識舊曆新年滋味，到岳家過，始重拾舊味。年初一隨岳父天未明拜了祖先後，便去到好多廟中燒香拜神。岳父母對我這個外省女婿的疼愛簡直是無微不至。臺灣古都臺南自然是臺灣小吃的發祥地，例如蚵仔煎、担担麵等及我不記得的東西，每種都吃遍，尤其是魚，因靠安平漁港，所以吃遍各種新鮮魚，有兩次還陪岳母去菜市場買菜。岳母喜歡吃魚，津月也是。我和岳母語言溝通不靈有種好處，不會因話多傷感情。內弟俊成未繼續岳父的手工生涯，而是買紙板訂製紙箱發賣。臺灣農工產品多，須裝箱出售，需要大量紙箱，故生意頗好，政府貸款供購釘製機，數年下來資力充足，將家居平房改建為六層樓房，家中購兩輛汽車。欽士、欽如大學後到美國印第安納州的Terre Haute大學留學，舅舅的長女曉慧、次女霓蓉，中學業後也去該校留學，表兄姐妹在國外相處數年，親情特別好。曉慧留美改學電腦，結婚久居，生一中美混血兒，妹則返回臺南，幫助家中事業。

當初反對津月與我結婚的岳父母，其後對子女的婚事放了手，二姨與師大同屆國文系同學雲林張高島戀愛結婚。都是臺灣人自無話說，三姨嫁老廣朱思杰也未受到阻力。到小姨找對象時，岳母就說：「外省人也可以啦。」這種轉變自然是社會風氣改變發生的影響，但我這個外省女婿，雖不敢說是模範女婿，起碼發生了良好作用吧。事實上，臺灣人與外省人結婚，家長的阻力效果並不很大，男女愛情力量遠大於省籍情結。這種情結在政治層面發生的效力大，在個人間小。民進黨成立，國民黨分裂，產生了新黨與親民黨，三姨有一段時間常常去為新黨做義工，選舉時並打電話給岳母，要她勿選民進黨候選人。當然六叔就很傾向民進黨，有次與他談話不愉快，從此見面時不再談政治問題。

太座劉津月外柔內剛，重大事不妥協，這從她在家中的婚姻革命可以看出。行政院住輔會在中研院建了兩批房子，第一批蓋好後研究院同仁紛紛申購，三十餘坪房子自備款三、四十萬，其餘數十萬銀行貸款，很不錯。我則覺得已有公家配的研究院路一百巷的一樓一底房子就很好了，何必自置房子，未買。第二批蓋好後我還不主張買，太座則說：「無論如何我要買，你不買我買！」買了，但房價比第一批貴了許多。幸虧她堅持買了，否則後來房價更貴，我根本買不起，我將一片瓦也沒有，現在有個窩，都是託太座果斷與堅持之福。回憶長子出生時，我會燉牛肉給她吃，燉得不爛，岳母來照顧方改善。她患病住空軍醫院，做子宮割除手術，移到休息室休息，那時應有人在旁邊照顧，而我則在家屬等候室，遲遲地等院方人通知。這兩件有關她健康的疏失，我一直耿耿於懷，非常歉疚。

我第一次到美國哈佛大學作訪問學人時，曾試圖接太座去同住些時日，而政府規定副教授、教授家眷才可隨夫出國，我當時是助理研究員，相當於講師，所以未獲允准。那時我覺得很不應該，讓年輕人出國開眼界對國家才有益。卻不知那時政府手中外匯少，無支持多人出國的能力。而且年輕人出國不回臺的可能性大，所以不允。

哈佛大學訪問研究

我在一九六四年九月二十三日離臺赴美，乘西北航空公司飛機，在琉球那霸機場稍停以供上下客，到日本羽田機場下機，已在東京大學訪問研究的臺大同班同學，近史所同仁王璽來接，住他下榻之處。將他的女朋友，住淡水的李小姐託我帶給他的肉鬆等物交他。他帶我看了東大校園，見了他的sponsor衛藤瀋吉教授[99]，還去了銀座看了脫衣舞，其實乃歌舞劇。一九六六年在巴黎看了脫衣舞後，方知日本者乃模仿法國的。從東京起飛，到阿拉斯加首府安克拉治（Anchorage）稍停，飛西雅圖入關，繼飛舊金山。我之所以到舊金山，是因李鑫同學已在那裡，要去看他。

從西雅圖至舊金山一段航程，都是白晝，飛機沿海岸線從北而南飛，沿途風景盡收眼底。只見海上浮冰一大片一大片漂動著，有時周圍盡是冰原，中心是碧海，有時一座大冰山出現在海上，真怕有船舶與之相撞。待飛近舊金山時方才弄明白，那不是浮冰、冰原，也非冰山，是雲，是一大堆一大堆的白雲之山，看似雪山；一大片一大片的雲原，映在海上，看似冰原。那看似冰原下的碧海，實際上是白雲下的碧空。第一次空中旅行，致有如此錯覺。

到舊金山機場後，不見李鑫來接，我一面忙著打電話，一面要注意觀察從市區來的巴士上有無李鑫其人，因為電話機邊並非相約見面之處。就這樣每輛巴士來我都去看看，巴士走了再去打電話。一次次，一遍遍後，記載人名及電話碼的小本本不見了，而所中給我的生活費支票在其中。郭所長託我帶點東西給他的二兒子郭倞闓，幸好他家的電話我還記得，於是聯絡上後到他家，給郭所長打電話報告支票丟失之事。電話是郭倞闓打的，但我也聽到郭所長的聲音：「荒唐！」於是辦了支票掛失手續，郭倞闓開車將我送到李鑫住處。原來是李鑫剛找到了一個工作，該日第一天上班，他不能不去，不去恐丟了工作，所以沒去接我。郭倞闓娶了個白人媳婦，剛剛生了女娃，而生後三日就洗冷水澡。我說不好吧？郭說洋人身體好，沒關係。

看了金山大橋及唐人街。這街雖非十九世紀七八十年代的街相，我總算看到了中美外交檔案中常常提到的大埠。到了波士頓時誰去接機，因為日記找不到了，所以想不起來。不過卜居在Magnolia Ave.的住所，應是謝文孫兄[100]幫哈佛燕京社為我找的。房東是一波蘭移民老太太，丈夫已去世，女兒嫁到波士頓附近，相距不到一小時車程，一個在劍橋讀Ph. D.的外孫住在她家。那時臺灣的留學生及臺、韓的訪問學人，多住在Cambridge Street的一六七三號，那裡距哈佛校園及哈佛燕京圖書館近。

最重要是，這一兩層木樓的二樓上有一大廚房，一個舊而堅固功能強的冰箱供大家用，炒煮烹調房東一概不管。但我去晚了，那裡已經沒有房間可租，所以住到Magnolia Ave.，第二年暑假方搬入一六七三號。早到的哈燕社資助訪問學人，如民族所的劉斌雄[101]，臺大歷史系的陳捷先等都住在那裡。

近史所第一位訪問學人呂實強、我及之後的趙中孚[102]去哈佛是用福特基金（Ford Foundation）

的錢，哈佛的負責單位是費正清主持的東亞研究中心[103]。但他們是哈佛大學的單位，人手有限，不如哈佛燕京學社乃一完整的支援學術研究、從事學術交流的機構。哈佛燕京學社在主任John C. Pelzel教授[104]的管理之下井井有條，有專屬的圖書館，以及照顧訪問學人等一應事務的人員，例如Mrs. Field、Dr. Baxter[105]。於是費正清與哈燕社說好，我們三人算是associate scholar，有關生活事務統由哈燕社負責。曾在近史所工作的謝文孫先到哈佛求學，老馬識途，許多事情，如到coop買物用的除帳卡[106]，認識校園、圖書館、波士頓common，去China Town購物，以及關於哈佛的故事等等，都是他帶領、告訴的。

由於在臺北就和陳捷先很熟，此時又同時是哈佛的訪問學人，所以許多事常在一塊，如上英文課，一同聽楊聯陞先生的課。楊先生說我們不必聽他的課，因為給洋學生講的，課很簡單。自此我們就未再去聽。聽了費正清的History of Modern China，乃一研究生課程，共四、五人選。一個美國學生，一個越南學生Truong Buu Lâm[107]，一個印度籍學生Ranbir Vohra[108]。費的助教先打好一份參考資料目錄發給大家，費先生用約三分之一的課堂時間講可研究的問題，然後就停止講課，讓學生去寫paper，到課業結束前數週，要學生報告其paper內容，先生及其他學生批評。

Mr. Lâm報告的是乾隆五十三年至五十五年征安南之役。報告人說這是干涉內政，美國學生則說中國行為very justice。這篇paper經修改後，收入費正清所編，一九六八年由哈佛出版社出版的*The Chinese World Order*中。這一課算是瞭解了美國名校研究生課程的上法。Ranbir Vohra

曾在北京大學讀中國史三年，只因一九六二年中共與印度發生戰爭，以至無法完成學業而中途回國。他還能說相當多的中國話，所以和若干中國訪問學人，如一九六六至美的文崇一都認識，後來自美國回印度時且到臺灣一行。他在美國若干大學教過書，後自康州（Connecticut）Hartford的三一學院退休，著有*Lao She and the Chinese Revolution*、*China's Path to Modernization*、*China: The Search for Social Justice and Democracy*、*The Making of India*等。其夫人也會說中國話，夫婦均能做北京菜，我一九八四年赴美時遺失了行李，至其家蒙贈衣物、二〇〇七年全家三代訪問其家，均蒙熱情招待。而女兒欽如任職大陸工程公司奉派出差印度時，且至其新德里老家探望，二〇一一年農曆新年他來電恭喜，兩人還共同希望中印永久友好。

大學部三、四年級與研究生，都可選修東亞近代史課程，課名Social Science III，教科書為*East Asia：the Modern Transformation*，乃Fairbank、Reischauer[109]及Craig[110]三人所編。學期結束時，大學生寫讀教科書報告，研究生須寫paper。這門課程由不同的人共教。我因為寫了清末反美運動，所以想未來研究中美關係史，從華僑問題開始，乃去聽Oscar Handlin[111]的課，但聽不大懂，乃買其書*Immigration as a factor in American history*讀。此書以九章篇幅介紹美國移民史，每章開頭為作者的簡要導論，繼之精選節錄書或論文的適當篇幅文字，華僑部分在最後一章。華僑參與過美國東西鐵路的建築，我乃買有關大鐵路建築的書。中美關係以貿易始，而美國早期對華貿易港埠乃麻州（Massachusetts）東北的Salem（一九二六建成）。我曾前往Essex Institute考查，而該處無十八世紀中美貿易資料（美船中國皇后號一七八四年首度來華）。該處現為皮革製造中心，我承贈若干皮革製樣品，一直保留到十多年前才丟棄。

到哈佛的中國人最常去的地方是哈佛燕京圖書館。這個以支持研究中國及日本聞名的圖書館，圖書資料之豐富，在臺灣不易找到。除了中日文資料之外，韓戰以後也廣集韓國文獻。看書籍、期刊、報紙要到那裡，約會朋友也要到那裡。初到哈佛最急切想看的是大陸發行的報紙，因為臺灣不准自由進口及閱讀。但看數日之後就不想看了。因為新聞、言論全為官腔官調，缺乏說服力，也沒有像臺灣《中央日報》副刊水準的藝文版，讀之乏味。《新華日報》不必說，《大公報》、《文匯報》亦復如此。不過大陸出版的少數歷史書還能吸引好奇心。

圖書館館長，我到哈佛時是裘開明先生[112]，約四、五個月裘館長退休，四川吳文津先生[113]繼任，一直做到退休。我們訪問學人多半與之常相往來，不時與之同校中教授、外來訪客吃飯，聽這四川人長話短說，或到其Newtown的林中雅寓作客。哈燕社及其圖書館有不少學者在那裡討論辯論，如一位上古史地前輩衛挺生[114]與洪煨蓮先生[115]談中國古代西極所至，主張在巴達克山[116]，洪先生便說：「太遠了！太遠了！」

Magnolia Ave.房東老太太對中國人房客稱許備至，說美國人房客有的房租未付就走了，日本人好喝酒，帶女人同宿，中國人則「no drink, no woman」。老太太的外孫遷走後，住進一哈佛教育學院的美國學生。有次老太太生病，要我電話告訴她女兒，女兒很快就與夫婿前來照顧，平常日有時也看到他們細心照料。西方小說電影中常表現女婿對岳母開玩笑，不太尊重，老太太的女婿不然，非常體貼，可見波蘭人對長者的尊重，也許與天主教有關？

教育學院的學生有次發現我聽西洋古典音樂，他問我也能聽嗎？我告訴他，西洋古典音樂在臺灣很popular，他表現出驚奇的樣子，足見外人對臺灣的認識。這個學生有次米飯未吃完就洗碗，將飯粒沖走。他說如果他母親看到，一定罵他，足見即使富裕的美國，成年人也知物力維艱。和一般人說的一樣，房東對中國人房客最在意的是炒菜弄得烏煙瘴氣。有次我炒菜時火開大了點，油煙冒起來，她就跑來看，緊張地叮囑。然有時做蛋炒飯時，分一些給她，她便說：“every Chinese is a good cook”。Cambridge Street一六七三的房東住在一樓西北角，是一對白髮夫婦，先生非常gentlemanly。我翻了翻他的房客簿，竟然看到楊紹震、劉崇鋐及費孝通[117]等的名字。一九六五年若干在哈佛讀Ph. D.的學生住在該屋，後來不乏成了學者的，一六七三簡直成了留學者的白屋（White House）。

哈佛兩年聯誼應酬活動自然不少。費正清家的雞尾酒會，是各方學者都履臨的，有的是慕費之名，有的是想認識各方學者，有的是樂此種聚會的品味，總之是大家認為值得的活動。楊聯陞先生宴請落腳劍橋的教授學人也是大事，因為楊先生是在那裡的中國學人的人望，我記得曾在楊府聚餐的有史語所的吳緝華[118]，在美教書的余英時[119]，在那裡求學的吳衛平[120]、張春樹[121]，及自臺灣來訪問研究的臺大陳捷先，史語所管東貴[122]、金發根[123]，及已忘是甚麼機構的羅雲平[124]。後者自美返臺後，便做了臺南的成功大學的校長。楊每次請客，辛苦的是楊師母，雖然我們也偶爾幫幫忙。這也是請益的機會，我將所寫〈說明代宦官〉請他批評，承他說「還不錯」，並有意與我共同研究明清的道員，不過很快就想到我在近史所工作，不可能研究到明代而做罷。

在劍橋留學的朋友都請吃過飯，蕭啟慶[125]和王國瓔[126]大婚後便在他們的新房請客，這使我瞭解哈佛對有眷研究生的照顧情形。這是富足的美國，這個兩次世界大戰對之毫無破壞的美國才能辦到的。最熱鬧的是郝延平兄嫂[127]舉辦的餐會，臺大歷史系同學全員到齊，準備的酒全都喝完了，連主人的gin也拿出來喝。一九五六級同學在陳捷先的領導下要與其他各級同學挑戰「打通關」。後來應該是喝得差不多了，而他還在叫：「沒關係，你們都來！」我的酒量和他是無法比的，但聽到他的話很不服氣，便和他喝了幾杯。他睡了，從此便說我好趁人之危。

我晚上很晚就寢，第二天如無可聽之課起床也遲，吃過早餐九點多，跑到圖書館，無論是哈佛燕京社圖書館或Widener西文圖書，一進館就忘了時間，直到下午三點左右飢腸轆轆，才到Harvard Square吃個roast beef sandwich，喝一杯咖啡。哈佛有若干特藏書館，我曾到Houghton Library找資料。窗明几淨，休息用沙發、音樂設備俱全。在Magnolia的住房窗外有一棵櫻桃樹，結果的樹枝正好與我住二樓房屋窗子齊肩，菓子成熟時，推開窗，拉近枝條，便可摘而食之。

初夏例假日如不外出，抽抽煙斗，採採菓子，看看*New York Times*的星期版（Sunday edition），滿愜意的。但如果沒有注意週末活動，可能很慘。一個不太嚴寒的日子，從圖書館回到住處方想起週末，電話聯絡數人，居然全都不在，感到很寂寞，只好一個人走到Charles River河邊走路消磨時間，硬是走了兩個多小時。

哈佛生活可以消遣者，搬到一六七三後可招呼的人較多，尤其是管東貴、金發根到後。記得冬天晚上關起門來打橋牌，餓了便去買冰淇淋吃。哈佛yard中樹木不少，松鼠在林間飛來飛去，在地上跑，找菓子吃，很好玩。在John Harvard銅像前照相也是一景。座落在105 Brattle St.的The Longfellow House是劍橋著名的名勝古蹟，因George Washington將軍曾在那裡駐節兩年，而詩人Henry W. Longfellow則自一八七三年住到一八八二年去世。我很欣賞他一首詩中的“Art is long，life is short”，與中國的「生也有涯，而知也無涯」同樣充滿著豁達的智慧，所以至少去看過兩次。從Harvard Square乘地鐵，過了Charles River就是Boston Common，乃可以走走的公園。乘地鐵到大百貨公司如Jordamash、Filene's，既可購物又可遊覽。同樣，到China Town可從建築群中看出社區的滄桑，也滿足採買中國食物的飢渴心。

臺大歷史系同班同學謝培智在緬因州Lewiston的貝茨學院（Bets College）教書，週末到劍橋載我去遊玩。來回從海邊、內陸兩條不同途徑走，地形景物都很美，尤其是New Hampshire（新罕布夏州）的楓葉帶，仰望空中、俯視地面，盡是五彩繽紛，為有生以來第一次見到。Boston的Fine Arts Museum，有很多有名的繪畫，但並未像華盛頓Fine Art Gallery那樣複印許多畫銷售。波士頓博物館擁有許多石雕佛像，有次依雕成時間先後展出，唐朝佛像很明顯體形肥胖。

一九六五年春，美國史學會在華府開，謝培智載我到紐約找朱永德同行，又到費城的賓州大學看在那裡讀書的同班同學萬文彬、外文系朱葆縉。從紐約到華府的高速公路寬暢平穩，中央島線種植的綠樹花草很整齊美觀，人稱此路為Garden Road。在華府會中看到劉廣京[128]、王伊同[129]、何炳棣[130]、夏志清[131]等學者。開會之外看了白宮、Lincoln Center、Washington Monument等景點。到Fine Arts Gallery看畫並買了若干張複製品，準備帶回家送人、自用，至今家中客廳有時仍掛兩、三張。從華府回程時在紐約停留，看了百老匯（Broadway）、Radio City的show，極聲光之美，頓時恨自己無白居易之才，不能描繪其美。

New Haven的耶魯大學地處Boston及New York之間，乃常春藤大學之一，其建築富古代教堂色彩，明示著美國早期宗教與教育的關係。一九六五年暑假，謝培智開車，載我與陳捷先、管東貴遊Niagara Falls。第一天自劍橋至Syracuse，夜宿在此讀新聞之臺大同班同學閻沁恆處。一路平坦，景色宜人，三個不開車的人唱興大發，把會唱的歌都搬出來，直唱得喉嚨沙啞，管東貴唱的〈杜鵑花〉我至今還有印象。第二天到尼加拉瀑布，以償百聞不如一見之願。同年我還去了紐約，謁見了哥倫比亞大學的房兆楹老鄉長、老前輩[132]，並呈上〈說明代宦官〉請他批評。後接其回信說，儘管宦官干政深廣，但皇帝一道旨意他們便伏首就範。

在紐約，我到中國大使館察訪該館所藏檔案。館方給我看了檔案目錄，是按公使編的，每一公使一個案號file。館員並帶我去看檔案儲存情形，一個個箱子層層疊起，直頂到上層樓的樓板，我仰望之外，還抄了些我有興趣，回臺後研究中美關係史可用的檔案目錄：

（一）政治

A. 中美關係——1-6

B.毛邦初案，共86件

（六）僑務

A.旅美僑務

僑（A）1-24，1-5為清僑／中美續訂華工條款案

24為蔣孝文專案

B.移民入境

光緒八年禁移民法案（1-14）

C.護照簽證（1-16）

D.一般僑務（1-10）

（七）學務

A.文教1-16

金山等地中美小學

光緒十五年—十八年

B.留學1-10

1.駐洋肄業局案

光緒四年

2.浙江官費生案

（1-5為清代）

（十三）人事

D.一般人事

2.設各省交涉使

宣統2-3

E.他館人事

美洲各領事設置案

（十六）函札

1.出使美日秘大臣案

存光4-7

2.檀山公使來往文

光七年4-8月

3.本館對國務院照會五十八冊，一八七八年九月—一九五六

4.國務院來照九十六冊，一八七八—一九五八

5.交換書，一八九八

6.洋文總卷，一九〇一—一九〇二

7. 王大臣函札一九三七—一九三八
8. 胡大使函札一九三九年十二月—一九四二年一月
9. 與國務院來往節略六冊，一九二九—一九五八
10.
11. 魏大使函札，一九四五—一九四六
12. 董大使函札七冊，一九五一——一九五八

這次紐約之行還承臺大歷史系同學李又寧[133]款待，同班朱斯白及吳秀良請吃飯，但二人談信基督教受洗時聖靈充滿，眼淚直流等情形，把我這個人反而冷在一邊。秀良英文名Silas Wu，哥倫比亞取得博士學位，長期在Boston College教書，著作在哈佛東亞研究中心出版，同時兼顧傳道工作，我每次到波士頓必造訪他，並承蒙招待。斯白從歷史轉學理工，終轉為基督教牧師。我在中國大使館電梯遇一位臺灣先生，接談數語，見其言談誠懇，便給他一張名片，對方反勸我小心，勿輕易送名片。他是何景賢[134]，後來與我成了好友，回臺後拉他加入思與言雜誌社，後更負責該社理事長，資助出版經費。

這次紐約之行還找到了臺大同班同學袁定宣。定宣赴美留學有一段間未向家裡寫信。我赴美前袁父母請吃飯送行，袁伯母說：「張大哥呀，你到美國後無論如何，把你的老同學定宣找到，他好久不來信了，也不知他現在情況怎麼樣？」說罷，將定宣來信時的地址交給我。袁伯

母的話，使我立刻想起我母親掛念四哥時，一面洗衣服一面流著淚說：「這孩子還有沒有啊？（是否還活著）」的景況。我按著定宣的地址去找，得知他已從紐約遷往新澤西州，乃趕往新址。大門未關，看到一人側臥床上。我上前：「請問……」，對方也說：「你找……」，然後就是「你不是袁定宣嗎?!」「你不是張存武嗎?!」

一九六四年聖誕節時，寄了賀卡給為我寫推薦函的一位胡先生，在卡片上略述了劍橋中國學生對國事的觀念態度。這是一客觀報導，不料胡先生在他的《中華雜誌》[135]上發表了篇〈致劍橋張君書〉，將我轉述的意見都當成了我的，通篇文章都在教訓我。我回臺見到他時，表示未徵求我意見就這樣發表，很可能令我回不了臺灣。他臉有點紅，不過說：「你現在不是回來了嗎？」我一向敬佩胡先生的才華見解，這件事使我覺得他畢竟是搖筆桿，搞新聞和政治的，並不嚴守社會規範。

一九六四年十月十六日中共試爆第一顆原子彈，東亞研究中心的Mark Mancall先生拿個電晶體收音機走到我面前說：「恭喜恭喜，你們有原子彈了！」我一時沒說甚麼。明知那是共產黨的，自然不好喜樂，但心中總有些高興。有些事關係到黨派與國家，是不易切割的。同一天陳捷先也接到相同恭喜，心情反應和我一樣。

由於寫抵制美國運動用了海關資料，以後便注意該項資料。哈燕社圖書館藏有在中國任職稅務司並編刊《海關年報》的H. B. Morse[136]贈的一套海關出版品，很難得，便函問郭所長：近史所要不要弄個copy？所長回信，要我詳細計算共有多少頁，並打聽製copy需多少錢。據館方估計，做成microfilm共需四千多美元。所方未下製作之令。幾年後，美國若干研究亞洲的大學，聯合成立Center for Chinese Materials，負責copy中國史料出售，由香港余秉權[137]負責。Center調查願意購買海關出版品microfilm者，共得三、四家。中心製作出microfilm，近史所買了一份，要價美金七、八百元。這是王樹槐代理所務期間的事。

這份資料來近史所後，除我運用於所著《清韓宗藩貿易1637-1894》之外，本所同仁林滿紅[138]，以及做中國沿江沿海地區近代化者皆用以參考，臺灣師範大學與臺大研究生也因此資料而寫成：《清季淡水開港之研究（1860-1894）》、《清季臺灣開埠之研究》、《東北的大豆（1900-1931）》、《對外貿易與工商業變遷（1873-1931）》、《近代四川盆地對外貿易與工商業變遷（1873-1919）》、《大連港貿與南滿之產業發展（1907-1931）》。同時我也因海關出版品種類數量太多，不易掌握，而寫成〈中國海關出版品簡介，1859-1949〉，並在臺大開了有關中國近代海關的課程。這就是大量史料的出現對史學研究的影響。海關出版品因數量龐大且多為英文文件，流傳少，利用不易，故學術界用者極稀，近史所購買的這一百捲microfilm中，多貿易統計及報告，是該項資料的擴大供應。

自二次世界大戰至一九七〇年代，乃美國最富裕強盛年代，也是開始轉變甚至漸顯衰萎之跡的時候，其關鍵在越戰。我在美國的兩年（一九六五—一九六六）正值越戰時期。美國接手越戰，越戰的擴大始於所謂「東京灣事件」（Tonkin Gulf Incident），詹森總統下令美機轟炸河內、海防，並公告美國人民的鏡頭，我在電視螢幕上清楚看見。接著是反越戰，美國人民不相信美政府對東京灣事件爆發原因的說辭。美政府根據骨牌效應論（Domino Theory），認為共產集團對自由越南的侵略如不加阻擋，泰國、馬來西亞等國恐難保住。然而美軍將領曾說韓戰是在錯誤的時間、錯誤的地方打的一場錯誤戰爭，認為美國不宜在亞洲大陸作戰。

美國人民認為遠在千里之外的越南戰爭對美國毫無妨害，而其時共產思想，包括毛澤東思想在內，對青年尚有吸引力，且越戰徵兵，年輕人尤其是大學生紛紛逃避，兼之越戰美軍生活奢華，戰費浩大，亦為人民反戰的原因。反戰示威迫使詹森質疑「不相信你們自己的總統而相信敵人的宣傳！」詹森含淚宣佈放棄競選連任雖屬後事，但現在解密檔案果然發現東京灣事件是美國製造的。不過越戰也畢竟拖到中共和蘇聯分裂，尼克遜自越南撤軍固然狼狽，共黨也卒未能侵佔泰、馬，故越戰究有其正面作用。

費正清研究中國與東亞諸國封貢關係，美國參議院外交委員會（United States Senate Committee on Foreign Relations）委請其到會作證（hearing）。J. W. Fulbright[139]問他中國地位如何，他說萬國來朝，就如現在的美國，也是萬國來朝。這種今昔的對比，中國人聽了不無感慨。在課堂講到China Sea時，他說：「Now it is we dominate the water。」

哈佛年中有舊書（used book）展售會，不少人去逛。便宜，往往有喜出望外的收穫。我買了本Richard Hofstadter著的*Social Darwinism in American Thought*（《美國思想中的社會達爾文主義》），這書對治中國清末民初思想改革有用，帶回臺灣未用到。因未做這方面研究，後送給郭正昭同事，他在討論會中對此書做了評介，寫少年中國學會、中國科學社與中國近代科學化運動等文章時用上了。[140]好資料在適當的人手中方有用。

另一印象深刻的事為與Mrs. Field見面時，她不時說：「你們那麼一點錢，怎麼生活？」兩百五十元美金一個月，在美國人看來的確難以生活，然而那時的臺灣人還能過得不錯。我房租用五十元，生活費五十元，買書數十元，每月還餘下一百元多，所以曾想接太太到美國一起生活。沒有接成，便買了些書，經歐洲回臺灣，玩了一路。

我買的書除了有關華僑、中美關係者外，有些是史學方法方面的。我買這種書也奇怪，不過這大概也是一九七〇年我敢接輔仁大學教授史學方法課程聘書的原因，以及爾後與陶晉生先生[141]共編歷史學手冊的淵源。

有哈佛大學的coop卡，買書可以記帳，不必付現，這是很爽的事，看到喜歡的書就牽回宿舍。不過接到書店帳單時，也難過一會兒。有次挑到一本書，看看定價，看看目錄，買與不買，躊躇半天，還是放回原處。第二次又看到它，狠了狠心買了。好些年沒用到，後來在輔仁大學兼課教史學方法時用上了。這也是閒時置下，忙時用。但有時雖閒時置下，並未用上，如*The Poetical Work of William Wordsworth*及*The Complete Works of Washington Irving*（volume V）、Life of Columbus（volume 1），前書因作者[142]如中國陶淵明，所以想一窺其田園詩風；後書作者[143]的名句，如前所述「Arts is long，life is short」吸引著我，當然其所著《哥倫布傳》，也是重要史著，然上述書籍在我歷史研究中均未派上用場，購買是有點衝動。

回家的歷程

一九六六年上半年，費正清請張朋園自哥倫比亞到哈佛訪問研究，快結束時資助他到美國若干大學訪問。朋園告訴我此事，並主張我也去申請此資助，以便兩人結伴同行。我去和Dr. Baxte商議，他沒問題，但須費正清同意。後來費同意了。

我們訪問了密西根、芝加哥、西雅圖大學。芝加哥的印象是美景盡在密西根湖畔，黑人多，黑人區房子很老舊。非黑人區的舊街上，有展覽華人文物的地方。在芝加哥大學見了何炳棣先生，以及研究明代監察制度的Charles O. Hucker[144]，我將〈說明代宦官〉送他。他問：「現在繼續研究嗎？」我說：「沒有，到近代史研究所去了」。他問：「為甚麼？」我說：「我必須有份工作。」他聳聳肩。

住在旅館中，有一夜夢見母親，她穿著結婚時新娘子披的白紗，慢慢走近我，又慢慢離我而去。我猛然驚醒，坐在牀上許久不能入睡，心想怎麼突然做這樣一個夢！莫非母親去世了？後來與大陸家鄉通信得知，母親就在那時前後去世的（一九六六年五月七日，腫症）。此事我印象深刻，因為我並不迷信，而突有此夢。還有一夜患了暈眩症，額頭冒冷汗，天旋地轉。是夜間，無法看醫生，即使看，醫藥費也負擔不起。心中有些駭怕，擔心小命丟在異域。把張朋園叫醒，走到樓梯口將窗戶打開，坐在樓梯上，向後躺了躺，過一回就好了。

西雅圖最最熱鬧，那裡有近史所送去訪問的李念萱學長，臺大歷史系畢業的汪榮祖[145]、陸善儀[146]、夏德儀老師的女兒夏璇，以及關琴小姐等，師長輩有李方桂[147]、蕭公權[148]等。認識西雅圖及華盛頓大學環境，自然是念萱兄導覽的。他在近史所負責編中俄關係檔案中的俄政變部分，牽涉到中東鐵路、俄羅斯赤黨與日黨之爭等事，故到該校向治俄國史專家戴德華（George Taylor）[149]學習。

最令人感動的是送行野外餐會。大家買了些吃的、喝的，並將無車者運到一個湖畔，似乎是將要夕陽西下時刻，記得風吹來有點冷颼颼。喝著吃著笑著，偶而伴著幾聲被介紹或自我介紹的話。見到李方桂先生，這是第二次，第一次是他首度赴臺，在臺大考古人類學系演講時。那時李先生年輕，打著鮮麗的領帶，雖然過了十多年，李先生容光不減當年。

到舊金山又見到李鑫，及朋園師大同學徐乃力。乃力比朋園高一班，朋園得入近史所，他有居中荐言之功，人很smart，講起話來快慢適中，有條不紊，在哥倫比亞大學取得Ph. D.，時為美國國務院亞洲訪客之導遊，給我與朋園說了很多美國旅遊及風情故事。乃力本欲請我們兩人看show，而李鑫搶做了主人。

從舊金山到鳳凰城（Phoenix）轉機聖路易（Saint Louis）參觀華盛頓大學。然記憶中只有可與黃河相比的密西西比（Mississippi）河水的混黃，這是我對這世界第三長河的印象。另外就是該城為紀念往西部移民時期「通往西部門戶（Gate To The West）」而建的一千九百多公尺高的不鏽鋼拱門。似乎也經過堪薩斯城（Kansas city），印象中飛機場就在民宅旁邊，一邊靠河。

一九六六年下半年是歸國之期，我想經歐洲回臺，也許這是一生中惟一到歐洲的機會。賢淑的太太讓我利用剩餘的錢去見識見識，於是請人將行李海運，當中值錢的東西就是一架Zenith電視機，我喜歡的除書籍之外是個café stand，回家後我還常常用它。遊歐是和張朋園同行，橫過大西洋的寬度如同美國東岸到西岸。對倫敦的第一個印象是地下鐵（subway，under railway）進出口通道很深及劍橋大學（Cambridge University）與牛津大學（Oxford University）容貌氣度相差之大。前者圍濠涯畔草地上，仕女們雖在盛暑，仍躺臥曬太陽，建築清新活潑，一切如和藹的春天；後者雖在青綠田野中，但房舍多黑色的石板（slate）屋頂，給人的觀感是雨打梧桐的深秋，不過從倫敦前去時，所經田野風光，確實令人心曠神怡。

在劍橋大學馬路邊遇到一人伸手討錢，伴行的英國友人尷尬地說"very rare"，可見二戰後二十年，英國人已經覺得街上有乞丐要錢乃不光彩之事，而中國則視蘇聯占東北，支持共產黨作亂，民不聊生為常事。大英博物館乃世界有名的文物收藏展覽館，尤其是中國敦煌及新疆古文物被英人弄走，藏之該館為華人所熟知，故一定參觀，然如無一定目標，即便是將其大廳展出物瀏覽一遍，亦費不少時間。費雯麗[150]演的《魂斷藍橋》電影乃眾人所熟悉的，於是滑鐵盧橋（Waterloo Bridge）少不了要去看看，而英國要賣給美國的倫敦橋也有吸引力。

格林威治天文臺（Royal Observatory, Greenwich）是經度起算點，兩腿跨越零度線，一隻腳在東半球，一隻腳在西半球，足踏全球，真是洽意。格林威治附近有一海軍學校，可能放暑假，校中有展覽活動，其中一部份為中國的蠶絲業，從蠶蟻孵出，採桑餵蠶，直到收繭繅絲，一場場一幅幅彩繪展出，這種連續畫是我第一次看到，之後在不同地方見過數次。

數日都是吃西餐，與朋園兄想吃中餐，找到家餐館，店名「新華」。冠有這名稱者，多是左翼甚至共黨人士經營的事業。兩人在館外躊躇不決，深恐進入後被囚禁起來，重蹈中山先生的「倫敦蒙難」覆轍。最後兩人鼓足了勇氣，口唸：「不入虎穴，焉得虎子？進！」走入門內，發現跑堂的幾乎全是臺灣去的學生，放心吃了餐中國飯，至於飯店是甚麼人開的就不管了。

到巴黎有陳三井夫婦招待照顧，並承蒙得知一些有關法國的故事，例如在美國住過的人習慣洗澡，住的地方都有洗澡設備，但法國並不如此，並不勤於洗澡。法國的香水有名，就是為掩蓋身上的臭味而努力研發所致。巴黎是有名的觀光聖地，所以對其景點耳熟能詳。登臨俯視艾菲爾鐵塔（Tour Eiffel），雖無手摘星辰之樂，而花都巷陌收視眼底，確不負遠道奔赴之勞。凱旋門（Triumphal Arch）非常雄偉，看之不足，還攝入幻燈片。自此展開的香榭麗舍（Champs Elysees）大道，展現著路邊咖啡館。塞納河內一個小島上的聖母院（Notre Dame）是有名建築，但因參觀費時，只能遙望一下。

在巴黎西南二十多公里處的凡爾賽宮（Versailles）及凡爾賽花園是遊覽的重點，庭園與雕刻，建築與繪畫熔於一爐，天花版畫之美達於極致，池苑宏廣，氣象偉美，沿路雕像、繪畫之多之美，令人驚嘆。全部為一大花園，中又有許多小苑，個個精美，精心結構。印象最深的是名畫之多，遊人之多，行人的鞋子將樓板磨出一道槽來，畫作遠非Boston及華盛頓兩處所藏能及。花園規模則是華盛頓Monument附近一項景緻模仿了。和凡爾賽宮情調相若者，為在巴黎東南的楓丹白露（Fontainebleau），不過此地樹林茂密，想霜秋時節一定景如其名。原計畫在巴黎玩五天，但張朋園為了參觀法國國慶，主張七月十四日以後走，我的條件是到羅馬後，他必須陪我去翡冷翠（Florence，現多譯作佛羅倫斯），他答應了。國慶日騎兵隊經過凱旋門時，威儀壯觀外，其他也無甚可觀。

在巴黎，三井陪著去楓丹白露，一再請吃飯外，Prof. Horald Shram請吃中國飯。館子很整潔，菜餚豐富，最特別者是拔絲香蕉。臺大歷史系比我低一班的楊景霜在法讀社會學，曾申請去美國，因其妹已在美，美領使館拒予簽證。她請吃飯時說，下學期將離開法國，我問是否去美，她說不一定，究去何處，笑而不答。後來聽說嫁給一個大陸駐法的外交官，並隨之一同去了大陸，至於曾否受到紅衛兵之禍，則不知。

曾欲至Musée Rodin（羅丹美術館）參觀，適逢假日不果，三井兄乃引至一Café飲啤酒，然後至大學餐廳吃晚飯，很便宜。因政府補貼經費，外人一客3.2 f，學生1.4 f。晚至Folies Bergères[151]看脫衣歌舞劇，位在二樓三排靠邊，價25.25 f。佈景燈光極盡輝煌變化之能事，一回是街頭景觀，一回是雲山水流，表演者斜斜臥水中，立舞石上，一下是希臘古建築，埃及人像，大佛、石橋等。脫衣舞演員配以希臘雕像，男女體型、筋肉，亦盡仿其時雕像之勁力。東京日劇脫胎於巴黎者，紐約Radio City所演之佈景，波士頓的冰上巴蕾（Ice skating ballet），及舊金山者也均遜色。參觀過Centre de Deusmention de la Chine，參觀一個藝術館時見一埃及獅身人像瓷器，及瓷黃瓜、青菜和日本器物。參觀印象畫館，買畫兩張。

七月十四日上午，看法國國慶慶典，這是張朋園要求的。中午到新華酒店吃飯，三井夫婦作東，Shram教授作陪，據說此店乃青田人所開，老闆娘受教育不多，然頗會交際經營。飯後回旅館收拾行裝，付房錢，九天共81 f，每天九元，近兩元美金。三井兄送小說*L'etranger*（《異鄉人》）一本為禮物。乘Aeropost France飛機，五點四十分起飛，六點二十分到西德Bonn機場落地，李國祁自杜塞道夫（Dusseldorf）開車一小時來接。

去德國是因為李國祁在那裡。他那時已經取得漢堡大學博士學位，在波洪魯爾大學中國史研究所任教。他開一個多小時的車到Bonn接我們到杜塞夫，看了一處工業區。請我們吃飯時，學德人大杯喝啤酒。十七日，他與夫人開車送我們去法蘭克福（Frankfurt）機場出境。他說德國農業真差，小麥長到和人小腿那樣高時，德人便說是豐年景象。從法蘭克福飛瑞士日內瓦（Geneva），一小時就到，看到日內瓦湖畔一座座小洋房，在湖濱休閒的老人，一片安靜氣象。住Place De Cornavin附近之Astoria旅館，出門坐上遊船，遊著遊著到了個地方，地名標誌著Lausanne，猛然想起：「啊，這是簽洛桑條約的地方！」第一次大戰後，協約國與土耳其共和國在一九二二—二三年簽訂和約。一九三二年為清理德國對協約國賠款所召開的國際會議也在此，能看到這種歷史名勝是高興的事。不只如此，從李國祁那裡學到，Geneva當地人叫干夫（Geneve），而慕尼黑（Munich）則叫明興（Munchen），這也是一樂也。天色雖陰而微寒，難掩湖山之美、遊興之暢快。

與TWA航空公司訂去Zurich-Venice之機票，人滿為患，乃改飛米蘭。飛機上看到一塊塊精耕的農田及防風林。落地後亦無機至Venice，只好在米蘭住一夜。入城所見，最可看的是多摩大教堂，可容兩萬人，凡玻璃配件均為彩色的，燦爛輝煌。米蘭為義大利第二大城，最富庶之區，文化古跡多，然無充裕時間去欣賞。威尼斯（Venice）最顯眼的是停在碼頭邊的遊艇上標誌著「taxi」一字。車船均屬交通工具，換名稱也無妨，況且給人一種新鮮感。

威尼斯玻璃自十五世紀起聞名全球，至今海中一島上的製造廠仍是遊客觀光之地。城市建築在淤泥島上，房屋下沉，海水浸蝕，外地觀光客看著蛛網似的運河都市很好玩，住在其間的人民恐非常煩惱。在玻璃廠買了一串項鍊。威尼斯在歐洲大國著意美洲大陸前，在歐非亞運輸通航前，為金融商業中心，在歷史上佔重要篇章，莎士比亞著《威尼斯商人》（The Merchant of Venice）一劇傳遍世界，今得一見，乃平生快事。

從威尼斯到羅馬要橫過意大利半島的中央山脈——亞平寧山，空中小姐廣播氣流不穩後，飛機就上上下下，然後一陣直落，我心想這次逃不過了，小命要丟在義大利了！還好，飛機又上昇。羅馬的名勝是聖彼得大教堂，城中之國梵諦岡及羅馬城。城不大，步行逛似乎不難走遍。凡是古城文化遺跡必多，但須對該處歷史熟悉方可觀覽而有意義，否則只是走馬觀花而已。不過在羅馬遊逛時買了張英文報，上面報導中國出現了紅衛兵（Red Guard），因此我知紅衛兵一事乃在異國時。在美國時，英文是外國語，與中國人談談話，看看華文報覺得很親切，在歐洲大陸則與說英語的人說話，看英文報覺很親切溫暖，因各地人都說法、德、意等當地話，聽不懂。論理，張朋園應伴我去Florence參觀，這是在巴黎講定的，但他就是賴皮不去，我除了牢記此事外，也毫無辦法。

雅典所處是一乾燥盆地上，除古文化之外，現代經濟不發達。對文物觀賞則從英國一路走來，興趣也不大了，但長方形的帕德嫩神廟（Parthenon）則是例外。也看了數處私人博物館，有繪耶穌像的青花瓷。在雅典我興起了去埃及的念頭。遇到一位從埃及來的美國小姐，詢問她的意見。她勸我不要去，她說她是美國人還遭受種種困難，我這中華民國人必更困難。我只好打消念頭，我也想到當時是造反成功的納瑟（Gamal Abdel Nasser）[152]執埃及政柄，既獨裁又很左傾。

去耶路撒冷是因張朋園的朋友史扶鄰（Harold Schiffrin）[153]在該地希伯來大學執教。原計畫在此停留時間不長，但因美國TWA航空公司工人罷工，波及其他航空公司航線之飛航，從Tel & AVIN飛東南亞的班機也無航班，所以在以色列多待了幾天。正好趁此時機，認證了以前在Bible class學的地理常識，看到耶路撒冷。那時該城尚由以色列及約旦分割佔領，以色列佔西區。我們便從分界牆頭東望約旦佔領區，看見穿黑色長袍、長鬍子的人。

第二年，一九六七年六月以色列發動六日戰爭（The Six Day War）後，佔領東區，控有整個耶路撒冷。看到了耶穌在湖水上行走顯聖的加利利湖，湖濱新開馬路上的指標寫著「伯利恆」，腦中便映出耶穌母親馬利亞騎著驢隨夫往伯利恆的景象。自以色列建國，巴勒斯坦戰爭不斷，有關軍事外交新聞經常出現，古今地名耳熟能詳，今能親臨其地，誠為快事。

自耶路撒冷東到曼谷後與張朋園分途，他在該地遊歷數日再前行，我則在此轉機往新加坡（星州），南洋的中心。吳相湘先生離開臺大後到該處南洋大學教書，我預先與之聯絡，故到後承其照顧。看了南大以及胡文虎、胡文豹兄弟公園、農耕經濟的遺跡「牛車水」，並蒙他一再請吃飯。該處是一轉口貿易轉運中心，華南人民無論東到荷印（印尼）或西往緬甸、錫蘭，大都先到該埠落腳而後分流，回國時也經此地往香港，因新、港均英國直轄殖民地、自由港，相互商輪往來便捷。我讀高等小學時已在教科書看到對新加坡的介紹：馬路、棕櫚樹，世界人種博覽會，的確各色人都有。一九四九年七、八月自廣州往海南時，因遇上颱風，船被迫躲進九龍灣，但不准上岸，故一九六六年的香港之行，是我第一次到這名滿全球的商埠。

香港照顧我的是臺大歷史系學弟逯耀東[154]，在校不相識，是他繼我之後到歷史博物館工作時認識的，香港相會時他在臺大歷史研究所讀博士班，又到香港新亞書院學習，憑他的豪氣，對朋友的義氣及交際廣，我在香港的幾天過得很愉快。首先他帶我去看了牟潤孫老師[155]。牟先生在臺大教隋唐五代史，他是這方面的專家，我去聽課而未選，他到香港後這門課仍是他講授的重點之一。他好吃，是美食專家。耀東說你聽著，待會他就向他的朋友介紹你是哈佛來的，還一定說：「是我的學生」。耀東料事如神，牟先生果然那樣說了。到哈佛訪問不拿學位，毫無可誇耀之處，師長如此，無非愛護學生。

當時杜維運同學已在港大授課，請我到他家吃飯。房子建在海邊，促成了他寫成《聽濤集》的靈感。新亞書院早已聞名，錢穆[156]與唐君毅先生[157]各撐一半天。打響錢先生大眾聲名的《國史大綱》，我考大學時已讀過，但未親接其人，這次耀東帶我見過了。也見了在新亞讀書的其他朋友，後來在學術上各有建樹。紅衛兵那時還未反到香港，英國當局還牢控著他們的王冠明珠（Victoria），中共在港的文化先鋒只有幾處書店，這也是遊港的臺灣人士不放過的地方，我在寫《光緒卅一年中美工約風潮》時，李鑫已購買大陸資料郵寄給我，收到時倒抽了一口氣。

*作者自一九五八年十一月一日起任職於中央研究院近代史研究所，至一九九八年十二月三十一日退休。以下「退休茶話」一節為作者退休前撰寫之感言，曾刊於《近代中國史研究通訊》第二十七期（一九九九年三月），頁十四至二十。

退休茶話

在我們所慶的大好日子，承蒙所長及各位同仁的美意，為王樹槐、陳存恭[158]、黃福慶和我這四個近幾月中先後退休人舉辦茶敘之會，令我感到既溫暖又光榮，非常感激這種雅緻的安排，謝謝所長及費心費力安排的同事。雖然我就住在附近，以後還可不時見面閒話，我仍然願乘此良機向同仁及好友們報告幾點心情、幾件事。

首先要說的是，在生活方面我非常滿足。二十世紀中國最大的事是抗日戰爭，有關國家民族生死存亡的大戰，而我有幸躬逢其盛，投身其中，參加了十萬青年十萬軍的行列。雖然因為日本不久投降，未能殺敵報國，這段經歷是我一生中最大的光榮。抗戰勝利後到風景如畫的江南——浙江嘉興讀書，來到臺灣後進入當時的最高學府——臺灣大學求學，畢業後到全國的最高研究機構中央研究院做研究，又到國際聞名的哈佛大學遊蕩了兩年。這些機遇是難能可貴的。我從家中偷跑去從軍時，身無長物，而今有個美滿的家庭，娶了個寶島姑娘，有兒有女，有房子，滿屋的書，以及各位和其他國內外的好朋友，非常富足，非常滿意；雖然還未見國家的統一，但歷史已在統一的路上踽踽而行，而且我對中國一向有信心，遲早會成為一個富強康樂的國度，充分發揮中國人的智慧，服務人類。

其次要談我做的幾件與中研院及近史所有關的事。有段時間我們所的昇遷管道出了點問題，每有爭吵的場面。我覺得吵沒有用，就去研究所務組織規程。我發現問題的關鍵在所務會議的參與者層級太狹窄，只有研究員有出席資格。我便謀求使副研究員也能出席。中研院以前沒有國民黨組織，高化臣先生[159]來作總幹事後，成立了知識青年第三十五區分黨部，而且黨部委員都是黨員大會選出的，這與其他知青黨部委員部分由上級指定者不同，黨員的權力較大。我與現在已退休的民族所的文崇一，及現居美國的史語所的陳文石[160]認為，研究院黨部應注意研究院應興應革之事。於是三人自動出來競選並當選了黨部委員，當時我們自己稱為黨尾巴。

我與文、陳及動物所李文蓉[161]商議後，在黨部委員會議中提出修改所務會議條文的動議。會議通過，主任委員總幹事高化臣同意提出院務會議討論。在高主委同意下，我約了每一所一位黨員同志共同開會研商，我自己作記錄，將決議條文化，給高總幹事。他再整理後提出院務會議。院會第一次討論沒有通過。據說李濟之先生表示，此案是研究院的重大變動。在院會中支持本案的有民族所代所長李亦園，我們也去運動有關人員。又經過一次（或是兩次）院會，終於通過。這是所務權力下放的開始，現在已經是全體研究人員都參加所務會議，其利弊得失不論，僅將其開始的一段故事報告給各位。

現在各所有訪問學人辦法，院外學者可來訪問研究。其來由我雖不太清楚，不過我曾建議也實施了一種訪問學人辦法。在哈佛大學的哈佛燕京學社每年在遠東選取學人至該所作訪問學人（Visiting scholar）。我們所因得福特基金會之資助到費正清的東亞研究所（East Asia Research Institute）訪問研究，前去者有呂實強、我、及趙中孚。東亞研究所為了方便照顧，把我們作成associate scholar，就是associate to Haward-Yenching Institute的訪問學人計畫。雖然在那裡遊蕩了兩年，我覺得收穫很大，訪問學人計畫也值得仿行。後來便和改革所務會議條文的程序一樣，在黨部委員會提出，經同意後邀請若干人共議，完成條文交高化臣先生提出院務會議通過實施。規定本院各所設訪問學人，但同一時間不超過兩位。訪問學人仍保留本薪，而本院資助他們一筆金錢，其數額同國科會補助得獎者相同。訪問學人不得教課及兼任其他事情，他們必須參加各所的定期討論會，期滿離去前必須作一研究報告。據我所知，有的訪問學人很有收穫，但有的個案是當人情辦理，他雖為訪問學人，而照舊教課。徒法不足以為行，一點不錯。

現在我們院中每週刊行一次院務週報，這週報的前身是《院訊》，而《院訊》的創刊也是我們循上述透過黨部建議而行的。當時各所同仁或選舉或輪派為《院訊》編輯委員，總辦事處秘書主任萬紹章先生總其成，作最後處理。上述幾件事的實現使我感想到，在近年來大家異口同聲貶斥的兩蔣威權時代，仍有相當的空隙足茲利用發揮。

在近史所中，除也主持討論會，作集刊編輯等事不必說外，民國七十七年（一九八八）和朱浤源先生[162]等共同制定〈中央研究院近代史研究所學術論著體例〉。不過我自己現在因年紀大精力減退，覺得這些格式宛如枷鎖，而且對這些枷鎖已深惡痛絕，覺有人說的一句話很有道理：「司馬遷也沒有用這些格式，照樣寫出那樣好的史書！」

第三，搞學會。我一共參與了《思與言》雜誌社、中華民國韓國研究學會、中華民國海外華人研究學會的創辦及發展。

我民國四十七年離開國立歷史博物館到近史所。那時中研院只有史語所及近史、民族兩所合用的兩棟二樓房子，及一棟單身宿舍與廚房，其餘都是稻田，到臺北去交通也很不方便。同仁們下班後不是打打橋牌便是閒聊，我和上邊提到的文崇一先生最談得來，有時飯後到稻田間散步。我們覺得臺北學術界缺少批評精神，批評文章只說好不說壞，應創辦一份刊物填補此一空間。於是聯絡民族、史語等所同仁及臺大歷史系、中文系等單位友好商議，在臺大文學院辦公室開會，議定辦的刊物名稱是《學術評論》。參加者有傅樂成、李學智、陳文石等。向內政部申請立案未獲准。過了些時間，有人說政治大學辦了份刊物叫《思與言》，出了兩期後繼續不下去，因為經費不足，而且他們的成員都是學法政的，缺少文史方面人才，提議和《學術評論》發起人合辦。於是我們聯絡《學術評論》參與人，同意加入。

《思與言》改組，採內閣制，發行人不負實際責任，事務由執行編輯全權負責。執行編輯由會員大會選舉，任期一年。雜誌為雙月刊，內容以人文及社會科學文章為主。那時臺北只有《大陸雜誌》一份學術刊物，雖《思與言》文章被史語所徐高阮說是年輕人的習作，但申請國科會補助及升級均被接納。雜誌請民族所何國隆先生負責印刷、發行、會計等雜事，他是最重要人物。後來何先生在民族所事繁想辭職，時任發行人律師陳寬強欲解散雜誌社，我阻止，並找到中華語文研習所所長何景賢先生接辦。何先生是我一九六五年在中華民國駐美大使館的電梯中認識，回臺後拉他加入《思與言》社的。他的研習所是教外國人學中文，在臺北、臺中有分所，並與多國語言機構有聯繫，業務不錯，也賺了點錢。他接辦後仍採舊制，除幫助財務外，不管他事。後來雜誌改為期刊，每期有主題，現已發行到第三十六卷，也就是已辦了三十六年，我們所的朱浤源、謝國興先生[163]都作過執行編輯。

中華民國韓國研究學會是我發起，與臺大陳捷先、已故教授繆全吉[164]，政大胡春惠[165]、陳祝三[166]、已故教授傅宗懋[167]，史語所黃寬重[168]、李學智，文大宋晞[169]等教授共同創辦的。因為高化臣總幹事及錢思亮院長[170]的幫忙，中研院出了六十五萬臺幣經費，民國七十年（一九八一）十二月辦了第一屆國際學術討論會，將韓國、日本的東洋史學者二十多位請來，而且國史館長黃季陸[171]、故宮博物院院長蔣復璁[172]、也幫了十萬元經費的太平洋基金會負責人李鍾桂[173]等的與會，辦得很成功。

學會出版《韓國學報》，至今已刊行十五期，並出版著作，翻譯叢書，策劃編輯史料，與日本的朝鮮研究學會及美國夏威夷大學的Center for Korean Studies，韓國的國史編纂委員會、精神文化研究院、Korean Foundation中國學會，漢城、西江、高麗等大學聯繫。陳捷先、胡春惠、黃寬重、傅宗懋、繆全吉等有重大貢獻，陳希沼[174]、黃俊傑[175]、王明君、高明士[176]、莊吉發等為早期主力撰稿人。中華民國海外華人研究學會乃有感於華僑問題越來越重要，須要聯繫有興趣研究的人共同努力，在已故吳劍雄先生[177]，東吳大學沈大川先生，本所前所長陳三井，朱浤源教授，民族所李亦園、張茂桂先生[178]等共同打拼下成立的。開過一次國際學術研討會，已出版三期《海外華人研究》，頗為中外相關學者肯定。出力量多的是吳劍雄先生，忙得忽略了自己的健康、生命，沈大川先生出力出錢，策劃並共同推行過若干會務。韓國研究學會及海外華人研究學會所做的，有的與現在中央研究院東南亞區域研究計畫及東北亞區域研究所推行的密切相關，有的仍有待推展。

現在大致說一下我的研究過程。我民國四十三年（一九五四）臺大歷史系畢業，那時須寫畢業論文，我作的是《清史稿文宗本紀校訂》。論文未刊布，不過寫作時參考了《剿平粵匪方略》，及郭量宇所長的《太平天國史事日誌》等書，是第一次接觸到中國近代史的第一手及重要的第二手史料。臺大歷史研究所的畢業論文是《清天聰時代後金汗國與朝鮮的關係》，就是清太宗第一次征朝鮮，也未發表，但這是我研究中韓關係的起步。

畢業後到國立歷史博物館待了將近一年，除了認識了張朋園先生這位長期友人兼同事，為了寫古銅器的說明卡片供參觀者參考，看了容庚等著的古器物圖譜等書外，經常看藝文印書館影印的《明史》。四十七年（一九五八）十月到近史所。沒有人指導，自己胡亂看書，盲目的找研究題目。最先看的是周策縱著*The May Fourth Movement*，第一次在所中討論會上報告了有關五四運動部分。曾經想研究龔定庵的思想，然大陸有人寫過此問題，而一時看不到，且李國祁先生又對我說，研究好的話，應該與魏源的思想同時比較研究。我覺得那太難了，於是放棄了這一主題。

後來找到光緒三十一、二年中國的反美運動，寫成一稿叫作《清季中國反美運動》，然因受到魏廷朝參與彭明敏發表臺獨宣言事件影響，改為現在的名字——《光緒卅一年中美工約風潮運動》，同時發表了〈說明代宦官〉及〈龔定盦的建設新疆計畫〉兩文。這是我一九六四年到美國哈佛大學作訪問學人以前的讀書及研究。赴美前郭量宇所長曾勸我：「讀個master，有用啊！」我沒有聽他的話，在美遊蕩了兩年，但很留意華僑問題及美國外交史，買了若干有關書籍，準備回臺後作中美關係史研究。

回所後想將幾篇中韓關係的論文彙為一個小冊子出版，於是申請東亞學會的資助到韓國兩個月蒐集資料。這一去便一頭栽進了中韓關係研究，簡直是入而不能出。他們的資料太豐富了，我們沒有的他們有，我們短短數行的，他們連篇累牘，而且都是用漢文寫的。直到現在我還未完全脫離這範疇。我除了成立韓國研究學會，加強中韓學術交流，與胡春惠、趙中孚合編《近代中韓關係史資料彙編》外，重要著作有關於封貢政治關係、清韓封貢貿易、中韓邊務邊界問題、清代中國文化對韓國的影響等。在封貢關係的大帽子下，寫了明清時代的韓琉關係，中韓美、中韓俄，及中琉政治及文化關係等論文。

在中國近代史方面，寫了中國初期近代史要義，伍廷芳[179]與清政改革及其外交，及辛亥時的南北議和。教過史學方法、近代中國海關及中韓關係史課程，和陶晉生合編《歷史學手冊》，講求史學論文的寫作格式。近幾年關注華僑問題，倡立海外華人研究學會，研究則轉到了東南亞，也討論到移民問題的比較研究。

我九歲入塾館讀書，第三年塾館改為學堂，而那一年就發生盧溝橋事變，日本大舉侵華，學堂上課一學期便停止了。其後因游擊隊興學辦教育而得再讀書，但因日軍掃蕩，學校被燒毀，師生被殺戮，小學四年級讀了數次，初中讀了六年，從山東讀到浙江。在嘉興青年中學兩年半算是踏實，能考上大學就是靠這兩年多。在臺大大學部及研究所七年，因無「家累」，過舊曆年時也在宿舍讀書，先秦到秦漢的一些典籍就是這一時期看的。因生在劇烈變動的時代，關注的事情很多，除了每天必看報紙上的國內外要聞外，涉獵的讀物很雜，這有好有壞。好處是常識較豐富，看事情的角度較廣；壞處是浪費了正當研究的時間，沒有像有的同事那樣寫出一本本的書來。但這是興趣，毫無辦法，遇到適合胃口的書，恨不得一口氣吞下。就這樣，中等天資，盡心盡力為之而已。

最後讓我說一點對我們所的看法。

一、中國歷史是世界國別史中最難念的，所討論的內容，空間廣闊，時間久遠，人事多，史料豐富，而且上下一貫，因之負擔沈重。中國近代史時間雖較短，然牽聯許多外國，而且時間愈近，史料愈多，尤其繁重。而近些年來進所人員所學不限歷史一科，文學、政治、經濟等方面的都有。即使唸歷史的，如果不是唸近代史，也很難掌握其脈絡，而寫文章最好是先對所討論問題的相關事物有個大體瞭解，然後構思舉證方能得心應手，左右逢源，且不至於說外行話。因之，我想我們是否可以要求新進同事先閱讀若干東西。這一觀念郭量宇所長在時我曾向他建議。他問我指定甚麼書，當時我只說看看大家的意見，現也許可以推薦《近代中國史事日誌》，《中華民國史事日誌》。這件事我想值得大家思考討論；要不要作這事，如作，推薦甚麼書。

二、我們所早期的研究以作近代化、外交為主，隨著社會科學的發展，進所同事研習學科多樣化，現在是多姿多彩，火樹銀花。研究的發展方向依照個人的取捨選擇是很好的，因為興趣的推動效能很大。不過規劃方向也很重要。由個人主導，則面多力分，而有計畫的，尤其是集體工作，則視角寬廣，建樹大，也比較為學術界重視，如我們的區域近代化研究。主動規劃也可以有效利用我們的資源，如我們珍藏的外交檔案及經濟檔案等等。

三、史料編纂：我們所的史料編纂以前有三項：編刊檔案、報紙剪輯、口述史。編檔案工作據說現在有興趣者少；報紙剪輯在張瑞德先生[180]作圖書館館長時，以報紙都已入電腦為由經所務會議議決而停止；口述史也因這工作不算研究成績而問津者不踴躍。但這些工作是史學研究的先驅工作、基礎工作，非常重要，如何把事實弄清楚，如究竟有多少種報紙入了電腦，設法鼓勵，也值得思考。

現在說說另外兩件事，一是關於亞太研究。由於我早些年就提議在中央研究院設亞太研究所，並作中韓關係研究，前年楊國樞副院長[181]想推行東北亞區域研究時便徵詢我意見。我建議他從人文、社會學科研究所中請若干與東北亞研究相關同仁座談共議。座談後我建議由張啟雄先生[182]作聯絡人，預算下來，實際推動後，又推他作計畫主持人。另設立了個board（審議委員會）由我作召集人。

另一是海外華人研究。一九九二年十一月美國加州柏克萊大學校區在王靈智（Ling-chi Wang）教授[183]主導下，舉辦了空前規模的海外華人國際會議（Luodishenggen International Conference on Overseas Chinese）。在這一基礎上，一九九三年八月在香港組成了世界海外華人研究學會（The International Society for the Study of Chinese Overseas），簡稱ISSCO。由當時的香港大學校長王賡武[184]任會長，菲律賓的洪玉華[185]任副會長，王靈智任秘書兼會計。此外東南亞、東北亞、歐洲、非洲、北美、拉丁美洲均有一聯絡人。香港、大陸、臺灣為特殊地區（Special Area），也各有聯絡人一員，香港者為港大教授冼玉儀[186]，大陸為廈門大學教授莊國土[187]，臺灣為我。

主席、副主席及各地區聯合人共組成Board of Director，如該組織之議會。這個學會曾出版幾期《世界海外華人研究學會通訊》（ISSCO Bulletin），報導有關學術活動及出版的書文，然因缺少經費，不久就停。現在的活動是聯絡召開學術會議。策畫了一種輪流每三年一次在適當地方召開大規模的海外華人研究學術研討會議。這是為配合會員大會每三年召開一次的緣故。原訂一九九四年底在香港大學開，因籌備不及遲至一九九五年一月。這次會中商妥一九九七年在巴黎舉行，因歐洲華人少，經濟力差而不果，改由菲律賓華裔青年聯合會辦，去年（一九九八）十一月召開了。會中商詢二〇〇〇年及二〇〇三年願意負責舉辦者。澳洲因二〇〇〇年開奧林匹克運動會，所以想承辦。我覺得這世紀性大會很重要，應該由中華民國辦，所以也表示申辦之意，並且說經費不成問題，在中央研究院開會，場地好，經辦人都有辦大型國際會議的經驗，現在就是和澳洲爭。

前些時間我和陳三井、朱浤源共同擬了一個計畫書送到所中，希望我們所出面召開。所長電話告知因所中有規定大型會議一年只能開一次，而所中已決定二〇〇〇年開一「二十世紀中國與世界」的大型會議，不能再開另一會，如其他單位主辦，近史所可以協辦。我以為籌議中的會並不倚重所中經費，也能對外籌措；而且這樣一個有意義的會議應該由近史所出名。我想近史所及我們整個大環境都需要走出去，希望大家考慮考慮有何可以協助解決之道。

以上拉拉雜雜的說了這些，請大家指教，謝謝。

註釋

1 臺靜農（一九〇二—一九九〇），安徽省霍丘縣人。原名傳嚴，後改名靜農，字伯簡，晚號靜者，筆名有青曲、孔嘉、釋耒等。早年致力於新詩及小說創作，其後專攻古典文學研究；晚年以書法名世，師法明代大家倪元璐，又能出入草、隸，自成一格。一九四六年應臺灣大學之聘，渡海至臺大中文系任教。一九四八年接任系主任，掌系務長達二十年。一九六八年因屆退休之齡，堅辭系主任，仍續任教職。一九七三年自臺大榮退，一九八六年獲贈名譽教授之銜。張存武於一九五〇年入學臺大歷史系，正值臺靜農任中文系主任第三年。

2 勞榦（一九〇七—二〇〇三），字貞一，生於陝西省商縣，籍貫湖南省長沙人。一九三〇年畢業於北京大學歷史系，因受傅斯年（一八九六—一九五〇）賞識，進入中央研究院歷史語言研究所工作。一九四九年來臺，除在史語所任研究員之外，兼任臺灣大學、臺灣師範大學教授。一九五八年當選為中央研究院院士。一九六二年至美國加州大學任教，一九七五年自加州大學退休，後為加州大學洛杉磯分校榮譽教授，一九八二年任臺灣大學歷史研究所客座教授。主攻漢代研究，兼及上古和魏晉南北朝。

3 李濟（一八九六—一九七九），號濟之，湖北鍾祥縣人。一九一一年考入清華學堂，一九一八年清華畢業後赴美攻讀心理學學位，一九二〇年獲社會學碩士，同年進入哈佛人類學系攻讀人類學，一九二三年獲哲學博士（人類學）學位，成為中國留學生中第一位專攻人類學及考古學的人。回國後，一九二九至一九三六年間，主持兩次殷墟發掘。一九四八年當選為中央研究院第一屆院士，是年底率領史語所、中央博物館、故宮博物館等同仁運送古物來臺。抵臺後，任教於臺灣大學歷史系，更創辦了臺灣大學考古人類學系。

4 凌純聲（一九〇一—一九八一），江蘇常州武進人。一九二九年獲法國巴黎大學博士學位。一九四九年李濟創辦臺大考古人類學系，凌純聲即在該系任教，張存武入學臺大時正在一九五〇年。一九五六年凌純聲籌辦中研院民族學研究所並任所長。一九五九年當選第三屆院士。在中國時，凌純聲進行民族學調查，以松花江赫哲族研究最為知名。來臺後，關注環太平洋地區的物質文化的比較研究。

5 沈剛伯（一八九六—一九七七），湖北宜昌人。一九二四年考取湖北省官費留學，赴英國倫敦大學攻讀歷史學，專攻英國史、憲政史及埃及學。一九二七年學成回國，歷任武漢大學、中山大學、金陵大學、中央大學。先後開設西洋上古史、西洋通史、希臘史、羅馬史、英國史、俄國史、印度史、法國大革命史、西洋文化概論等一系列課程。一九四八年來臺，任臺灣大學文學院院長兼歷史系教授和主任。一九六九年卸下院長職務，專心教學，一九七三年退休。

6 張貴永（一九〇八—一九六五），字致遠，浙江省寧波市人。一九二九年畢業於清華大學歷史系，一九三三年獲德國柏林大學博士學位，再赴英國研究西洋歷史。一九三四年回國，任南京中央大學歷史系教授直到一九四九年來臺。一九四九年至臺灣大學歷史系任教，凡十五年。開設西洋史、西洋史學史、西洋外交史等課程，其間並曾任中研院近代史研究所研究員。

7 徐子明（一八八八—一九七二），原名徐佩銑，字子明，後改名徐光，江蘇宜興人。一九一一年畢業於美國威斯康辛大學，一九一三年獲德國海德堡大學哲學博士學位。一九一四年回國，歷任復旦大學、北京大學、中央大學教授，開設德文、希臘羅馬文學、英國德國文學課程。雖教授西洋文學但力主保持中國國粹，反對五四及白話文運動，與革新派領袖胡適抗衡。一九四八年來臺，在臺灣大學歷史系主講西洋史，一九七一年自臺灣大學退休。

8 姚從吾（一八九四—一九七〇），河南襄城縣人。一九一七年考入北京大學，一九二二年留學德國柏林大學。一九三四年回國，任北京大學歷史系教授。一九四九年護送故宮文物來臺，任臺灣大學歷史系教授，講授史學方法論及遼金元史等課程。一九五八年當選第二屆中央研究院院士。

9 李宗侗（一八九五—一九七五），字玄伯，直隸高陽人。留學於法國巴黎大學，一九二四年返國，歷任北京大學、中法大學教授。一九四八年任臺灣大學歷史系教授。留法時學習天文、醫學，後改攻西洋古代史，回國後轉治中國古代史，並兼治清史。

10 傅斯年（一八九六—一九五〇），字孟真，山東聊城人。一九一六年進入北京大學，是五四運動的學生領袖之一。一九二〇年遊學英國倫敦大學、德國柏林大學，一九二六年回國，任教中山大學。一九二八年創建中央研究院歷史語言研究所。一九四五至一九四六年，出任北京大學代理校長。一九四九年來臺，任臺灣大學校長。一九五〇年十二月二十日在臺灣省議會答覆教育行政質詢後腦溢血逝世，埋身於臺大校園內的傅園。

11 方豪（一九一〇—一九八〇），浙江杭縣人，字傑人，後改杰人，筆名芳廬、絕塵、聖老。出生於基督教家庭，一九二〇年全家改信天主教，一九二二年進入杭州天主教修道院，後入寧波聖保羅神學院，一九三五年成為神父。歷任浙江大學、復旦大學教授。一九四九年來臺，任教於臺灣大學、輔仁大學、政治大學。一九七四年當選為中研院院士。研究領域早期以中西交通史，晚期以臺灣史為主，亦治宋史。

12 芮逸夫（一八九八—一九九一），江蘇溧陽人。在美國加州大學柏克萊分校、耶魯大學攻讀人類學。一九三〇年進入中研院史語所人類學組，曾跟隨凌純聲進行松花江赫哲族的民族學調查，一九三二年與凌純聲、勇士衡至湘西考查苗族文化，此次調查成果寫成《湘西苗族調查報告》。一九五〇年來臺，兼任臺灣大學歷史系教授，同年李濟創建考古人類學系，芮逸夫改任人類學系專任教授，兼任中研院史語所人類學組主任。一九六四年退休，晚年主持二十三種正史及清史中各族史料彙編工作，為中國境內漢人以外之族群研究，提供基礎且完整的參考依據。

13 Lewis Henry Morgan（一八一八—一八八一），美國知名人類學家，從研究印第安易洛魁人（Iroquois）開始，擴及其他印第安人部族，建立關於親屬關係與社會結構的學說，於一八七七寫出《古代社會》（Ancient Society）一書，影響深遠。

14 薩孟武（一八九七—一九八四），名本炎，字孟武，以字行，福建福州人。一九二三年獲京都帝國大學法學部政治系之法學學士。精擅中國政治學，對中華民國憲法亦有獨到見解。來臺後，任臺灣大學法學院院長。幾本從中國傳統小說論古代政治社會制度的隨筆作品：《水滸傳與中國社會》、《西遊記與中國古代政治》、《紅樓夢與中國舊家庭》，饒富趣味，頗受歡迎。

15 郭國基（一九〇〇—一九七〇），屏東東港人，一九二五年日本明治大學畢業。曾任高雄市參議會議員、臺灣省參議員、臺灣省議員、立法委員。一九五〇年十二月二十日質詢臺大校長傅斯年，傅斯年在下台後腦溢血逝世，引發四百名臺大學生在隔日遊行至省議會的抗議行動。

16 張伯淵，一九五三年臺大歷史系畢業，曾任職美國加州大學東亞圖書館。

17 沈鴻烈（一八八二—一九六九），字成章，湖北天門人，中華民國海軍上將。一九〇五年考入日本海軍學校，並加入中國同盟會。一九二三年因戰功成為張作霖奉系海軍司令。一九三〇年因固守東北海防之戰功，與張學良同受中華民國青天白日勳章，成為該勳章的首批受獎者。九一八事變後，歷任上將海軍總司令、青島市市長、山東省主席、浙江省主席、東北軍司令等。一九四七年任浙江選舉事務所主任委員，一九五〇年來臺，一九六九年病逝於省立臺中醫院。

18 俞國基，臺灣資深媒體人，臺灣大學歷史系畢業。歷任《臺灣時報》總編輯、《臺灣日報》總編輯。一九七九年赴美，任舊金山《遠東時報》總編輯、《紐約中報》總編輯、紐約美洲《中國時報》總編輯與總主筆、紐約北美日報社長。一九八七年返臺，任《中國時報》總主筆，一九九六年轉任《自由時報》副社長。二〇一四年退休。

19 林瑞翰（一九二五—二〇一五），一九五二年臺灣大學歷史系畢業，後留系任教，歷任助教、講師、副教授、教授，專治宋史、魏晉南北朝史，曾開授中國通史、宋史、魏晉南北朝史、五代史、資治通鑑導讀等多門課程。一九九四年退休，同年獲聘為臺大歷史系名譽教授。

20 王璽（一九二九—二〇〇一），中央研究院近代史研究所研究員。

21 杜維運（一九二八—二〇一二），山東嘉祥人。一九五〇年來臺，畢業於臺灣大學歷史系畢業、臺灣大學歷史系碩士。歷任臺灣大學歷史系、香港大學中文系、政治大學歷史研究所教授。專研中國史學史及中西史學比較，其《史學方法論》至今仍是臺灣的歷史系學生，史學方法課程的重要參考書。

22 黃侃（一八八六—一九三五），初名喬鼐，更名喬馨，終定為侃，字季剛，又字季子，晚年自號量守居士，湖北蘄春人，生於四川成都。因受湖廣總督張之洞賞識，一九〇五年官費留學日本，加入同盟會並拜章太炎（一八六九—一九三六）為師，為其門下大弟子，合稱「章黃」，被視為「乾嘉以來小學的集大成者」。亦師從劉師培（一八八四—一九一九），章、劉、黃三人並稱「國學大師」。擅長音韻、訓詁，兼通文學，歷任北京大學、東南大學、金陵大學等校教授。

23 王叔岷（一九一四—二〇〇八），四川省簡陽縣人，本名王邦濬，字叔岷，號慕廬，後以字行於世。因家學與舊式私塾教育，故精熟傳統古籍，可謂學兼四部。一九三八年四川大學中文系畢業，一九四〇年考入北京大學文科研究所。其時史語所所長傅斯年任教北大，王叔岷受其提點，以其深厚國學為根，漸入校勘、訓詁之門，博覽群書，廣輯經籍，此後遂成大家。一九四三年碩士畢業，入中研院史語所任助理研究員。一九四八年來臺，任臺灣大學中文系合聘教授，開設大一國文、斠讎學、莊子等課程。一九六三年起，歷任新加坡大學中文系客座教授、吉隆坡馬來亞大學漢學系客座教授、新加坡南洋大學講座教授。一九八〇年出任國立新加坡大學中文系主任，一九八一年退休返臺，回臺大中文研究所任教，一九八四年自史語所退休，仍在臺大任課。其《史記斠證》與《莊子校詮》為其校勘學的集大成之作。

24 廣祿（一九〇〇—一九七三），號季高，孔古爾氏，滿族，新疆察布查爾錫伯營正藍旗人，祖籍遼寧瀋陽，清朝錫伯營末任領隊大臣富勒怙倫之子。精通俄文與滿文，曾任中國民國立法委員、監察委員，一九四九年來臺後，擔任國立故宮博物院資深研究員，並在臺灣大學教授滿文。

25 李學智（一九一九—二〇〇三），一九六六年入中研院史語所任副研究員、研究員，一九八五年退休。

26 陳捷先（一九三二—二〇一九），江蘇江都人，中國史學者。一九五六年臺灣大學歷史系畢業，一九五九年臺灣大學歷史研究所畢業，後為美國哈佛訪問學人，返臺後歷任任臺大歷史系主任、歷史系研究所所長。一九八〇年赴美國麻州大學（UMASS）任客座教授，一九九〇年獲韓國圓光大學名譽博士學位，退休後任臺大歷史系名譽教授。

27 王民信（一九二八—二〇〇五），生於重慶。一九五五年臺灣大學歷史系畢業，一九五七年起服務於臺灣大學圖書館直至一九八九年退休，期間著述不輟，發表諸多文章，專研遼金元史更旁及唐、宋、西夏、高麗史等。臺大出版中心於其逝世後，出版《王民信遼史研究論文集》（二〇一〇）、《王民信高麗史研究論文集》（二〇一〇）。

28 莊吉發（一九三六—），苗栗縣南庄鄉客家人，滿文檔案專家，國際知名的清史學家。一九五六年畢業於省立臺北師範學校（今國立臺北教育大學），一九六三年畢業於臺灣師範大學史地學系，一九六九年畢業於臺灣大學歷史研究所。

29 歐陽鷙（一九一三—一九九一），字無畏，法名君庇亟美（chos vphel vjigs med），生於江西興國縣，在東北長大，一九三〇年畢業於馮庸大學（奉系將領馮庸創辦於瀋陽，是中華民國第一所西式大學，一九三三年併入國立東北大學）政治系。一九三四年於西藏哲蚌寺出家，成為藏傳佛教格魯派比丘。一九五二年來臺，一九六一年起，任國史館纂修及政治大學教授，教授西藏語文與佛學課程，被稱為「臺灣藏學之父」。

30 屈萬里（一九〇七—一九七九），字翼鵬，山東省魚臺縣人。一九二五年就讀私立東魯中學高中部，一九三〇年遊學北平，插班私立郁文學院國文系二年級，一九三一年因九一八事變，返回山東，此後自學中國傳統古籍。一九四三年入中研院史語所考古組，任甲骨文研究之助理員，隔年升任助理研究員，在所三年，於研究甲骨文之餘，熟讀《尚書》、《詩經》、《孝經》、《老子》、《屈賦》，旁及《左傳》、《禮記》諸書。一九四九年任臺灣大學中文系副教授，一九五三年升教授，後兼任中研院史語所副研究員、研究員，仍為臺大合聘教授。一九七二年當選中研院院士。

31 王崇武（一九一一—一九五七），河北雄縣人，著名的明史學者。一九三六畢業於北京大學歷史系，一九三七年入中研院史語所，專力研究明史。一九五三年任中國科學院歷史研究所第三所研究員，一九五四年入中國科學院近代史研究所，一九五七年因癌症逝世。

32 孟森（一八六八—一九三八），江蘇武進人，字蓴孫，號心史，別署純生，明清史研究的奠基者之一。一九〇一—一九〇四年至日本東京法政大學學習法律。本來從政的孟森，在清政府垮臺後，專心治史，精研清入關前的歷史，著有《心史史料》、《清朝前紀》、《明元清系通紀》，後來更進一步研究明、清二代史，歷任南京中央大學、北京大學教授。

33 殷海光（一九一九—一九六九），本名殷福生，生於湖北黃岡的傳教士家庭。一九三八年考入西南聯合大學哲學系，一九四二年進入清華大學哲學研究所，專研西方哲學。一九四六年在金陵大學講授哲學與邏輯課程，並在《中央日報》擔任主筆。一九四九年來臺，因批判國民黨而被迫離開《中央日報》。任臺灣大學哲學系教授，繼續發表政論文章，批判言論禁制與黨化教育等時政，成為臺灣自由主義的代表人物。

34 胡適（一八九一—一九六二），安徽績溪人，近代最重要的思想家之一，為提倡白話文運動與新文化運動的領袖之一，曾任中華民國駐美大使、中央研究院院長。

35 郭廷以（一九〇四—一九七五），字量宇，生於河南舞陽，中國近代史研究的奠基者，創建中央研究院近代史研究所，中央研究院院士。

36 李光濤（一八九七—一九八四），雲南懷寧人，著名的明清史家。李光濤父母早亡，因少時在鳳鳴書院前販賣燒餅油條，竊聞先生講課而自學。後因生計問題，削髮為僧，然其博聞強記的能力，受九華山住持賞識，不僅得其指點而研究明清歷史，更被推薦到中研院史語所從事明清檔案整理工作。一九二五年後，陸續完成《明清史料》乙、丙、丁、己、庚、辛、壬、癸編的補例增寫。一九四六年奉命來臺接收歷史檔案，於是落腳於臺持續明清史研究。張存武在臺灣大學的碩士論文，實質上由李光濤指導。

37 蕭一山（一九〇二—一九七八），江蘇銅山人。其父為塾師，自幼即受書香教育，十八歲即立志從事清史研究，一九二一年考入北京大學政治系，在大三之時完成《清代通史》上卷，二年後完成中卷，一九六三年下卷完成，全書共五冊、四百萬餘言。一九四八年來臺，歷任臺灣大學教授、中研院近史所研究員。

38 劉崇鋐（一八九七—一九九〇），福建福州人。一九一八年入美國威斯康辛大學，二年後得學士學位，入哈佛大學，一九二一年得碩士學位，再入哥倫比亞大學、耶魯大學研究，吸收各校之長，專研歐洲史、美國史。一九二三年返國，歷任南開大學、清華大學、西南聯大教職。一九四九年來臺，應聘為臺灣大學歷史系教授，後又兼任歷史系主任、歷史研究所主任、教務長等職。一九七三年臺大退休，一九八六年為名譽教授。

39 沈昌煥（一九一三—一九九八），祖籍蘇州吳縣，生於江蘇嘉定，中華民國政治人物。歷任行政院新聞局局長、外交部長、駐外大使、總統府秘書長。長期服務於外交系統，有「外交教父」之稱。

40 陶匯曾（一八九九—一九八八），字希聖，以字行，出生於湖北黃岡。提倡研究社會經濟史，創辦《食貨雜誌》。為蔣中正之文膽，為其執筆寫作《中國之命運》、《蘇俄在中國》二書。

41 胡秋原（一九一〇—二〇〇四），原名胡曾佑，湖北省黃陂人。早年加入共產主義青年團，後成為中國國民黨黨員，曾任立法委員。一九五一年來臺，歷任臺灣師範大學、世新大學、政戰學校教授，中研院近史所研究員。

42 梁實秋（一九〇三—一九八七），名治華，字實秋，號均默，以字行。一九一五年考入清華學校留美預備班，一九二三年赴美留學。回國後提倡新文學，與胡適、徐志摩（一八九七—一九三一）、聞一多（一八九九—一九四六）等人籌設新月書店並創辦《新月》雜誌。其小品散文極為知名，更完成《莎士比亞全集》中譯本之空前壯舉。集散文家、翻譯家、評論家、學者與教育家於一身，曾歷任東南大學、北京大學、北京師範大學、臺灣師範大學等校教職。

43 徐訏（一九〇八—一九八〇），著名小說家。一九三一年畢業於北京大學哲學系，後攻讀同校心理學碩士班。大學時即開始小說創作，對日抗戰其間寫作不輟，是當時上海最多產的小說家。一九四二年赴重慶，一九四三年發表的諜報愛情小說《風蕭蕭》，是當年大後方的暢銷書榜首。

44 夏濟安（一九一六—一九六五），江蘇吳縣人。上海光華大學英文系畢業，歷任西南聯大、北京大學外語系和香港新亞書院教授。一九五〇年來臺，任教於臺灣大學外文系，臺灣著名小說家白先勇、歐陽子、王文興、陳若曦、葉維廉等人都是他的學生。一九五九年赴美，一九八〇年病逝於奧克蘭。

45 《咆哮山莊》，英國小說經典，出版於一八四七年，作者為艾蜜莉・勃朗特（Emily Brontë），其姐夏綠蒂・勃朗特（Charlotte Brontë，一八一六—一八五五）、其妹安妮・勃朗特（Anne Brontë，一八二〇—一八四九）皆為英國著名作家，合稱「勃朗特三姊妹」（Brontë family or The Brontës）。故事背景為十八世紀的英格蘭，內容描述皮膚黝黑的混血棄兒希斯克里夫（Heathcliff）一生的愛情與復仇故事，內容情節曲折、人物性格激烈，遭致不少批評，卻也成為超時代的經典。

46 閻沁恆（一九三〇—），山西人沁縣人。一九五四年臺灣大學歷史系畢業，一九六〇年獲政治大學新聞所碩士，畢業後留系擔任講師直至教授。在新聞系任教十二年後，政大校長劉季洪（一九〇四—一九八九）敦請至歷史系擔任系主任，致力於改革系風並擴充師資，聲譽卓著。

47 閻志恆，閻沁恆之兄，在大學時期曾出錢幫張存武配了一副近視眼鏡。後就職外交部，曾任中華民國駐澳大利亞代表處副代表。

48 吳相湘（一九一二—二〇〇七），湖南省常德人，中國近代史家，師從孟森、傅斯年、胡適等人。一九三七年北京大學歷史系畢業，歷任臺灣大學歷史系教授與系主任、新加坡南洋大學歷史系主任、中國文化學院史學研究所教授。

49 夏德儀（一九〇一—一九九八），號卓如，又號百吉，江蘇興化人。一九二六年畢業於北京大學歷史系，一九四六年來臺，擔任臺灣大學歷史系的中國史教授，一九七二年退休。

50 李劍農（一八八〇—一九六三），又名劍龍，號德生，生於湖南邵陽縣。一九〇四入湖南中路師範學堂史地科，專攻歷史。一九〇六年加入中國同盟會。一九一〇年留學日本，一九一一年回國參加革命。民國建立後，任武漢《民國日報》編輯，撰文批評軍閥，後報館遭查封。一九一四年赴英，利用圖書館資源，廣泛閱讀歐美各國的政治與憲法相關著作。一九一六年回國，一心仿英制，提倡聯省自治。一九二四年眼見聯省自治無法在中國有效施行，轉而鑽研中國歷史。一九三〇年任職武漢大學，開設中國近代政治史課程。抗日成功後，歷任湖南大學教授、武漢大學教授、湖南省軍政委員會顧問、全國政協委員，一九六三年病逝於武漢。

51 鄧嗣禹（一九〇五—一九八八），湖南常甯人。一九三二年畢業於燕京大學，赴美留學於哈佛大學，師從著名漢學家費正清（John King Fairbank，一九〇七—一九九一）。一九四二年獲博士學位，任教於美國印第安那大學。與費正清合著《中國對西方之反應》（China's Response to the West，一九五四）一書。

52 包遵彭（一九一六—一九七〇），字龍溪。畢業於復旦大學，一九四九年來臺，一九五五年創建歷史文物美術館（一九五七年十月十日正式更名為「國立歷史博物館」），擔任館長計十四年（一九五五—一九六九）。

53 李定一（一九一九—二〇〇二），字方中。畢業於西南聯大歷史系。一九五三年任教於臺灣大學歷史系。一九六三年赴港，任香港中文大學歷史系主任兼文學院院長。一九七五年返臺，執教於政治大學歷史系研究所。

[54] 《中國一周》雜誌，創辦人為張其昀（一九〇一—一九八五）。網羅各界專家學者執筆，內容豐富多元，具政治、外交、經濟、教育、科學、戲劇、文藝等二十餘個專欄。圖文並茂，深入淺出，以救亡圖存、復興文化為任。創刊於民國三十九年五月一日，每週發行，至五十八年十二月二十七日止，計出版一千零二十七期。後易名為《文藝復興》，改為月刊。

[55] 姚谷良（一九一二—一九九三），出生於江蘇泰州。擅長水墨山水、花鳥畫，一九四九年來臺，一九五五年與包遵彭等人共同籌畫歷史博物館，一九五六年擔任歷史博物館之美術研究會主委。主編《美術學報》，創辦《藝壇》月刊。

[56] 王宇清（一九一三—二〇〇九），出生於江蘇高郵縣，一九四九年來臺，一九五五年與包遵彭、姚夢谷、何浩天共同創建史博館，隔年開館。因見當時關於古代服飾的研究闕如，因而立志研究中國古代服裝史，開創了臺灣的中國服裝研究領域。一九六一年以正論文《周禮六冕考辨》、副論文《玄衣之用玄》，獲日本關西大學文學博士學位。除任職於歷史博物館之外，還在實踐家專（今實踐大學）、國立藝專（今國立臺灣藝術大學）、世新專校（今世新大學）、輔仁大學等服裝相關科系授課。

[57] 何浩天（一九二〇—二〇〇九），為歷史博物館的創館元老之一，在包遵彭、姚夢谷之後，於一九七二—一九八五年間，擔任第三任館長。

[58] 張其昀（一九〇一—一九八五），字曉峰，浙江寧波人。一九二三年南京高等師範學校（後改為國立東南大學、中央大學、南京大學）史地部畢業。歷任中央大學地理學系教授、浙江大學史地系教授與文學院院長。一九四九年來臺，曾任教育部部長、國民黨秘書長、總統府資政等要職，亦為中國文化大學之創辦人，並創辦《中國一周》、《學術季刊》等重要學術期刊。

[59] 張朋園（一九二六—），貴州貴陽人。一九四九年來臺，一九五二年考入臺灣省立師範學院（一九五五年改名為臺灣省立師範大學）史地系。曾任職國立歷史博物館，一九六一年進入中研院近代史研究所，一九七七年退休。

[60] 羅錦堂（一九二九—），生於甘肅隴西，為著名的元曲學者。臺灣文學博士學位第一人，曾任香港新亞書院、香港大學教授，定居檀香山，任夏威夷大學東亞語文系教授，退休後獲名譽教授。

[61] 馮作民，青年軍出身，靠自修學習英、日、俄語，曾任職國語日報社，更為文星書店翻譯諸多英、日巨

著，所編、譯之中外文史作品達八十餘冊。

62 《棗林雜俎》為明遺民談遷（一五九四—一六五八）所撰之筆記。談遷另著有《國榷》一書，是明史的編年體史書，全書四百餘萬字。因不曾刊行，未受刪改，故具高度史料價值。

63 鄭騫（一九〇六—一九九一），一九三一年於燕京大學中國文學系畢業，一九三八年任燕京大學中國文學系講師。一九四八年來臺，任教於臺灣大學中文系，一九七四退休，一九八一年獲名譽教授。

64 于右任（一八七九—一九六四），陝西三原人。原名伯循，字誘人，爾後以「誘人」諧音「右任」為名；別署「騷心」、「髯翁」，晚年自號「太平老人」。早年加入中國同盟會，民國成立後，長期任職於政府之中，任監察院院長達三十四年。長髯飄飄為其外表特徵，更為知名的是他的書法，然從未鬻字以謀私利，不是慨贈他人就是賣字助人，終其一生，兩袖清風。

65 馮惟敏（一五一一—約一五八〇），字汝行，號海浮，山東臨朐人，為明代散曲家。

66 何容（一九〇三—一九九〇），原名何兆熊，以何容之筆名行世。《國語日報》創辦人之一，專研語言學、文法學，曾任國語推行委員會副主任委員、主任委員，主編《重編國語辭典》、《國語日報辭典》。

67 林海音（一九一八—二〇〇一），原名林含英，出生於日本大阪，四歲前住在臺北板橋（今屬新北市），後遷居北京直至成年，曾任北平《世界日報》記者、編輯，隨國民政府來臺。返臺後，擔任《國語日報》編輯、《聯合報・副刊》主編。自己也進行寫作，自傳體小說《城南舊事》為其代表作。

68 齊鐵恨（一八九二—一九七七），本名勛，自號鐵恨，生於北京香山。一九四六年來臺，擔任臺灣省國語推行委員會常務委員，同時在廣播電臺擔任國語講座。

69 陶天翼，出生於上海，一九四九年來臺。臺灣大學歷史系學士、臺大歷史研究所碩士、美國芝加哥大學遠東語言及文化系博士。曾執教於美國夏威夷大學歷史系及文化大學史學系。著有《太平天國的「都市公社」》、《考績源起初探——東周迄秦》、《日本信史的開始——問題初探》等書。

70 李國祁（一九二六—二〇一六），祖籍安徽省明光縣，出生於皖北，著名的中國近代史學者。一九四九年來臺，就讀臺灣師範大學，師從郭廷以，畢業後任職於中央研究院近代史研究所。一九六一年赴德國漢堡大學留學。取得博士學位後，因表現優異，已在德國取得大學終身教職，然因郭廷以先生之命，師恩浩蕩，毅然返臺。一九六八年返臺，任職中研院近史所。一九七〇至一九九六年任職臺灣師大歷史研究所，任所長，創辦《歷史學報》，即今日的《臺灣師大歷史學報》。在其任內，延攬海內外名師任教臺師大歷史系，並擘劃博士班，第一屆招收林麗月、呂芳上、林滿紅三人。二〇〇〇年獲聘臺灣師範大學歷史學系名譽教授。著有《中國早期的鐵路經營》、《張之洞的外交政策》、《中國現代化的區域研究：閩浙台地區》、《中山先生與德國》等書。

71 呂實強（一九二六—二〇一一），臺灣師範大學史地系畢業。一九五五年進入中研院近史所直至一九九七年退休，於一九七九至一九八五年間擔任所長，著有《中國官紳反教的原因》、《丁日昌與自強運動》等書。

72 王爾敏（一九二七—），臺灣師範大學史地系畢業。一九四九年進入近史所，一九九七年退休，亦曾任臺灣師大、香港中文大學教授。專研中國近代思想史、軍事史、外交史、文化史以及方志學，著有《清季兵工業的興起》、《明清時代庶民文化生活》、《明清社會文化生態》等書。

73 李念萱（一九二八—二〇〇二），福建晉江人。一九四八年來臺，考入臺灣大學歷史系，一九五六年因凌純聲之推薦進入中研院近史所工作，一九六五年赴美，進修於西雅圖的華盛頓大學之遠東及蘇俄關係研究所。一九六七年返臺，再回近史所。一九七四年起至東吳大學開設俄國史、俄國近代史等課程。專長領域為中俄關係史料之編輯與研究。

74 王樹槐（一九二九—），美國夏威夷大學文學碩士。一九五六至一九九八年於近史所擔任助理研究員直至研究員，專研中國近代社會經濟史、史學方法論，著有《外人與戊戌變法》、《庚子賠款》等書。

75 羅家倫（一八九七—一九六九），字志希，籍貫浙江紹興，生於江西進賢。一九一七年以作文滿分考入北京大學，為一九一九年的五四運動的學生領袖之一。一九二〇年留學美國，並遊學英、德、法國。一九二八年任清華大學首任校長，一九三二年任中央大學校長。一九四七年為駐印度特命全權大使，一九五〇年由印度來臺，歷任總統府國策顧問、考試院副院長、國史館館長等職。

76 〈玉門出塞〉乃羅家倫作詞的一首歌。歌詞內容為：「左公柳拂玉門曉，塞上春光好。天山融雪灌田疇，大漠飛沙懸落照。沙中水草堆，好似仙人島。過瓜田碧鬱叢叢，望馬群白浪濤濤。想乘槎張騫、定遠班超，漢唐先烈經營早。當年是匈奴右臂，將來更是歐亞孔道。經營趁早！經營趁早！莫讓碧眼兒，射西域盤雕！」

77 周策縱（一九一六—二〇〇七），出生於湖南祁陽。一九四二年中央政治大學行政系畢業，一九四五年任國民政府主席侍從室編審（秘書），一九四八赴美國留學，取得密西根大學博士學位。後獲聘威斯康辛大學東方語言系和歷史系教授。專研五四運動與紅學，著有《五四運動史》、《玉璽・婚姻・紅樓夢——曹雪芹家世政治關係溯源》等書。

78 劉鳳翰（一九二八—二〇〇七），臺灣大學歷史系畢業，一九六〇至一九九八年任職於近史所。一九八二年任香港珠海大學文史研究所客座教授，一九八七至一九八八年任香港新亞研究所客座教授。專研中國近代軍事史，著有《新建陸軍》、《日軍在臺灣——一八九五年至一九四五年的軍事措施與主要活動》等書。

79 龔自珍（一七九二—一八四一），字璱人，號定庵，浙江仁和人。清代中後期文人，外祖父為著名文字學家段玉裁（一七三五—一八一五），曾任內閣中書、宗人府主事、禮部主事。

80 魏源（一七九四—一八五七），湖南省邵陽人。晚清思想家，著有《海國圖志》，倡導「師夷長技以制夷」，學習西方先進科學以改革古老中國。

81 張存武，《光緒卅一年中美工約風潮》（臺北：中央研究院近代史研究所，一九六五）。

82 費正清（John King Fairbank，一九〇七—一九九一），美國著名歷史學者，哈佛大學東亞研究中心的創始人。一九三一年為撰寫博士論文到中國考察海關貿易，結識胡適、金岳霖（一八九五—一九八四）、梁思成（一九〇一—一九七二）、林徽因（一九〇四—一九五五）等人。一九三五年取得牛津大學哲學博士學位。後歷任哈佛大學歷史系教授、美國戰略情報局官員、美國新聞署駐華分署主任。一九五五年成立「東亞問題研究中心」，一九六一年更名為「東亞研究中心」，一九七七年再更名為「費正清東亞研究中心」，成為美國東亞問題研究的學術重鎮。

83 魏廷朝（一九三五—一九九九），出生於今桃園市八德區，客家人。一九五八年大學畢業。一九六〇年兵役退伍，歷任中學教員、國防部情報次長室聘任研究員、中央研究院近代史研究所助理等職。一九六四年起草〈臺灣自救運動宣言〉，被捕入獄，判八年有期徒刑。出獄後又多次遭逮，在解嚴之前，共坐了十七年三個月又七日的政治牢。

84 彭明敏（一九二三—），臺灣大學政治系畢業，法國巴黎大學博士，專研太空法與國際法。後回臺大政治系任教，成為臺大校史上最年輕的正教授與系主任。一九六三年獲選首屆中華民國十大傑出青年。一九六四年與政治大學政治學研究所研究生的謝聰敏（一九三四—）、中央研究院研究助理的魏廷朝三人，共同起草〈臺灣自救運動宣言〉而遭捕，被判八年有期徒刑，因國際施壓而得蔣介石特赦。一九六九年逃離臺灣，在海外要求國民黨解除戒嚴，並持續推動臺灣獨立。一九九二年返臺，結束二十三年的流亡生活。

85 楊聯陞（一九一四—一九九〇），字蓮生，河北保定人。一九三三年入清華大學經濟系，專研中國經濟史。一九三七年在陳寅恪（一八九〇—一九六九）指導下，完成畢業論文《租庸調到兩稅法》。一九四〇年赴美就讀哈佛大學，一九四二年獲哈佛大學碩士學位，一九四六年以《晉書．食貨志譯注》獲博士學位。一九四七開始在哈佛任教，是哈佛大學歷史系第一位獲終身教職的華裔教授，直至一九八〇年以名譽教授身分退休。一九五九年當選中研院院士。學識淵博且治學謹慎，學術批評以嚴厲著稱，在美國學界有「漢學警察」之稱。

86 「明史研究學會」前身是「明史座談會」，於一九八五年成立，由呂士朋（一九二八—）教授任召集人，成員遍及國內各大學及研究機構。並在一九八六年九月後開始出版《明史研究通訊》。解嚴之後，成立學會的限制解除，一九九五年一月十五日於國立臺灣師範大學教育大樓二樓國際會議廳，由發起人呂士朋教授主持，召開成立大會。

87 林麗月（一九四九—），雲林虎尾人，臺灣師範大學歷史學系學士、碩士、博士，為該系第一屆博士生，師從李國祁教授，著名的明史學家。曾任師大歷史學系主任、明代研究學會理事長、哈佛燕京學社訪問學人、東京大學文學部外國人研究員、復旦大學光華人文基金講座，現為師大歷史學系名譽教授。研究專長為明史、思想史、明清社會文化史，著有《明代的國子監生》、《明末東林運動新探》、《奢儉．本末．出處：明清社會的秩序心態》等書，及專題論文數十篇。

88 徐乃力，出生於對日抗戰前夕，來臺後完成中學與大學教育。一九五〇及六〇年代留學美國，取得碩士及博士學位。研究專長為中國近代史，後移居加拿大，在紐布朗維克大學（University of New Brunswick）執教三十年。

89 文崇一（一九二五—二〇〇八），江西宜春人。一九五二年畢業於臺灣大學歷史系。一九五七年進入中研院民族學研究所直至一九九四年退休。一九六六至一九六八年赴哈佛大學研究，一九七六年十一月至一九八二年十一月擔任中研院民族所所長。研究專長為社會學、社會文化變遷、現代化問題，著有《中國人的價值觀》、《臺灣的工業化與社會變遷》等書。

90 李亦園（一九三一—二〇一七），出生於福建晉江縣。一九四八年考入臺大歷史系，後轉入人類學系。一九五三年畢業後留校擔任助教。一九五五至一九九八年任職於中研院民族所，並曾擔任副所長、所長。為臺大合聘與講座教授。一九八四年當選中研院院士，同年參與籌創清華大學人文社會學院，成為該院首任院長。

91 傅樂成（一九二二—一九八四），山東聊城人，字秀實，傅斯年之侄。一九四五年畢業於西南聯大歷史系，一九五六年赴美國哈佛、耶魯大學深造。曾任臺灣大學歷史系教授、中興大學歷史系主任、中興大學文學院院長。專研隋唐史，著有《隋唐五代史》、《漢唐史論集》等書。

92 胡佛（一九三二—二〇一八），浙江杭縣人。一九五五年臺灣大學法律系畢業，一九六〇年獲美國艾莫瑞大學政治學碩士。一九六一年返臺，任教於臺大政治學系，並曾兼任中研院行政職務。一九九八年當選中研院院士。研究專長為憲法學、政治與選舉文化。

93 《大陸雜誌》社成立於一九五〇年，創始學者為董作賓（一八九五—一九六三）、李濟、郭廷以、凌純聲等人，主要籌措經費者為朱家驊（一八九三—一九六三）。一九五〇年八月發行創刊號，雜誌定調為學術性刊物，不採時論、政論與文學創作。內容以史學為主流，呈現當時臺灣史學鼎盛的學術能量。

94 徐高阮（一九一一—一九六九），字芸書，浙江杭州人。曾就讀北京大學、清華大學，因抗戰卒業於西南聯大。受業於陳寅恪。一九四九年因傅斯年之助得以來臺，始在臺灣大學任職，後入中研院史語所。

95 陳三井（一九三七—），一九六〇年臺灣師範大學史地系畢業，一九六八年取得法國巴黎大學文學博士學位。曾任中研院近史所研究員、淡江大學歷史學系教授、空中大學人文學系主任。主要研究中國近現代史、中法關係史、上海區域研究。著有《國民革命與臺灣》、《近代中法關係史論》、《近代中國變局下的上海》等書。

96 任紹廷（一九二八—），中研院民族所之行政人員。

97 黃福慶（一九三四—），東京大學文學碩士。曾任中研院近史所研究員，現已退休，專研近代中日關係史，著有《清末留日學生》、《近代日本在華文化及社會事業之研究》等書。

98 李先聞（一九〇二—一九七六），四川江津縣人。一九二三年赴美留學，一九二九年獲康乃爾大學遺傳學博士學位。返國後，歷任東北大學教授、河南大學教授、武漢大學農藝系教授兼系主任、中研院植物研究所研究員。一九四八來臺，任職於臺灣糖業公司農場，一九五四年籌建中研院植物研究所，一九六二開始擔任所長，直至一九七一年因病退休。研究專長為植物細胞遺傳學，對於水稻、甘蔗的育種改良貢獻良多。一九四八年當選第一屆中研院院士。

99 衛藤瀋吉（一九二三—二〇〇七），日本的國際政治學者，研究專長為東亞政治史、國際關係，曾任亞細亞大校校長、東洋英和女學院院長，為東京大學與亞細亞大學名譽教授。著有《近代中国政治史研究》、《東アジア政治史研究》、《近代東アジア国際関係史》等書。

100 謝文孫，「外交教父」沈昌煥大姐沈湘波之子，臺灣大學外文系畢業，赴美留學於哈佛大學，畢業後任教於密蘇里大學。

101 劉斌雄（一九二五—二〇〇四），臺中后里客家人。一九五一年臺灣大學歷史系畢業，一九六四—六五年至哈佛大學研究，一九八二年至一九九二任職於中研院民族所。研究專長為人類學、親屬結構的泛文化比較研究，合著有《蘭嶼雅美族的社會組織》、《秀姑巒阿美族的社會組織》等作。

102 趙中孚（一九三四—一九九一），中央研究院近代史研究所研究員。專研近代東三省問題，著有《近世東三省研究論文集》。

103 隸屬哈佛大學的研究中心，建立於一九五五年，旨在研究中國與東亞議題，首任所長是費正清，當時名為「東亞研究中心」（Center for East Asian Research），現名為「費正清中國研究中心」（Fairbank Center for Chinese Studies）。

104 John C. Pelzel（裴理哲），人類學家，同時也是日本研究專家，一九六四—一九七五年間擔任哈佛燕京學社社長。

105 Glen Baxter，一九六一—一九六四年間代理哈佛燕京學社社長。

106 The Coop 是哈佛大學附近的書店，又名 Harvard Cooperative Society。Coop 卡是此店的記帳卡。

107 Truong Buu Lâm（一九三三—），出生於越南。在比利時魯汶大學專攻歷史學獲博士學位後，回越南任教。一九六四年至美國進修，一九七一年獲聘至夏威夷大學歷史系任教，並退休於此。

108 Ranbir Vohra（一九二八—），出生於印度。一九六四年至美國，一九六五年獲哈佛文學碩士學位，一九六九年獲哈佛哲學博士學位。

109 Edwin Oldfather Reischauer（賴世和，一九一〇—一九九〇），美國著名的東亞史學者與外交家。出生於東京，十六歲之前皆生活於日本，一九三九年以研究日本天台宗著作取得哈佛大學博士學位，其後任教於哈佛，並與費正清一同開設東亞文明課程。二戰期間於美國陸軍部負責解讀日本電訊密碼，戰後再回哈佛任教，一九五六至一九六三年任哈佛燕京學社社長，曾任美國駐日大使，並創辦哈佛大學日本研究所。

110 Albert M. Craig（一九二七—），一九四九年畢業於美國西北大學，一九五一至一九五三年在京都大學當研究生，一九五九年取得哈佛大學博士學位。後成為哈佛燕京學社的日本史教授，與Reischauer、Fairbank合著*East Asia, Tradition and Transformation*（《東亞文明：傳統與變革》）一書。

111 Oscar Handlin（一九一五—二〇一一），出生於紐約布魯克林，俄羅斯猶太裔。一九三五年獲哈佛大學碩士學位，一九四〇年獲哈佛大學博士學位，後留校任教於歷史系，曾獲普立茲歷史獎，是哈佛大學第一批被任命為全職教授的猶太學者之一，開創了美國的移民歷史研究。

112 裘開明（一八九八—一九七七），生於浙江鎮海。曾任廈門大學圖書館館長，後留學美國，於哈佛大學取得碩士和博士學位，並成為哈佛燕京圖書館首任館長直至一九六五年，一九六六年轉任香港中文大學圖書館館長。

113 吳文津（一九二二—），出生於四川成都。一九五九年擔任美國史丹佛大學胡佛研究所東亞圖書館館長，一九六五年任哈佛燕京圖書館館長，著有《美國東亞圖書館發展史及其他》。

114 衛挺生（一八九〇—一九七七），湖北省棗陽縣人。一九〇六年留學日本，一九一一年公費留學美國，獲商業管理及文學雙碩士學位。通曉中、日、英、法、德、俄多國語文。曾起草了公債法、統計法、會計法、公庫法、公司法等國家財政法規，亦著有史學研究專書，如《日本神武開國新攷：徐福入日本建國攷》、《穆天子傳今攷》等書。

115 洪煨蓮（一八九三—一九八〇），原名業，號煨蓮，福建侯官人。一九一五年留學美國，一九二二年回國任職於燕京大學，後出任教務長，大刀闊斧改革校務與建設圖書館，使得燕京大學由一所普通的教會學校，一躍成為可與北大、清華並肩的重要學府。對日抗戰結束後，一九四五年燕京大學復校，仍任歷史系教授。一九四六至一九四八年接續於哈佛大學、夏威夷大學講學，因國共內戰，最終留在美國。代表作《杜甫：中國最偉大的詩人》，收錄杜詩三百餘首，詳註各詩典故出處、時代背景，以及歷代的杜詩詮解，並在其中提出許多嶄新見解，是杜詩研究的權威之作。

116 巴達克山，中亞古國，約相當於今日阿富汗東北部和塔吉克斯坦東部。

117 費孝通（一九一〇—二〇〇五），江蘇吳江人。一九三六年赴英國倫敦政經學院學習社會人類學，師從著名人類學家馬林諾夫斯基（Bronislaw Kasper Malinowski，一八八四—一九四二），一九三八年獲倫敦大學博士學位，博士論文為《江村經濟》，內容以江蘇省吳江縣開弦弓村的調查資料為基底，勾勒出一江南農村的經濟體系與地理環境，延及所在區域的社會結構關係。返國後，歷任雲南大學、西南聯大、清華大學、中央民族學院的教職，並擔任中國社會科學院民族研究所副所長、中國社會學學會會長、中國社會科學院社會學研究所所長。

118 吳緝華（一九二七—二〇一〇），山東煙臺人。一九五一年畢業於臺灣大學歷史系，後進入中研院史語所。一九七四年受聘於澳大利亞國立大學太平洋研究院遠東歷史系，此後定居澳洲。專研明史研究，著有《明代社會經濟史論叢》、《明代海運及運河的研究》等書。

119 余英時（一九三〇—），出生於天津，祖籍安徽潛山，享譽國際的中國史家。一九五〇至一九五五年就讀香港新亞書院與新亞研究所，師從國學大師錢穆。一九五六年留學哈佛大學，師從楊聯陞，一九六二年獲博士學位。歷任美國密西根大學副教授、哈佛大學教授、香港新亞書院校長兼香港中文大學副校長、耶魯大學歷史講座教授、普林斯頓大學講座教授。余英時是中央研究院院士、美國哲學會院士，並獲克魯格人文與社會科學終身成就獎、首居唐獎漢學獎。專研中國思想史，著有《歷史與思想》、《中國近世宗教倫理與商人精神》、《朱熹的歷史世界》等書。

120 吳衛平，臺灣大學歷史系、歷史研究所畢業，留學美國哈佛大學。其妻楊恕立亦為哈佛學生，為楊聯陞之女。

121 張春樹（一九三四—），出生於山東。曾就讀臺灣大學歷史系、考古人類學系，畢業後進入中研院史語所。五〇年代至哈佛大學深造，之後任教於密西根大學歷史系。專研政治史、軍事史、社會經濟史與邊疆史，著有*The Rise of the Chinese Empire: Nation, State, and Imperialism in Early China*、《漢代邊疆史論集》等書。

122 管東貴（一九三一—二〇一九），畢業於臺灣大學歷史系，一九五六年進入中研院史語所，一九九八年退休，續為兼任研究員。一九六五至一九六七年為哈佛大學訪問學人，一九八九至一九九五年擔任史語所所長。專研秦漢史、史學理論與人類學，著有《從宗法封建制到皇帝郡縣制的演變：以血緣解紐為脈絡》、《歷史解析：整體觀與歷史結構》等作。

123 金發根，一九六〇年臺灣大學歷史研究所畢業，後進入中研院史語所。專研秦漢史，著有《中國中古地域觀念之轉變》等作。

124 羅雲平（一九一五—一九八四），生於安東省鳳城。德國漢諾威高等工科大學工學博士。一九四九年來臺，歷任成功大學教授與校長、教育部部長、中興大學校長。

125 蕭啟慶（一九三七—二〇一二），江蘇泰興人。畢業於臺灣大學歷史系、歷史研究所，一九六三年取得碩士學位後留學哈佛大學，一九六九年取得博士學位。二〇〇〇年當選中央研究院院士，專研遼金元史。在新加坡國立大學歷史系任教二十年，一九九四年返臺，於清華大學開設遼金史專題研究、元史專題研究等課程。著有《元代史新探》、《蒙元史新研》、《元代進士輯考》等書。

126 王國瓔（一九四一—），新加坡國立大學中文系博士，臺灣大學中文系教授退休。研究專長為中國文學史、李白詩、陶淵明詩文，著有《中國山水詩研究》、《古今隱逸詩人之宗——陶淵明論析》、《詩酒風流話太白——李白詩歌探勝》等書。

127 郝延平（一九三四—），一九五八年臺灣大學畢業後赴美留學哈佛大學，哈佛博士畢業後任教於美國田納西大學歷史系。一九九六年當選中央研究院院士。著有《十九世紀的中國買辦：東西間橋樑》（*The comprador in nineteenth century China*）等作。

128 劉廣京（一九二一—二〇〇六），中央研究院院士，一九五六年獲哈佛大學博士學位，師從費正清，畢業後任教於加州大學戴維斯分校。專研中國經濟史，其《英美航運勢力在華的競爭（一八六二—一八七四）》，被譽為中國近代經濟史研究的經典之作。

129 王伊同（一九一四—二〇一六），江蘇江陰人。一九四一年畢業於燕京大學歷史系，一九四四年留學哈佛大學東方語文系，獲哲學博士學位。歷任芝加哥大學、哈佛大學、哥倫比亞大學、匹茲堡大學之教職。專研魏晉六朝史，著有《五朝門第》、《王伊同學術論文集》等書，並英譯《洛陽伽藍記》。

130 何炳棣（一九一七—二〇一二）。一九三八年清華大學歷史系畢業，一九四五年赴美留學哥倫比亞大學，一九五二年獲博士學位。留學期間專研英國史與西歐史，畢業後轉入中國史研究，以西洋史的訓練進行中西比較。一九六六年獲選中研院院士。著有《中國歷代土地數字考實》、《明清社會史論》、《何炳棣思想制度史論》等書。

131 夏志清（一九二一—二〇一三），江蘇吳縣人，出生於上海。一九四二年滬江大學英文系畢業，赴美留學耶魯大學，取得碩士、博士學位，後任教於紐約市哥倫比亞大學，研究專長為中西文學批評。二〇〇〇年當選中研院院士。所著《中國現代小說史》於一九六一年出版，開中國現代小說批評之先河，至今影響深遠。

132 房兆楹（一九〇八—一九八五），山東泰安人。一九二八年燕京大學數學系畢業，後官費留美。與其妻杜聯喆（一九〇二—一九九四）收集中、美、澳各地之圖書文獻，以英文撰寫《清代名人傳略》、《中華民國人物傳記辭典》、《明代名人錄》三書，在國際漢學界極具影響力，哥倫比亞大學因此頒贈二人榮譽文學博士學位。

133 李又寧（一九三四—），臺灣大學歷史系畢業後赴美留學，獲哥倫比亞大學歷史學博士學位，任教於紐約聖若望大學亞洲系。編輯諸多婦女相關史料，對臺灣婦女史研究貢獻頗大。與張玉法共同編輯：《中國婦女史論文集》、《近代中國女權運動史料：一八四二—一九一一》。並專研華族留美史，著有《當代留美中學生》、《華族留美史：一五〇年的學習與成就》等書。

134 何景賢（一九三五—），出生於廣州。畢業於淡江大學，後留學美國，取得布朗大學語言學博士學位。致力於臺灣的華語教育，一九五八年與安篤思牧師創辦基督教語文學院，先後更名為臺北語文學院及中華語文研習所，專力於在臺外籍人士的華語教學。一九九六年獲英國劍橋大學名人傳記中心頒贈「一九九五—一九九六年國際風雲人物獎」。

135 《中華雜誌》乃胡秋原在一九六二年「中西文化論戰」的刺激之下，獨資創辦的雜誌。創刊號出版於一九六三年八月，發刊長達三十年。雜誌堅持言論自由與抗日立場，並在七〇年代的鄉土文學論戰之中，本於文藝自由的原則，支持臺灣鄉土文學。

136 Hosea Ballou Morse（一八五五—一九三四），美國人，一八七四到一九〇八年間，服務於大清皇家海關總稅務司。曾在李鴻章幕府內擔任西洋顧問。著有*The International Relations of the Chinese Empire*（中譯本《中華帝國對外關係史》）、*The Chronicles of the East India Company Trading to China: 1635-1834*。

137 余秉權，師從錢穆，香港大學歷史系教授，長於目錄與索引。福特基金會提供資金，於一九六八年成立中國研究資料中心，由余秉權擔任中心主任。

138 林滿紅（一九五一—），出生於彰化。臺灣大學歷史系學士、碩士，臺灣師範大學歷史學博士、哈佛大學博士。一九七九年起任職於中央研究院近代史研究所，一九九一年起師大歷史系合聘教授，二〇〇八至二〇一〇年任國史館館長。研究專長為臺灣史、經濟史、清史、史學理論，著有《獵巫、叫魂與認同危機：臺灣定位新論》、《銀線：十九世紀的世界與中國》等書。

139 James William Fulbright（一九〇五—一九九五），一九四五至一九七四年擔任阿肯色州參議員，以反對美國參與越戰而聞名。

140 郭正昭（一九三七—），歷史學者。臺大歷史系畢業，曾任職中央研究院近代史研究所，後赴美，取得匹茲堡大學博士學位。中央研究院近代史研究所研究員。

141 陶晉生（一九三三—），陶希聖之四子，一九四九年舉家來臺。一九五六年臺灣大學歷史系畢業，一九五九年取得臺大歷史研究所碩士學位，後赴美留學。一九六七年獲印第安那大學博士學位。一九六九年回臺後，任職中研院史語所研究員，亦為臺大歷史系合聘教授。一九九〇年獲中央研究院院士。專研宋遼關係史，著有《女真史論》、《宋遼關係史研究》等書。

142 William Wordsworth（一七七〇—一八五〇），英國著名浪漫主義詩人，與雪萊、拜倫齊名。

143 Washington Irving（一七八三—一八五九），美國著名作家，以創作短篇小說及名人傳記聞名。

144 Charles O. Hucker（一九一九—一九九四），歷任芝加哥大學、亞利桑那大學、奧克蘭大學、密西根大學之教職，是北美著名的明史學家，也是推動亞洲研究課程的重要人物。著有 *The Censorial System of Ming China*（《明代的監察制度》）、*China's Imperial Past: An Introduction to Chinese History*（《中國的帝國歷史：中國歷史概論》）。

145 汪榮祖（一九四〇—），一九六一年臺大歷史系畢業，赴美留學，一九六四年取得俄勒岡大學 (University of Oregon) 史學碩士。一九七一年取得西雅圖華盛頓大學 (University of Washington) 哲學博士學位，師從蕭公權。曾任美國維吉尼亞州立大學教授、中正大學文學院院長。專研中國近代史，著有《晚清變法思想論叢》、《史家陳寅恪傳》、《追尋失落的圓明園》等書，並主編《蕭公權全集》。

146 陸善儀，汪榮祖在臺灣大學歷史系的同班同學，二人後來在美國結為夫妻。

147 李方桂（一九〇二—一九八七），一九二四年留學美國，一九二八年取得芝加哥大學博士學位，是中國在外國專修語言學的第一人。返國後進入中央研究院歷史語言研究所，從事壯侗語族、上古漢語、古藏文的研究。一九四八年當選中研院院士。一九四九年起，先後任教於美國夏威夷大學和西雅圖華盛頓大學，教授語言學。

148 蕭公權（一八九七—一九八一），江西泰和人，著名的中國史家。一九二〇年赴美留學，後取得康乃爾大學（Cornell University）哲學系博士學位。一九二六年返國，歷任南開大學、燕京大學、清華大學、四川大學等教職，一九四八年當選居中研院院士，一九四九年赴美任教於西雅圖華盛頓大學直至病逝。研究專長為中國政治學與社會學，著有《中國政治思想史》、《中國鄉村》、《康有為思想研究》等書。

149 戴德華（George Edward Taylor，一九〇五—二〇〇〇），一九三九至一九六九年任教於華盛頓大學，並擔任遠東及蘇俄關係研究所（Far Eastern and Russian Institute）主任。

150 費雯麗（Vivien Leigh，一九一三—一九六七），二次奧斯卡最佳女主角獎提名並獲獎的英國籍傳奇女演員。代表作為電影《亂世佳人》的郝思嘉，一九九八年被美國電影學會選為「AFI百年百大女明星」第十六名。

151 Folies Bergères（女神遊樂廳），是巴黎的一家咖啡館兼音樂廳，位於第九區。一八九〇年代至一九二〇年代為其鼎盛時期，與黑貓夜總會（Le Chat noir）齊名。表演內容以華麗戲服、盛大排場以及異國風情聞名，時有裸體表演。

152 Gamal Abdel Nasser（一九一八—一九七〇），出生於埃及亞歷山大港。一九五二年發動軍事政變，逼迫埃及國王法魯克一世（一九二〇—一九六五）簽字退位。一九五四年成為埃及總理，一九五六年成為埃及第二任總統，直到一九七〇年去世之前，都是埃及的實質領導人。其政策具阿拉伯民族主義傾向，倡導阿拉伯世界應團結起來，對抗西方的帝國主義。

153 Harold Zvi Schiffrin（一九二二—），出生於紐約，一九六一年獲耶路撒冷希伯來大學（Hebrew University of Jerusalem）社會學系博士學位，赴美國哈佛大學進修後回返以色列，任教於希伯來大學，開創以色列的東亞研究領域。著有：*Sun Yat—Sen and the Origins of the Chinese Revolution*（《孫中山與中國革命的起源》）、*Sun Yat—sen: Reluctant Revolutionary*（《孫中山：不情願的革命家》）等書。

154 逯耀東（一九三三—二〇〇六），江蘇豐縣人。臺灣大學歷史系學士，新亞研究所歷史及哲學碩士、臺大歷史研究所文學博士。歷任臺灣大學、輔仁大學、香港中文大學、政治大學等教職。專研魏晉南北朝史，著有《從平城到洛陽——拓跋魏文化轉變的歷程》、《魏晉史學思想及其社會基礎》等書。

155 牟潤孫（一九〇八—一九八八），出生於北京，燕京大學國學研究所畢業，受業於陳垣（一八八〇—一九七一）、顧頡剛（一八九三—一九八〇）。一九五四年應錢穆（一八九五—一九九〇）之邀赴香港，擔任新亞書院文史系主任、新亞研究所導師，兼圖書館館長。一九六四起至一九七三年退休止，任香港中文大學歷史系講座教授。學貫經史，上至先秦下至明清，皆有所得，所著論文收錄於《注史齋叢稿》、《海遺雜著》。

156 錢穆（一八九五—一九九〇），字賓四，江蘇無錫人，著名的中國史學者。一九三〇年發表《劉向歆父子年譜》，本在中學執教的錢穆，因顧頡剛之推薦，聘為燕京大學講師。一九三七年之前，又在北京大學、清華大學、北平師範大學等北京名校授課。抗日期間，輾轉任教於西南聯大、武漢大學、四川大學、江南大學等校，並在此期間出版《國史大綱》，在此國難之際，提醒讀者莫忘卻對於傳統的「溫情與敬意」。一九四九年赴港，與辦新亞書院，為中國流亡學生創建一研習國學之基地。一生講學不輟，除在新亞書院之外，先後於耶魯大學、馬來亞大學講學，並在臺灣素書樓授課。嚴耕望（一九一六—一九九六，錢穆弟子）稱錢穆與呂思勉、陳垣、陳寅恪並為「現代四大史學家」。

157 唐君毅（一九〇九—一九七八），四川宜賓人。一九四九年與錢穆共同創辦新亞書院，一九五三年新亞研究所成立，是繼新亞書院後，在香港創立的重要高等教育與研究機構。唐君毅於一九六八至一九七八年，擔任新亞研究所所長。一九七五年，任臺大哲學系客座教授。為新儒家的重要代表人物，著有《中西哲學思想之比較研究集》、《中國哲學原論》、《中國人文精神之發展》等書。

158 陳存恭（一九三三—二〇一六），臺灣師範大學史地系畢業，一九六三年進入中央研究院近代史研究所工作，一九九九年退休。研究專長為民國史、山西省區域史。著有《列強對中國的軍火禁運，民國八年～十八年》、〈山西省的災荒，1860-1937〉、〈國共戰爭中的山西戰場(1936-1945)〉等作。

159 高化臣（一九一三—二〇〇六），山東滕縣人，畢業於日本京都帝國大學法學部。來臺之前，曾任中正中學校長、第一戰區司令長官部上校秘書。一九五一年來臺後，歷任臺灣省立師範學院（臺灣師範大學之前身）副教授兼總務主任、國立臺灣大學法律系教授、教育部總務司司長、教育部常務次長等。一九七〇年由臺大法律系借聘至中研院任總幹事，至一九八三年退休。著有《法學緒論》、《公司法論》、《票據法論》等書。

160 陳文石（一九二六—），一九六〇至一九七八年擔任中研院史語所研究員，著有《明洪武嘉靖間的海禁政策》、《明清政治社會史論》等作。

161 李文蓉（一九三二—），中興大學植物病蟲害系畢業，一九五七年考上臺灣大學植病昆蟲研究所，取得碩士後，赴美獲博士學位。擔任中央研究院動物所研究員，直至一九九六年退休。

162 朱浤源（一九五〇—），出生於臺南新市。國立政治大學外交系畢業後考取外交官，後取得國立臺灣大學政治學研究所碩士、博士學位，又至劍橋大學進行博士後研究。回國後進入中研院近代史研究所任研究員，主要研究中國政治制度與思想史、中國近現代史，著有《同盟會的革命理論——《民報》個案研究》、《從變亂到軍省：廣西的初期現代化，1860~1937》、《孫立人上將專案追蹤訪談錄》等書。

163 謝國興（一九五五—），臺灣師範大學歷史學博士，曾任中研院近史所研究員，現為中研院臺灣史研究所研究員。研究專長為中國近代史、臺灣社會經濟史，著有《中國現代化的區域研究：安徽省，1860-1937》、《企業發展與臺灣經驗：台南幫的個案研究》、《陳逢源：亦儒亦商亦風流(1893-1982)》等書。

164 繆全吉（一九二九—一九九三），一九六二年取得臺大政治學研究所碩士學位，一九六七年獲政大政治研究所博士學位，後擔任臺大政治學系教授，專研中國政治制度史，撰有〈明代胥吏竊權原因之分析及其在政治上之作用與影響〉、〈清代幕府人事述要〉、〈明代胥吏組織與其役務〉等文。

165 胡春惠（一九三七—二〇一六），河南沁陽人。政治大學政治研究所碩士、博士，後任政大歷史系教授，專研中國近現代史、中韓關係史。著有《韓國獨立運動在中國》、《民初的地方主義與聯省自治》等書，並與張存武、趙中孚共編《近代中韓關係史資料彙編》。

166 陳祝三，著名韓國文化學者。一九六〇年政治大學東方語文學系畢業，赴韓國深造，取得成均館大學校文學博士，駐韓國臺北代表部文化組參事退休。

167 傅宗懋（一九二七—一九九八），政治大學政治研究所法學博士。歷任政治大學政治系教授、政治大學公共行政暨企業管理教育中心主任、考試院考選部次長、中國文化大學校長等職。專研清代政制，著有《清代督撫制度》、《清制論文集》等作。

168 黃寬重（一九四九—），生於宜蘭。臺灣大學歷史學博士，中央研究院歷史語言研究所研究員退休，曾任史語所所長，現任長庚大學醫學系人文及社會醫學科講座教授。專研宋代軍事社會史、宋代家族史、宋代文獻版本學、近世中韓關係史，著有《南宋軍政與文獻探索》、《南宋地方武力：地方軍與民間自衛武力的探討》、《政策．對策：宋代政治史探索》、《藝文中的政治：南宋士大夫的文化活動與人際關係》等書。

169 宋晞（一九二〇—二〇〇七），浙江麗水人。畢業於浙江大學史地系，獲浙大碩士、美國哥倫比亞大學碩士、韓國建國大學榮譽博士學位。歷任中國文化大學史學系主任、史學研究所所長、文學院院長、校長。專研宋史，著有《宋史研究論叢》、《中國史學論集》等書。

170 錢思亮（一九〇八—一九八三），字惠疇，生於河南新野，祖籍浙江餘杭。一九三一年清華大學化學系畢業，同年赴美，一九三二年與一九三四年分別獲美國伊利諾大學理學碩士、哲學博士學位。返國後，任教於北京大學化學系。一九四九年來臺，擔任臺灣大學化學系教授兼教務長，一九五一年接任臺大校長，主持校政長達十九年。一九六四年當選中研院數理組院士，一九七〇年出任中研院院長，於院長任內辭世。

171 黃季陸（一八九九—一九八五），名陸，字季陸，以字行。曾留學日、美，取得美國伊利諾伊衛斯理大學（Illinois Wesleyan University）學士學位、俄亥俄州立大學（The Ohio State University）碩士學位。一九四九年來臺，歷任行政院政務委員、內政部部長、教育部部長、國史館館長。

172 蔣復璁（一八九八—一九九〇），字慰堂，浙江海寧人。北京大學哲學系畢業，赴德於柏林大學進修圖書館學。一九五一年任職臺灣大學教授，一九五四年擔任國立中央圖書館館長，一九六五年任國立故宮博物院的首任院長。一九七四年當選中央研究院院士。

173 李鍾桂（一九三八—），一九六〇年國立政治大學外交學系畢業，一九六四年獲法國巴黎大學國際法學博士。曾任政治大學外交系教授兼系主任，一九七七至一九八七年擔任太平洋文化基金會執行長，一九八七年至二〇〇五年任中國青年反共救國團主任。

174 陳希沼，美國俄亥俄州立大學（The Ohio State University）企管碩士、洛杉磯加利福尼亞大學（UCLA）博士班，後執教國立臺灣大學國企系，一九九五年任臺大國際企業學系系主任暨研究所所長，著有《行銷管理》等作。

175 黃俊傑（一九四六—），一九六九年臺灣大學歷史系畢業，一九七三年取得臺大歷史研究所碩士學位，一九八〇年獲美國華盛頓大學歷史系博士學位。歷任美國華盛頓大學客座教授、臺灣大學歷史系教授、中華民國通識教育學會理事長、日本關西大學客座教授、臺灣大學人文社會高等研究院院長等職。研究專長為東亞儒學、通識教育、戰後臺灣史，著有《東亞文化交流中的儒家經典與理念：互動、轉化與融合》、《戰後臺灣的教育與思想》、《儒學與現代臺灣》、《德川日本《論語》詮釋史論》等書。

176 高明士（一九四〇—），臺中清水人。一九六五年臺灣大學歷史學系畢業，一九八三年獲日本東京大學文學博士。歷任臺大歷史系教授、臺大歷史系主任，現為臺大歷史系名譽教授。專研唐史、東亞教育史，著有《唐代東亞教育圈的形成》、《隋唐貢舉制度》、《中國教育制度史論》等書。

177 吳劍雄（一九四〇—一九九二），生於廣東新會。一九六六年臺大歷史系畢業，一九七〇與一九八二年分別取得美國匹茲堡大學碩士與博士學位。專研海外華人歷史，著有《海外移民與華人社會》、〈美國排華運動與排華法案之成立(1850-1882)〉等作，並主編《海外華人研究》期刊、《中國海洋發展史論文集》第一輯與第四輯。

178 張茂桂（一九五三—），一九七五年臺灣大學社會學系畢業，一九八一與一九八四年分別獲得美國普度大學（Purdue University）社會學碩士、博士。一九八四至一九九三年任職中研院民族所，一九九三年後轉入中研院社會學研究所擔任研究員，又授課於清華大學、臺灣大學之社會學研究所。研究領域為臺灣族群與國家認同、社會運動，現為財團法人民間公民與法治教育基金會董事、社團法人外省臺灣人協會監事。

179 伍廷芳（一八四二—一九二二），祖籍廣東新會，生於馬六甲。一八七四赴英留學攻讀法律，一八七六與一八七七年分別通過訴訟律師資格考與獲得法學博士學位，成為首位取得外國律師資格的華人。一八八二年擔任直隸總督兼北洋大臣李鴻章的法律顧問，並曾任馬關條約換約全權大臣，清朝時最高曾任駐美公使。後支持革命，民國肇建，軍閥持政之時，一路追隨孫中山，一九二一年更曾一度代非常大總統。一九二二年病逝於廣州。

180 張瑞德（一九五三—），臺灣師範大學歷史研究所博士。曾任中研院近史所研究員、師大歷史研究所兼任教授，現為近史所兼任研究員。研究專長為軍事史、社會經濟史，著有《平漢鐵路與華北的經濟發展，1905-1937》、《中國近代鐵路事業管理的研究——政治層面的分析，1876-1937》、《抗戰時期的國軍人事》、《無聲的要角：蔣介石的侍從室與戰時中國》。

181 楊國樞（一九三二—二〇一八），出身於山東諸葛村的農村家庭。一九五八年臺灣大學心理系畢業，一九六九年獲美國伊利諾大學哲學博士學位。返臺後，成為臺灣首位心理學博士。歷任臺大心理學系教授、中央院副院長、亞洲社會心理學會理事長等職。著有《華人心理的本土化研究》、《華人本土心理學與華人本土契合性》等書。

182 張啟雄（一九五〇—），東京大學博士。歷任中研院近史所研究員、政治大學公企中心兼任教授，現為中研院近史所兼任研究員、文化大學日本研究所與政治學研究所兼任教授。文化大學日本研究所與政治學研究所兼任教授。研究專長為中華世界秩序原理、中國近代外交史、東亞國際關係史，著有《外蒙主權歸屬交涉，一九一一—一九一六》、《海峽兩岸在亞洲開發銀行的中國代表權之爭——名分秩序論觀點的分析》等書。

183 王靈智（一九三五—），生於廈門，一九四八年舉家遷居香港，一九五七年赴美留學，六〇年代開始投身爭取華人平等權力的運動。曾任《舊金山週報》專欄作家、加州大學柏克萊分校亞美人研究中心主任及少數族裔研究系主任。

184 王賡武（一九三〇—），一九五七年獲英國倫敦大學博士學位，歷任馬來亞大學歷史系教授與文學院院長、澳洲國立大學遠東歷史系主任與太平洋研究院院長、澳洲人文科學院院長、新加坡國立大學東亞研究所所長、香港大學校長等職。一九九二年當選中央研究院院士，並成為新加坡國立大學特級教授。專研海外華人史，著有《南海貿易與南洋華人》、《社團與國家：中國，東南亞與澳大利亞》、《移民及興起的中國》等書。

185 洪玉華，出生於菲律賓，大學時代在菲律賓大學主修政治學，碩士期間主修亞洲研究，後在馬尼拉雅典耀大學（Ateneo de Manila University）擔任教授，主講菲律賓華人課程。與菲律賓大學教授施振民（一九三二—一九八六）結婚，在丈夫逝世後，繼續推動華裔菲人融入菲國主流社會運動。

186 冼玉儀，香港大學香港人文社會研究所名譽副教授並擔任「香港記憶」計劃高級顧問。

187 莊國土（一九五二—），福建晉江人。廈門大學特聘教授，現任廈門大學國際關係學院院長、廈門大學南洋研究院院長、廈門大學馬來西亞研究所所長、廣西民族大學東盟學院學術院長。專長領域為海外華人、東南亞研究，著有《華僑華人與中國的關係》、《二戰以後東南亞華族社會地位的變化》、《當代華商網絡與華人移民：起源、興起與發展》等書。

第五章

我的「韓國研究」行腳

今年是近代史研究所創所六十大慶之年，所方要我寫點與近史所有關的回憶，同時將我以往撰寫的零散文字集結上網。我答應了大半年，這兩件事都沒做好。同事游鑑明教授[1]催了數次，最後限定十月底繳卷。以前我寫過部分回憶，但偏重個人家鄉的事，不方便作為近史所慶壽文，茲擷取部分充數，新寫數頁，既是個人回憶，或也可以視為所史的一部分。

楔子

一九五八年十月一日，我到南港中央研究院近代史研究所籌備處報到，擔任助理研究員。我在就讀臺灣大學歷史研究所時，碩士學位畢業論文由中央研究院歷史語言研究所李光濤先生指導，以「丁卯之役」（即丁卯〔一六二七〕年後金汗國攻打朝鮮之役）為題目，是清太宗第一次征朝鮮，即丁卯之役。為了寫碩士論文，除了唸《朝鮮實錄》、《明實錄》、《清實錄》等基本材料之外，也到史語所看了《天聰實錄稿》等書。論文雖然寫得不算完整，而且是中韓關係，並非純粹是韓國史，但多少奠定了我研究韓國的基礎，算是踏進了「韓國研究」的邊緣。

但是，既以「丁卯之役」為題，主要瞭解的是清初與朝鮮的關係，對近代史基本不熟，進入近史所之後，又無人指點，所以一時之間，竟找不到可作之題目。後來在本所的外交檔案發現一宗光緒三十一、二年（一九〇五—〇六）中國民間抵制美貨運動的檔案，乃參以美國外交檔案，及其他中英文新聞紙、公文書、專著、論文等，寫成《光緒卅一年中美工約風潮》一書（中央研究院近代史研究所專刊之十三，一九六五年），中心意識是中國人民的覺醒，國族主義的覺醒。

《光緒卅一年中美工約風潮》首從十九世紀美國排斥、虐待華工，及十九、二十世紀之交中國人民的覺醒，以交代中國人民第一次全國性抵制外國運動何以指向對華政策比較和平的美國，繼而研討中國國內各地、婦女，海外華僑的抵制情形，結論考察抵制運動的效果。我的結論是，這場抵制運動的結果不如預期，原因是中國處在被列強瓜分的情境之下，非常借重美的門戶開放政策。這是一本兼具中美關係史、華僑史、及清季中國社會史的書。

一九六四年九月，和近史所其他同仁一樣，我得到福特基金會（Ford Foundation）的資助，赴美國哈佛大學研究。九月二十三日，我乘西北航空公司飛機離臺，開始了為期兩年的海外研究生活。本來因為寫了清末的「反美運動」，所以我未來想研究中美關係史，擬從華僑問題開始，乃去旁聽任教哈佛的名家Oscar Handlin的課，但聽不大懂，乃買其書*Immigration as a Factor in American History*而讀之。[2]此書以九章篇幅介紹美國移民史，每章開頭為作者的簡要導論，繼之精選節錄書或論文的適當篇幅文字。因為華僑參與過美國東西鐵路的建築，我乃買有關大鐵路工程的書。訪問華盛頓期間，我又去到中國大使館查訪該館所藏檔案，還抄了些我有興趣，認為回臺後研究中美關係史可用的檔案目錄。

在美國時，雖然想回臺後研究中美關係史，遺憾的是，始終未曾「劍及履及」；相對的，觀乎自己在一九六六年十二月底寫的介紹中韓關係新史料：《燕行錄選集》的文章，[3]「敝帚自珍」，自以為是功夫踏實、結構嚴謹、分析精到之作；也承後繼者推獎，說該文是首度向中國學界介紹這批史料的文章。[4]至一九六七年四月，在所裡的學術討論會報告，仍以清代中韓關係史的研究為題，可見自己的研究方向，還是回到研究所時期即已選定的中韓關係史領域。

初訪韓國

我開展中韓關係史的研究，最初曾得到郭廷以先生的幫助。我告訴郭先生說，想在這個領域裡完成幾篇文章，輯成一本小冊子，打算到韓國研究訪問。郭先生同意了，並盡力幫忙。一九六七年秋，向中國東亞學術計畫委員會（負責人是李濟之師）提出申請，計畫到韓國進行為期兩個月的研究資料蒐集工作。這時近史所與韓國學術界已有聯繫，因一九六七年六月，郭廷以所長應高麗大學亞細亞問題研究所所長李相殷[5]之邀，前往訪問十天。同年九月，李相殷所長來近史所訪問。所以我向東亞學術計畫委員會提出的申請案，順利成功。十月初，郭所長寫了介紹信，還要我帶上他給李所長的茶葉。但為了搭華航首航漢城（首爾）[6]的班機，遲了十天，始於十一月一日啟程。

南韓的地理位置與山東相若，故該地景色宛如故鄉。十一月初相當舊曆九月底，田中的農作物均已收穫，只見枯黃的草野和被風吹起的殘葉在田間迴旋搖擺，山岡上幾片退了色的楓葉，斜映著夕陽，我仰望西邊的天空，試試站在這韓半島上，能否望到只隔一水的家園。

亞細亞問題研究所[7]的祕書金泰鎮先生前來接機，送我到早已訂好的小旅館落腳。旅館如日式房子，惟只有木板，無榻榻米，板上鋪被褥置矮桌。翌日到位在一台地上的高麗大學，亞細亞問題研究所所長李相殷一身長袍，文質彬彬，完全一副東方學者的氣度，講起中國話，純是學者口吻，原來是北京大學哲學系畢業。李相殷帶領參觀該所藏書，以漢語介紹傳統中韓關係的概況，與述說過去中韓文化學術交流的掌故書，例如清代乾嘉時期朝鮮士人與杭州舉子筆談的紀錄《杭傳尺牘》[8]等等。

李相殷還告訴我，研究中韓關係的困難及應採取的客觀學術態度。像是當時的韓國社會愛國主義盛行，民族主義高漲，因而有一些非學院派的史學研究者抓住這種風氣，大肆在一般報紙、雜誌宣稱箕子朝鮮那段歷史是偽造的。他說這樣的論點必須透過考古學、民族學等相關資料來佐證解釋，所以要加以推翻並非易事。但是，當時韓國這些非學院派人士的力量很大，一且與他們的論調不一致，就可能被對方指責為賣國。這些都是我之前所不知道的議題，等我回國之後，再找相關書籍、資料，研究整理，期望可以進一步勾勒出中韓傳統的文化關係。

又因為李所長的關係，得以認識了早已久仰的副所長金俊燁[9]。金副所長又將與他同一世代研治中韓關係史、東洋史為專業的學者，都介紹給我認識。日後常相往來者有東國大學的李龍範[10]，漢城大學的全海宗[11]、高柄翊[12]，延世大學的黃元九[13]、秋憲樹[14]等。

金副所長嘗宴請我到韓國小酒館用膳，兩個小姐作陪，席中敲筷子敲碗，唱歌跳舞助興，這是韓國的社會交際風，明清時代朝鮮仕宦及中國往來使節多由如日本藝妓一樣的官妓侍奉，現在自然已無身份差別，然風習如舊。殺風景的是，我不會弄舞。吃這一餐，想來所費不少。過了些天，李所長與金副所長又請我到華克山莊看show，這也是漢城吸引人的高級娛樂。

這回訪問韓國，由任教漢城大學的全海宗幫忙，主要在奎章閣看資料。奎章閣設在漢城大學校園內，是朝鮮時代的王家圖書館，官方著述編纂、已刊未刊者，汗牛充棟，也庋藏有名的私人著述及中國的刊物。王家圖書館之外，街上還有個通文館。通文館原為李氏朝鮮政府的翻譯教育及執行機構，其機構誌就名為《通文館志》。王朝消滅了，遺留下的典章文獻、史書成了市肆的交易物，於是通文館成了舊書店名。一旦韓語字當道，漢字書就成了棄物，對需要舊文物資料的人，卻是一大方便。

有些資料或可在通文館買到，如《大典會通》、《通文館志》、《東國輿地勝覽》、《大東輿地圖》，市面上都尚可蒐購到；各種節目（單行法規），有的可在《備邊司謄錄》裡找到，許多則找不到。凡是買不到的，只好抄，如有名的〈北學議〉，凡需要的篇章，大部分的都是抄的。李朝各道各邑都努力修誌，而絕大部分均為抄本；政府各司上呈公文都有錄副，於是謄錄、備謄均成了重要史料。這些大多非書肆銷售之物。大致而言，這次漢江之行，已奠定了我未來十年的著述資料。

大體上，白天時間均跑圖書館、訪問學者；晚上閉門用功，讀史書之外，還買了本學韓文的英文書，*A First Book of Korean*，看看念念，多少有點用。幫我借書的是全海宗先生，所以和他接觸較多。國史編纂委員會委員長崔永禧[15]，編史室主任李鉉淙[16]，韓國中國學會會長、亞細亞問題研究所總幹事金泰鎮也是見面較多的人。

那時漢城大學尚在漢城市區內，與我住的小旅館距離不遠。早餐午餐在街市上吃，吃華僑開的飯館。靠漢大近的館子，主要是做學生的生意，學生窮，午餐差不多就是吃碗炸醬麵。和我讀大學時一樣，請同學客，就是請吃碗陽春麵。甫抵漢城時，晚飯也是在街上吃，後來認識了讀成均館大學校的臺灣留韓學生，他們約四、五個人組織了個小伙食團，在孔廟中輪流做晚餐，只做晚餐，我便入了他們的伙，但承他們優待，不輪值做飯，於是吃到了道地的中國飯。

韓國歷代宗仰中華文化，尊崇儒學。在這一基礎下，因緣際會，孔子後裔一支移往東國，於是有東國闕里（孔林）及孔廟的建築，在孔廟中設立成均館，即國子監。大韓民國設成均館大學校，承繼這一學統，研究發揚儒學（順帶一提，韓國有大學、大學校兩名稱，前者是中國學院之意，後者方是大學之意）。韓國與中華民國交換留學生，臺灣去的學生，許多到成均館大學校求學，於是熟悉在該校附近的孔廟，進而在那裡做晚飯。

當時同伙者，我記得有陳祝三、程哲國、蔡茂松三人。陳研究語言，講起韓國話，宛如韓人，回臺灣後，在國立政治大學韓語文系授課，任系主任、臺灣駐韓代表處文化參事。程主修經濟，博士課程修了，回臺後，在經濟部等單位任職，奉派駐韓、澳、美經濟參事；退休後，在國立政治大學兼任授課。蔡在中國文化學院讀一年級時，即以交換學生至成均館大學進修，由學士而碩士，而博士，前後十四年之久，我與他相遇時，他住孔廟明倫堂，鎮日盤腿而坐，手不釋卷，當時我就認為是最用功的學生之一。學成歸國後，在國立成功大學歷史系任副教授兼系主任，著有《退、栗性理學之比較研究》、《韓國近世思想文化史》、《朱子學》等書。

身為山東人，到韓國去，注意華僑的情況，理所當然，因為他們百分之九十以上是山東人。旅居當地者都很窮，差不多都開小飯館，即所謂中華料理。表面上中韓邦交友好，事實上臺灣小，以致僑民屢受苛虐，而這些華僑還瞧不起韓國人，不肯入韓國籍。但未入韓國籍，就沒有購買土地權，而華館多位在街邊，韓政府擴大街面，華館店面都被縮小，加以法規不公，如韓日館可以賣白米飯，華館則不可，加以稅收與貪污，韓華處境不佳。與南洋華僑相比，南洋當地人不勤奮，做生意的智識不如華人。韓國人比較勤奮，具備的中國文化智識多，所以南洋華僑富，韓國華僑窮，當地人的智識水準，也起著關鍵作用。

漢城是一國的首都，臺北本只是一省的省會，所以漢城的街道比較寬大。印象中韓國工程施工快速，清溪川大馬路改建成運河，人們紛紛誇獎，因為清溪川改築成馬路時，我躬逢其盛，看到工具都採用電動機械，施工當然非常快速，和臺北瑠公圳改建成新生南路時的情況，實在不可同日而語。漢城南大門是古蹟也是商圈，走一走可觀光也可購物；東大門則純是觀光地方。朝鮮故宮的慶會樓、昌德宮是重點文化古蹟，參觀之後，對李相殷所長說起，他說和北京故宮沒法比。我應之曰，北京那裡的我去不了，看看這裡的也好。

昌德宮後邊密苑的大報壇，是朝鮮國王為感念明神宗助韓抗倭而建的，清代是不對外開放的，尤其清使到漢城時，更是極度秘密，因清朝不許朝鮮崇拜明朝。獨立門本是明清時代迎接中國使節（天使、敕使）的建築物，距漢城市還有段距離，我也步行去觀賞一番。漢江南邊三田渡頭的頌德碑，[17]是清太宗命令朝鮮仁祖大王建立的，感頌他第二次征朝鮮時，未亡其國。碑文是漢文、滿文、蒙文三種語文寫的。我去時漢江南岸尚未開放，聽說全是農田。

早就聽說韓國社會是大男人主義作風，到那裡才親聞親見。和我在臺大歷史所同屆的留華韓生宋甲鎬[18]回國後，執教高麗大學，此回訪問時，他已擔任總務長。到他家吃飯，菜上好要開動，我說等夫人一起吃，甲鎬說她在裡面吃。這等作風，和臺灣截然不同。聽留韓學生說，教師領到薪水後，部分給太太買菜，其餘留下自己用。下課之後，同仁相約一同到酒館喝酒，完全不必打電話回家說明，更不必顧慮太太還在等他們回家吃飯諸如此類的問題，可見一斑（值得一提的時，那時韓國許多人家裡都已裝有電話，臺灣則否）。

總而言之，一九六七年底訪問研究韓國兩個月的經驗，對我以後研究中韓歷史文化及政經關係，與推動成立韓國研究學會等交流工作，影響至為深遠。

中華民國韓國研究學會的成立

我雖然早在就讀臺大歷史研究所時期，算是初涉「韓國研究」的天地，但實際觸發研究這一領域的動力則來自一九六四至六六年間到美國哈佛大學研究的時期。在那裡訪學研究，得見哈佛大學除東亞研究外，尚有蘇俄研究、中東研究等單位，均開設課程，邀請學者演講，出版專書刊物等等。兩年之中，也參觀過美國其他大學，及英國的類似組織。那時美國政府及私人基金會因反對中共，而大力支持「中共研究」；從友人處及接觸相關資料，也得知美國在美日對抗時努力研究日本；與蘇俄對抗，則大力研究蘇俄。那時便覺得他們的這等作法，和中華民國實在大不一樣，我們是和那一國交惡作戰，便禁止人民閱讀其報章書籍。在這樣的政策下，對敵作戰，根本是瞎打盲撞，其實應該好好研究他們。

其時臺灣大學歷史系的陳捷先先生也在哈佛大學作訪問學人，我們在臺大時同上廣祿先生的滿洲文課，並對清史有興趣，因之早已結識；在美期間，便常常談到應該研究東北亞的問題。既有機會赴韓國研究，且得以結識當地學者，還參與了金俊燁等人於一九五五年發動組織的中國學會，承贈該會所刊《中國學誌》。此行所得，不僅對韓國的歷史文化有了進一步的認識，與那些以研究中國為專業的學者之間親切往來，目睹他們對工作的敬重，也是印象深刻。當時言談之間，大家便曾談到臺北也應設立一個韓國研究學會。十二月下旬回國之前，還特別拜訪了中華民國駐韓大使唐縱[19]，略述感懷，日後提倡「韓國研究」，即得其助力。

一九六八年，我即草擬一項推動研究韓國及中韓關係史的計畫，包括設立一個學會等等，其要旨為研究中國史，實不應拘於一隅，如不瞭解韓、越、琉球等文化，亦無從窺中國文化之全貌。大約在一九七一年，我即具函內政部，說明欲申請設立「韓國研究學會」，請寄發有關申請規則辦法。回函說，依據〈動員戡亂時期人民團體組織法〉，相同性質之團體只能設一個，當時已有中韓文化協會之組織，所以不得再設韓國研究學會。

雖吃了閉門羹，我不因之氣餒，再接再厲。一九七二年夏，我聯絡中央研究院、臺灣大學、中國文化學院等處對「韓國研究」有興趣之朋友，發起組織韓國研究會，並請時任中國農民銀行董事長之前大使唐縱領銜申請。唐先生認為，組織團體，以研究他人國家為名，似非雅馴，不太好，乃易名為「韓國文化研究會」，發起緣起及申請函文字經數度修改，於一九七三年二月，將一切文件寄去內政部，等了很久，才得到回音，結果像上次一樣，又被拒絕。我到內政部向承辦人解釋，擬組織之團體，目的在學術研究；已設立之中韓文化協會的目的，則在國民外交，故成員盡皆名流，二者性質不同，不應拒絕申請。他出示中韓文化協會的組織章程，內中居然確實開列學術研究一項。承辦人據法言事，我也無話可說。

一九七八年，中華民國美國研究學會在中央研究院院士、行政院政務委員陳奇祿先生[20]等之籌畫下，獲准設立。中美之間如文經協會等性質之組織，當時原不只一個，而性質大致相同之美國研究學會，竟獲准設立，自可援其例，於是鼓勇而起，再度申請設立韓國研究學會。我再聯絡諸方人士，計畫提出申請，不料適逢中美外交關係斷絕，知道黨政各部門一時之間應無暇處理類似事宜，只好暫緩提出。

一九七九年二月，我應韓國延世大學之邀，前往演講參觀，發現韓國朋友也知道我們申請學會成立卻始終未果一事。韓國學界同仁及我駐韓使館文化參事孔秋泉[21]、專員葉乾坤等，均表示希望學會能夠成立並予支持之態度，並謂數月前政治大學教授傅宗懋兄亦嘗訪韓，期間曾許諾歸國後籌組此會，他們願從旁協助。於是彼此聯繫，並邀請中央研究院院士、故宮博物院院長蔣慰堂（復璁），中央研究院院士、歷史語言研究所所長高曉梅（去尋）[22]，中央圖書館館長王振鵠[23]，中央研究院民族所研究所所長文崇一，政大訓導長閻沁恆等等，名列為發起人。復得內政部、教育部、中央黨部等處朋友協助，於一九八〇年一月五日，接到獲准予限三個月成立之公文。

經故宮博物院文獻處長昌彼得[24]四十五人參與之發起人會議，召開含傅宗懋等十一人之三次籌備委員會議，並在國立政治大學歐陽勛校長[25]的鼎力幫助下，終於在三月二十三日假政大公企中心禮堂召開成立會議，選出十五名理事，五名監事，學會方始籌組成功。四月三日理事會選出了常務理事、常務監事、及理事長。學會籌組時，除政大之慨助外，因王壽南[26]、胡春惠之因緣，多蒙中華文化復興委員會及正中書局惠借開會場地，可謂得道多助。

關於學會的目的，我在成立大會開幕致辭表示：「在透過學術研究，使國人瞭解我們最密切的鄰邦：大韓民國。瞭解他們的過去，瞭解他們現在的情況。韓國人民對他們的歷史如何解釋？對他們的未來有何想法？尤其重要的是，對中韓關係的看法為何？這些我們都需要瞭解。我們的最終目的，是藉瞭解促進中韓人民的和平與合作。」

我們的具體工作構想是：

（一）出版年刊，報導國內外韓國研究情形，介紹有關韓國的圖書資料目錄，發表研究及翻譯論文。

（二）舉辦定期集會，以供發表研究心得，報導與韓國有關的旅行見聞等。

（三）每年年會時宣讀論文，支持、舉辦雙邊或國際的專題及綜合的學術會議。

（四）出版韓國研究史料叢書，及研究叢書。

（五）促進中韓學術交流。

我還說：「在欣幸於經過長久努力終於獲得成功之際，我有兩點感想。第一，中國是個大國，人民和政府官員須對世界重要區域具有廣泛充足的知識。此種知識必須自己研究，不可專恃人家的研究。因之，像東南亞、南亞、中東等地區，均應有研究的團體。政府、工商界也應給予幫助，通力合作。第二，中華民國韓國研究學會籌設時間過長，正事還未做，就花費那麼多氣力，是不正常的現象。希望政府有所改革。第三，學會是若干有研究興趣者的組織，只要這些人申請設立即應核准，不必一定要有名流高位者列名在內」（以上參考我的〈中華民國韓國研究學會成立的經過及旨趣〉，發表在《中國歷史學會集刊》，第十二期，一九八〇年）。

初試啼聲：召開中韓關係史國際研討會

為打響韓國研究學會的聲名，建立堅實的學術基礎，我又提出計畫，召開國際學術討論會。這項構想，是向中央研究院總幹事高化臣先生提出的。中研院向無國民黨組織，高先生任職後，方始設立國民黨知青黨部第三十五區分部。與一般國民黨黨組織一樣，總是只注重內部組訓等事，我與民族所文崇一、歷史語言研究所陳文石，自動請纓，出馬競選分部委員。如願當選後，我們努力的目標，是推動研究院院務應興應革的各項事宜，如：修改所務會議組織章程，賦予副研究員出席所務會議之權利，在各研究所設訪問學人等案，均由區分部主任委員（即高總幹事）呈報院長，終在院務會議中通過實施。

因之，我與高先生相處熟悉，故向他提出構想。錢思亮院長力贊此議，特別親自召集人文各所長集會商議。大會籌備委員由中研院四個所長及韓國研究學會九位會員擔任。定案後的會議名稱是「中韓關係史國際研討會：九六〇～一九四九」，即北宋建元之年至中華民國國民政府由大陸遷臺為止。經費預算六十三萬元新臺幣，在那時候來說，算得上是一筆龐大的數字。款項撥到我任職的近代史研究所，動用時向該所會計管理人員報帳，總辦事處並命近史所總務等人員配合協助。會議的主辦者是中華民國韓國研究學會，贊助者是中央研究院、太平洋文化基金會、教育部。太平洋基金會捐助十萬元，是我去「化緣」得來的，因為研究院的款項，一律需要憑發票或核准單據報銷，遇上例外必需支出時，毋需單據，即可以太平洋基金會捐助款支付，處理較為靈活。

會議邀請的韓國學者多達二十三人，都以中國研究為專業，有聲名、業績者，幾乎一網打盡，如金俊燁為高麗大學亞細亞研究所所長，閔泳珪[27]是延世大學名譽教授，李光麟[28]為西江大學教授兼副校長，全海宗為漢城大學史學科教授兼東亞研究所長，李龍範為東國大學史學教授，李鉉淙為國史編纂委員會編史室長，朴日根[29]為釜山大學中國問題研究所長，及辛勝夏[30]等若干留學臺灣的學者，也邀請韓國產學協同財團董事長金泰東，總務長高範晉兩位博士。

日本學者方面出席者有早稻田大學的大畑篤四郎[31]，近畿大學的村上四男[32]，天理大學的安田吉實[33]，筑波大學的有井智德[34]等六人；惟曾邀東京大學的田中健夫教授[35]，因事未到。香港大學為趙令揚教授[36]，新加坡為蕭啟慶教授。國內出席者共八十人，除了韓國研究學會的會員之外，中研院、故宮博物院、國史館、政大、臺大、師大、文化大學、東海大學、成功大學、中山大學等南北相關學科的教授或研究人員皆大駕光臨，年高德劭者有故宮博物院院長蔣復璁；國史館館長黃季陸及本院院長錢思亮等。我們還邀請五個大學的研究生為旁聽生，這也是深思熟慮之舉。時至今日，與會長者多已作古，少年者甚至旁聽生則多成為學術教育界的中堅，中韓文化學術交流之主力。

會議於一九八一年十二月十二日在中研院蔡元培館會議廳舉行開幕式，當國史館長黃季陸，故宮博物院院長蔣復璁走進會場時，中國文化大學史研所長宋晞向我說：「你成功了！」

其實誰都知道，大家都是衝著中央研究院來的。致開幕詞者，錢思亮院長之外，我安排的是高麗大學亞細亞問題研究所所長金俊燁，太平洋文化基金執行長李鍾桂。她高興的說：「我們只出了十萬塊錢，在會場外的廣告牌上就和中央研究院並列，真高興！」其後韓國研究學會舉辦活動，如有需要時，請其幫助，均非常順利。

研討會論文共三十四篇，於十二月十三、十四日分三場宣讀，會後編出《中韓關係史國際研討會論文集》（一九八三年三月出版），厚達五百三十餘頁。這些論文涵蓋面廣泛，舉凡中韓政治外交、民族、移民、宗教、學術交流、語言，中日韓關係，西方文化對中韓之影響等等，無所不包，而以宋遼金蒙元與高麗、朝鮮關係篇數最多。雖定九六〇至一九四九年為研究範圍，事實上，有的文章上溯至九六〇前，下延逾一九四九年之斷限。

論文發表人頗多為青少壯之士（我自己那時也才五十歲出頭，發表的論文是〈中國對於日本亡韓的反應〉），各場討論會之主持人及評論人，如：高去尋、梁嘉彬[37]、閔泳珪等，則皆乃年高德劭者。老少咸集，相當可觀。這次研討會實乃中韓關係史上的空前之舉，因一九一〇年前中韓之間互動往來，莫說學術研討，就是政治外交領域也尚無採此種方式，其後中國方面雖有相當發展，但雙方均受日本帝國主義者的侵略，二次大戰後復有共產黨之叛亂，直到一九八〇年代雙方政經學術發達後，方有舉辦的能力。所以新成立的韓國研究學會毅然推動此舉，頗有歷史意義和特色，至少是前無古人。

總之，召開中韓關係史國際研討會以後，我與韓國朋友往來更多，而臺灣學界裡研究韓國的同道，也漸有增加。

出版《韓國學報》

出版刊物、開學術研討會等，是學會必然的活動。要活動，就需要經費。韓國研究學會的會員都在學術教育界作事，沒有「金主」，自然需要向外界申請援助；要向人求援，必須手中有「磚」，方能去敲門；而且推銷自己，也需要「磚」。所謂「磚」，就是我們的出版品，於是計畫出版會誌《韓國學報》。學會成立的次年（一九八一年）四月，《韓國學報》第一期便堂皇出刊；值得紀念的是，封面的「韓國學報」四字是書法家，臺灣大學教授臺靜農師所題，倍顯美觀。

《韓國學報》內容分論著、譯述、回憶錄、報導、史料五種。論著前三篇均屬比較之作。美國西雅圖華盛頓大學博士，臺大歷史系副教授黃俊傑撰寫〈戴東原、伊藤仁齋、丁茶山的孟學解釋〉，比較中日韓三大學者的申孟之論，確屬大塊文章，日後他主持臺大東亞文明研究，理有應然。經濟學專家陳希沼教授發表〈中華民國與大韓民國對外貿易發展之比較分析〉，使我們對中韓現代史多一層瞭解。旅美十九世紀中美華僑外交史專家蔡石山教授[38]，發表〈中日韓民族移民美國經驗之比較〉，他的綜合觀察可能是這一議題最早的研究。臺大歷史系孫同勛教授[39]是美國密歇根大學博士，親接韓國留美學者南昌祐[40]，知其人而譯其文〈一八六六年至一九一〇年間美韓關係的檢討〉，甚為可貴。蔡茂松留學韓國十四年，從大學部讀到博士學位，回臺後執教國立成功大學，專長是韓國思想史，發表兩篇文章〈韓末抗日義兵與儒學〉、〈韓國精神文化研究院簡介〉，共襄盛舉。

時任中央通訊社駐韓特派員李在方，是韓國漢城大學博士，他翻譯朴泰根著的〈清初參與黑龍江剿俄的朝鮮軍——申瀏「北征日記」解說〉，申瀏在順治間兩次應清之徵召，率軍赴黑龍江剿俄，其《北征日記》為中韓俄關係史文獻的珍品，這是最早的介紹文章。干國勳先生[41]的〈協助韓國獨立運動之回憶〉，本來是給正中書局總編輯政大教授胡春惠的通信，整理為文，回憶當年對韓國獨立運動提供的協助，乃是他的親身經歷，正是的的確確的第一手史料。胡春惠為國立政治大學博士，執教同校，兼任正中書局總編輯。他是研究韓國獨立運動的專家，對相關人物及史料如數家珍，發表〈中國援助韓國獨立運動史料選介〉，載選介乃首次面世者，與其所介紹的干國勳先生的回憶，都是同樣難得的文獻。

尹貞粉[42]是韓國留學臺大的學生，返韓後歷任教授、系主任、大學校長，吳惠純留學韓國嶺南大學，執教於中國文化大學，兩人合作〈韓國國史編纂委員會的組織與貢獻〉。我也規畫瞭解世界各國的韓國研究情形。辛勝夏留學臺大，返韓國後執教高麗大學，發表〈韓國的中國歷史教育與研究〉；陳三井是法國博士，中研院近史所研究員，報導歐洲荷蘭、法國、西德及北歐四國的韓國研究情形，委屬辛苦不易。蕭新煌[43]是留美博士，對美國的韓國研究瞭解深切，〈美國的韓國研究〉一文實為韓國早期留美學生史，非常有用（類似文章，日後尚有續篇，如韓國江原道大學李求鎔教授[44]撰〈近十年來日本的韓國史研究概況（一九七一～一九八〇）〉，《韓國學報》第二期）。

由此可見，《韓國學報》第一期文章的作者，均為學有專長的專家，下功夫寫文章，各有見解，介紹的史料均為初次面世者，參考價值均高。因為缺少經費，文章的作者與譯者皆無稿費及翻譯費，大家都是為培育這份學術刊物而耗盡心智。《韓國學報》象徵的，也是友誼的會聚，如蔡石山先生的專業是研究中美關係，接到我的徵稿函，鄭重其事，如期繳卷；黃俊傑及陳希沼先生即使生病仍戮力趕稿。此等情誼，直到四十年後的今天，仍難忘懷。

一年之後，《韓國學報》第二期又如期出版。這一期文章內容也很精彩，吳哲夫[45]的〈中韓古代印刷交互影響探討〉、蕭新煌的〈戰後南韓的土地改革政策：鉅視交換理論的分析〉，都是犖犖大著；最大的特色是翻譯日本學者研究韓國的成果，如翻譯了金原左門、馬淵貞利與小島晉治等人對「三一運動」的研究，或討論韓國的民族解放意識，或與中國五四運動做比較，或討論「三一運動」對日本的影響。

另還翻譯中塚明對二戰之後日本的韓國研究的檢討[46]、井上秀雄對一九八〇年日本的韓國史研究的分析[47]。史料與研究介紹方面，如鄭樑生[48]撰文介紹《朝鮮通交大紀》，邢義田[49]介紹韓裔美籍學者金漢教領導編寫的《韓國研究指南》（*Studies on Korean: A Scholar's Guide*），我自己介紹高麗大學教授金泰鎮譯編之英文本《韓國古書解題》，對韓國研究者找尋文獻及研究成果，都有莫大幫助。至於葉乾坤[50]介紹高麗大學亞細亞問題研究所的文章，高明士、韓復智[51]兩位撰文報導他們赴韓參與國際研討會的情況及心得，均屬當時進行式的學術資訊。這期學報的文字是橫排，但是由右向左，多少也代表求變的企圖。

推動研究成果的出版

韓國研究學會出版各式各樣的論文集與專書，是我們經營對外關係的另一塊「磚」。首先值得一提的是《中韓關係史論集》，催生者是金俊燁先生。俊燁先生是韓國學術界的名人，也是韓國對華關係的重要人物，出席中韓關係史國際研討會的韓國產學協同財團的金泰東與高範晉博士，就是俊燁先生邀請來的，他們前來觀察中華民國韓國研究學會的情實，以便資助研究。

幾經洽商，一九八二年春，由高麗大學亞細亞問題研究所負責擬定中韓關係研究計畫書。

雙方各擬十八個研究主題，每年各有六位學者進行研究，並輪流在中韓兩地召開論文宣讀會，經費由產學財團提供，期以三年有成。旋因財團預算問題，改三年計畫為六年，即每年各有三位學者參與進行研究。計畫經三方同意簽訂，自是年五月一日起實施，中韓雙方所推薦之學者及其研究作品如下：

高明士，〈從天下秩序看古代中韓關係〉。

王民信，〈蒙古入侵高麗與蒙麗聯軍征日〉。

朴元熇著、何桂玲譯，〈朝鮮對「靖難之役」的肆應〉。

鄭樑生，〈萬曆朝鮮之役〉。

丁奎福著、陳祝三譯，〈中國小說對韓國小說之影響〉。

宋恒龍著、胡啟建譯，〈中國道教思想的傳入韓國和其發展與變遷〉。

然一、二月間，產學財團以財政困難而通知停止支持計畫之進行，故僅有這六篇文章集成的《中韓關係史研究論文集》於一九八三年四月刊出，我將本書列為中華民國韓國研究學會著作叢書之二，並在太平洋文化基金會資助下，由韓國研究學會舉行了論文宣讀會。

中華民國韓國研究學會叢書之一是旅韓四十年的秦裕光（山東日照人）撰寫的《旅韓六十年見聞錄——韓國華僑史話》。原是用韓文寫的，發表在漢城的《韓中日報》。陳祝三及胡春惠先生告訴我此事，我乃請商秦先生改用中文寫出，我並親自改易原著的章回小說體為現在的版式，添加章節題名，文字略加潤色。原著內容充實，道盡旅韓華僑所受艱苦歧視，諸如財產被奪等等，一一道來；至如華僑人數，及國人鮮知的ＳＣ支隊[52]等，也都有所陳述。我在編校之餘，禁不住寫了下面一段話：

從十九世紀末起，日本政府為了滅亡韓國，而對韓國人民大肆製造、宣傳中國之惡，以離間中韓人民情誼。日本對韓國的佔領雖隨著二次大戰而告終，然而日本離間政策之影響則未完全自部分韓國人民腦海中清除，加以中國分裂，中華民國偏處臺灣一隅，故凡交涉、保僑，力不從心。此處用一「力」字，乃因中國人對韓國人有一種民胞物與之心情，辦交涉也常以「中韓為兄弟之邦」而事禮讓。但許多韓國人並不欣賞「兄弟之邦」一辭，而二次大戰前日本的強力霸道交涉作風，仍被仿行著。中國這個倫理傳統深厚的國家，辦外交還是脫不了道德影響。我對人際關係有一看法，禮讓要視對方對禮讓二字了解的程度而定，國與國之間是否也該如此？韓國現在也是分裂國家，韓國人對中國現狀應該有正確的認識，用己所不欲，勿施於人的道理行事，對中國人民勿分甲乙，何況與中華民國有正式邦交！聰明的人固然會塑造未來，但也要把握住現在。從長遠處看，中國人心中的這份兄弟之情，對韓國很重要，韓國人民應加珍重，萬勿等閒視之，更不可隨意糟蹋。

我還擬訂了個翻譯計畫，聯合韓國學者挑選了十本書，計畫翻譯為中文。全帙內容完整，包括地理、歷史、韓國佛道宗教、天主教、基督教等等。地理一書原來只包括南韓部分，陳祝三先生說應包括北韓的，他能在日本找到這一部分。但是事與願違，他從未找到。因為我將地理一卷排為系列的第一本，因之整個的翻譯計畫未能正式上道，實是一大遺憾。勉可告慰的是，這項翻譯工作並未全繳白卷，列為其一的《沙俄侵略朝鮮簡史》順利出版。

《沙俄侵略朝鮮簡史》的作者宋禎煥[53]是朝鮮族，生於吉林琿春縣，遼寧大學畢業，曾任吉林省社科院朝鮮研究所研究員，著有若干歷史、文學著作。本書原名《沙皇俄國侵略朝鮮簡史》，以朝鮮文撰寫，由遼寧人民出版社初刊，後由漢城汎友出版社復刊。因這一領域的書相當罕見，乃請北京大學楊通方教授[54]邀請張璉瑰教授[55]中譯。閱覽譯稿，略覺結構欠嚴，因本書乃作者完成於病中，故乃為之調整，書名亦改為今名。事畢正要送請作者過目時，他已仙逝。只是，這本小書無可取代者，仍為可用之書。

政大畢業的留韓學生楊秀芝也支持這項計畫。她是成均館大學碩士，韓國精神文化研究院博士，韓琉關係史學者。她的韓國老師李成茂教授[56]用十年心血寫成的《朝鮮初期兩班研究》[57]是部名著，她費心譯成中文，交由中華民國韓國研究學會出版，不僅介紹韓國學者的重要研究成果，也有助於我們對韓國這段歷史的瞭解，值得大書特書。

漢城大學中文系金學主[58]，乃是留學臺灣大學中文系的學者，因此相識相知。一九八二年，他擔任韓國的中國學會會長時，特意告訴我，韓國學術振興財團資助各國進行韓國研究，我們可以提出計畫；他和學術振興財團理事長趙成鈺博士[59]相善，可從旁協助。我便找了韓國獨立運動史大家胡春惠教授，嫻熟中國東北史的中研院近史所同仁趙中孚研究員，三人聯名，於一九八三年共同提出「近代中韓關係（一八六〇—一九四〇）史料彙編」兩年計畫，經金學主及高麗大學校長金俊燁之贊助，申請獲准。編輯成果《近代中韓關係史資料彙編》，承胡春惠教授中介，蒙國史館出版，全帙十二冊，共用四十六種文獻：報紙、雜誌、文集、外交檔案、叢書、專著，我不僅特地將罕見而重要的清初部份文獻輯入，還包括朝鮮人文集十一種。這部史料集對研究近代中韓關係史來說，是最基礎的材料，非常有用。

華路藍縷：募款經緯

計畫推動成立中華民國韓國研究學會之初，我們手中連開辦費都沒有，就開始籌設工作，完全是出於理想熱情。沒有固定的開會場所，屢屢商借政治大學、臺灣大學、中央研究院、正中書局等房舍；舉辦活動之經費，往往承蒙教育部國際文教處，太平洋文教基金會等單位之協助。《韓國學報》第一期學報的印刷費兩萬元新臺幣，是曾任駐韓大使與外交部長等職的丁懋時先生[60]介紹請託洪健全文化教育基金會捐助的。其後的情況，亦復如昔，均靠各方伸出援手，大力支持。

中研院近史所同仁張朋園告訴我，中央圖書館（現在的國家圖書館）國際交換處可以幫忙，承汪雁秋主任[61]支持，將《韓國學報》也列入期刊的國際交換名單，每期價購數十冊，是一項固定的經費來源。經費來源裡，最重要的是兩國政府之間的合作。我國政府每年資助韓國的中國學會一筆經費（據丁懋時於一九八三年春言，數額為一萬美金），韓國也資助我韓國研究學會同樣的經費，學會始能穩定發展。這件事是政治大學的胡春惠建議、說服我國駐韓大使薛毓麒[62]及高麗大學亞細亞問題研究所所長金俊燁議訂提出，最後由丁懋時先生玉成其事的。

不過，我國資助撥付中國學會後，韓方卻未同時在第一時間撥付給韓國研究學會，我曾數次向韓國駐華公使閔泳秀催促，他表示一定努力為之，不然「不得了！」不過剛開始時，他們似乎是向大韓航空公司募捐；其後我方的經費，由駐韓大使館文參處支付，而我會則必須憑作業計畫向Korea Foundation申請，因為韓方說依他們國家的規定，此類資助須一律由Korea Foundation為之。無論如何，韓國研究學會從此因經費有來源，活動和業務得以穩步前進。

《韓國學報》及《中韓關係史國際研討會論文集》出版後，均贈送給會員、出席會議者及有關學術單位；外國有關學術單位，除中央圖書館國際交換處提供交換之外，開會時也時常以《韓國學報》贈送給與會人士。一九八三年我到東京大學東洋文化研究所訪問研究，除了與田中健夫，及在東京避難的韓籍知識人崔書勉[63]等人見面之外，還特意拜訪京都大學人文科學研究所，拜會上山春平所長[64]，也將韓國研究學會的出版品送給他。京大人文科學研究所與東京大學的東洋文化研究所不同，始終不與臺灣交流，我建議他「開門」，他說要先舉辦個一、兩次會議，作為開始，「將空氣慢慢溫起來」再說。

我也跑到天理大學，因為日治時期京城（漢城）帝國大學的日籍教授如今西春秋[65]等，都在該校教書研究。在那裡再見到了多年好友平木實[66]，也遇到了留學臺灣大學的李元植[67]，自然又將《韓國學報》送給他們。這樣說來，《韓國學報》不僅只是「敲門磚」，而是國際學術交流的禮品了。

「韓國研究」的國際交流

我們在難得的臺灣安定環境中做研究，推動學術交流，自然引起相關學術界人士的注意。一九八四年秋，韓國延世大學校國學研究院特來邀請，參加由他們主辦的第二屆國際學術會議。實際上這是個專題演講，講題已訂好為「清入關前與朝鮮的貿易：一六二七—一六三六」，由我演講，他們邀請九位學者參與討論。這種方式的conference，是我第一次見到。會後，副院長黃元九教授在家請宴，吃到黃夫人做的道地韓國菜。他也陪同我旅行參觀，到了慶州的觀星臺，見識近代以前，因慶尚南道至北道的橫向高嶺，而致南北交通的困難。

此行還參觀藏於海印寺的韓人雕板印刷的高麗《大藏經》，及楊州大墳、水源附近的民俗村、漢江南岸漢滿蒙三種語文頌德碑。頌德碑是奉清廷之命而建立的碑，頌揚清太宗征朝鮮未滅其國的功德。黃元九是朝鮮王朝的兩班貴族出身，不識民間俗事，參觀民俗村時，他對磨、碾等工具，根本不知如何操作，居然由我這個山東人指導。因為展出器物也都是家鄉山東使用的，樣式全同。

一九八五年，夏威夷大學韓國研究中心（Center for Korean Studies）邀請我去演講。我大概是從金俊燁處得知，夏威夷大學有崔永浩[68]及姜希雄[69]先生等研究韓國的學者，但不知道該校設有韓國研究中心。因為臺大歷史系學長陶天翼兄在夏大歷史系教書，同班同學周廣美也寓居夏威夷。有熟人在，便非常放膽地答應了。中韓關係是從箕子開始，但是《史記》、《漢書》之後，中國史有關箕氏朝鮮的紀錄，幾乎都是抄錄《漢書》文字，無新鮮材料；相對的，韓國朝野重視箕子，網羅史料、新編著作，成果斐然。於是我乃參考新舊諸書，擬以"The Story of Chi Tzu and Sino Korean Relations"為題發表演講。撰寫這篇文章，甚費心力，直到登機之時還在不斷改寫。

三月十四日下午自松山機場登機，至日本東京過境，同日上午九點抵降夏威夷國際機場，檢查護照等行李，竟耗費兩個小時，方始入關。天翼兄來接機，說在外等了很久，並謂韓研中心本來也擬派人來接機，經其轉告，由他來接。乘天翼車，至其寓所，吃了點東西，他便送我到夏大的韓研中心，讓我自己進去。中心的建築形式，仿漢城昌德宮而建，尚稱壯觀，中心主任徐大肅[70]親來相迎，談了一會，送了一些該所出版品給我，並要引領參觀所內建築。我說要看圖書館，他便請夏大圖書館Asian Collection韓文部的一位韓先生帶我到Hamilton館。先溫了咖啡，方始入館。

看了一樓一般行政層，四樓亞洲藏書部，五樓也存有些有關亞洲書，而大洋洲資料也收藏在此處。又去看了日文部，認識負責人松井正人(Matsui Masato)。此處藏書不少，深覺為研究日韓理想之所。辭別徐主任，到More Hall看老友羅錦堂學長，他在夏大教中國詩詞。他先請飲咖啡（如同中國待客茶一般），然後連袂拜訪李方桂先生伉儷。李先生他們才從大陸講學回來不久，接著關琴小姐來。李先生及關小姐都是一九六六年夏在美國華盛頓大學見過的。雖過了七、八年歲月，關小姐還是漂亮如昔。老友再見，相談甚歡，也談到臺灣應放寬大陸出版品進口等等話題。

週六是李先生、關小姐唱崑曲休閒的日子，約我也去聽。晚上就在李先生家吃飯。回天翼兄住宅後，打電話給邢義田夫人林維紅[71]，相約見面，並轉交為她帶來的東西，她約明日中午與歷史系主任Harry Jerome Lamley（藍厚理）[72]共進午飯。因為旅途倦極，大睡一場，翌日上午周廣美來取為她帶的東西，在天翼寓宅樓下打電話，我全無反應，恰有其他房客進門，她隨之進入，敲了好久窗子，我才驚醒。她請我到一旋轉廳館吃早午餐，邊吃邊欣賞夏威夷全景。飯後廣美送我去華人文化中心買物，回至陶寓，已近三點，忽然想起與林維紅邀約事，只好打電話致歉。

十六日上午到韓研中心，天翼兄及徐主任陪往East-West Center拜訪。主任李浩外出，由副主任某君接見，他也是研究亞洲的學者，到過臺灣。談約半小時，承蒙贈送該中心概況等資料。辭出後，往見藍厚理，並為昨日中餐爽約致歉。藍厚理先生於一九五〇年代在臺灣做臺灣研究，後轉而研究閩粵臺之械鬥問題，斯文彬彬，一副純厚學者風度。同時見到韓籍學者姜希雄、崔永浩，諒乃藍厚理約其相聚也。

又到Center for Asia-Pacific Studies拜訪Prof.Stephen Uhalley Jr.[73]，乃研究中共問題學者。詢問他對中共經濟建設前景如何的看法，答以相當有限度。我告以自由世界人士須力保現有自由土地及人民，因二次大戰以來，但見自由土地一片片入共黨控制，而不見共產世界轉為自由地區。臺灣為自由世界之一環，毋可再讓其落入老共手中。他說，當然臺灣對我們美國相當重要。中午徐主任請在一家韓國菜館吃飯，在座者有姜希雄、崔永浩、圖書館的韓先生，一西人教授與日本天理大學的平木實先生，席間首晤此君，以後與之多所交往，成了好朋友。

飯後，去中西文化中心找吳燕和[74]，未果。他在中研院民族所待過，是李亦園的後輩，時在夏大任教。再到歷史系拜見郭穎頤[75]。晚至羅錦堂家吃飯，他約了張鏡湖（張其昀之子），地理系教授；教育部駐美西人員某君；又有畫家劉丹，係大陸出身者，其妻Elizabeth Wichmann，在夏大教中國戲曲；陳傳芳（Banih Chan），旅行業者，其妻陳鳳儀在夏大教科學；周桐與其美籍夫婿，是夏大經濟學教授。從客人名單即可見錦堂友誼之廣，他在臺北時，就是如此作風。

十七日上午，天翼兄載我與香港中文大學一位教授某君作環島之遊。下午到李方桂先生領導的崑曲社，聽他們練唱，參唱者李先生夫婦外[76]，有錦堂、關琴、陳傳芳及一位李太太。唱畢到李先生家吃飯，席間李先生展示他們在大陸照的照片。十八日重抄部分講稿，寫好結論。下午請天翼兄代看講稿，他說給他的時間太遲，只改了幾處。十九日晨起唸講稿，邊唸邊改，唸到十一點半，結論尚未唸完，而以藍厚理中午約請吃飯，須先到他辦公室，乃匆匆趕去。林維紅作陪，到深富日本色彩的自助餐廳進餐。飯後藍厚理將我送至韓研中心，兩點鐘開始演講。聽眾都很客氣，只有三人發問，姜希雄還問了兩次。從大家的反應來看，演講還不算失敗。講前雖未感緊張，講後仍有輕鬆之感。

二十日上午與天翼乘bus至夏大，再往銀行，領得現鈔一千五百元後，即至書店，一口氣買了三百三十元的書。復到歷史系找崔永浩、姜希雄。我們三人至一川菜館，他們說要以中國菜請我這中國人，而川菜之辣味也適合他們。吃飯時姜說欲到南港學中國話，並問臺灣有無研究韓國之青年學者。我告以葉泉宏[77]頗好。他說可以申請來夏大讀書，第一年只能免學費，無獎學金，但可工讀。飯後我回住處，天翼兄又開車載我共訪夏威夷華人歷史文化中心（Hawaii Chinese History Center），然未開門。

晚上六點，共到吳燕和家見面吃飯。吳太太做的菜很可口，吃得很高興，飲了些威士忌酒。燕和說去年他去了北京，因夏大與北大醫學院有交換計畫。飯後天翼兄先回家，燕和邀請我赴交響樂堂聽音樂，樂音甚美，甚為高興。二十一日啟程回家，仍由天翼兄送我至機場，揮手告別夏威夷。

第一次夏威夷之行，得到韓研中心邀請招待，重與陶天翼、李方桂先生伉儷、羅錦堂、周廣美、吳燕和夫婦等相會，新識徐大肅、姜希雄、崔永浩等韓籍學人。復承他們招待，認識了部分夏威夷與夏威夷大學。

簡言之，在臺灣推動「韓國研究」，國際交流也是相當重要的事。有各種機會出席類似場合，向與會者介紹臺灣的研究，瞭解別人的研究，彼此互蒙其利。至於打開眼界，增加見聞，乃至與老友敘舊，結識新朋友，則是額外的收穫。

感懷與紀念

韓國研究會最興盛的時期是陳捷先任理事長時，會議在漢城召開，獲得中華民國駐韓大使館招待。

涉足「韓國研究」，我交了不少韓國的朋友，最值得一提的是金俊燁先生。認識金俊燁之始，他正擔任高麗大學亞細亞問題研究所副所長。其實，我早已知道他的大名。俊燁先生是韓國平安北道江界府渭源人，當地緊鄰中國，只有鴨綠江一水之隔，曾在中國安東縣對面的新義州上中學。後來到日本慶應大學求學，讀東洋史，一九四四年時，被徵學生兵，遣往中國徐州駐防，旋乘機逃離日本軍營，進入中國游擊隊區，輾轉奔赴重慶，投入韓國臨時政府及其武裝部隊：光復軍，曾任總司令李青天[78]及抗日名角李範奭[79]的副官，並與臨時政府主席金九[80]的秘書長閔石麟[81]之女泳珠結婚。

閔石麟從一九一一年就在上海求學，入交通部設郵電學校讀書，一九三二—三六年在交通部電報局工作，同年入軍事委員會侍從室密碼研究所服務，一九四〇年辭職任金九之秘書長兼外務次長，實際專與國民政府聯絡。日本投降後，韓國臨時政府遷回本土，閔氏留華，擔任駐華代表團副團長，金俊燁在南京擔任東方語文專科學校教師，還進入中央大學歷史系研究所讀書求學，郭廷以所長曾在中央大學教書，我想郭所長訪問高麗大學時，兩人應該已經互敘師生之誼。

韓戰期間，閔石麟在臺北任大韓民國駐華最高外交官：公使，後其子泳秀繼任。金俊燁從一九五一—一九五五年在國立臺灣大學訪問研究，聽遍考古及歷史系課程，在聽課時，他都坐在後排，同學們就相互低語「高麗人！」美麗的金夫人閔泳珠及泳珠的堂妹泳淑，同時在臺大讀書，均異常秀美，更被臺大同學比擬作三國東吳的喬家二姝，豔稱為「大喬」、「小喬」，口耳相傳不已。所以我早就知道金俊燁，但我那時籍籍無名，他當然不知道臺大也有我這號人物。

金俊燁的背景既與中國政治關係密切，更嘗肄業於慶應大學，擁有曾在中國教書、大學研究所肄業、訪問研究的資歷，當韓戰結束，韓國高等教育師資貧乏之際，明敏有衝勁的他，出人頭地，自然可待。他對中國研究既有興趣，偏偏中國人對周圍小國向不重視，所以他及李相殷所長對我這個從事中韓關係研究的人，多少另眼相看。我和俊燁先生相識後，可說一見如故，他對我非常照顧，如他邀約韓國產學協同財團董事長金泰東等參加中韓關係史國際研討會，期可為韓國研究學會提供資助；爾後夏威夷大學韓國研究中心主任徐大肅邀請我去訪問演講，無疑也是因為金先生的關係。

俊燁先生活動力高強，曾於美國哈佛大學、夏威夷大學、普林斯頓大學進行訪問、研究，爾後接掌亞細亞問題研究所，對所務有相當建樹。該所早於一九六二年即獲福特基金二十萬五千美元的資助，繼復獲亞洲基金會(Asia Foundation)之幫助，使他能夠網羅國內外韓裔學者為他效力，舉辦亞洲近代化、亞洲共產主義、朝鮮半島統一問題、新太平洋時代的日本、朝鮮半島周邊形勢與南北關係，北朝鮮中國、蘇聯三角關係研討會等等。

俊燁先生又與日本學術單位共同舉辦日韓知識交流，與美國學術單位共議東北亞的安全，蘇聯的亞洲政策等國際學術會議，實是韓國學界對外聯絡的代表人物。他自己也數度擔任韓國出席聯合國大會的代表，及參與南北韓紅十字會談判，還可對韓國財經界說上話。總之，他已是韓國學術界的名人，更是對華關係的重要人物。因與臺北的外交人員來往熟悉，他往來華僑眾多的東南亞、夏威夷時，則往往在臺北落腳。

金俊燁在中華民國黨政及學術界有不少朋友，情誼深厚；但是，他對中國大陸那些與韓國歷史有關連的地方，也深有情懷，所以在大韓民國與中華人民共和國建交之後，他多次走遍各地，又建立了深厚的人際關係，看他所著回憶錄《我與中國》所述，就非常明白。談到我們的「韓國研究」，絕對不能忘記他。

韓國研究學會之成立與活動，總有些忘不了的人與事。風度瀟灑的傅宗懋，為了學會的經費問題，邀請劉泰英入會。學會成立之日，政大歐陽勛校長自始至終在場助陣，情誼可感。開理事會時，臺大教授繆全吉多次提議，邀請蔣彥士、王昇、李煥、潘振球、宋時選等黨政要角入會。他的理由是，中韓早晚要斷交，找幾個政治人物加入學會，到時候可能有點用。

中央研究院總幹事高化臣是師大、政大、臺大的名總務長，勤奮、能幹、清廉，賣力幫助韓國研究學會召開國際會議，錢思亮院長在我們的申請公文上就只批了「尊重總幹事意見」幾個字。史語所的黃寬重先生因常常幫助韓國研究學會的事，他的所裡同仁陳慶隆兄[82]對我戲說：「他要入近史所了。」黃寬重先生沒到近史所工作，而是將他專業的宋遼金元研究場域，擴展到了朝鮮半島，並編出相關研究論著目錄，供學者利用，在《韓國學報》第四期發表〈韓國研究著作目錄〉（一九八四）之後，更編出《中韓關係中文論著目錄》（一九八七初版，增訂本二〇〇〇年出版），皇皇巨帙，流通國際。

一個學會，白手起家，能持續三十年，且頗具業績，是不容易的，值得慶賀的。尤其是韓國研究學會雖然間接獲得政府資助，但全由學術界人士當家作主。我當年頂著大太陽，奔走各地，邀請朋友簽名支持申請設立學會，而大家也心甘情願地支持這個沒有財源的學會，既是熱情，也是理想的表徵。

學會成立之初，理監事裡留學韓國回臺者不多，不過當時已料定未來學會一定會轉到韓歸學人的手中。翻翻已經出版二十三期的《韓國學報》及學會所刊其他出版品目錄，即可知曉，歷史類的文章已然減少，有關當代韓國者則日漸增多。閱讀《韓國學報》所刊林秋山先生[83]的〈前進北韓：與北韓交流二十年〉，覺得似乎是張騫通西域的回朝報告。游娟鐶教授[84]發表在《韓國學報》第二十二期的〈韓國文化政策中韓語世界化的推動與展望〉，使人感覺到韓國力圖擠進世界大國集團的衝勁。這樣的訊息，都是我們需要的。

中韓關係密切而悠久，翻閱《韓國學報》，從古至今的文學、宗教、政治、經濟、社會、歷史等文章，琳瑯滿目，美不勝收。記得當年兩岸學術界第一次在香港開會，我將韓國研究學會的出版品，送給中國社會科學院歷史研究所的王戎笙先生[85]。他說他們沒有這種研究，我問為何。他說上面交代，中韓關係是敏感問題，不可研究。大韓民國與中華人民共和國建交後，金俊燁先生得到大宇財團資金支持，捐贈北京、山東、杭州、浙江、復旦、南京、四川等大學每校五萬美元，協助他們設立韓國研究中心。

北京、復旦、浙江大學的中心發展得不錯，如復旦韓國研究中心出版的《韓國研究論叢》

已出版二十多期。他們的中心負責人任期比較久，所以能構思發展計畫。相較之下，我們的學會理監事兩年一選，而且近十幾年的理事長都由韓國語文系的主任擔任，他們的精神自然主要放在系務上。不過，每屆理監事都是連選連任一屆，共有四年。如果上任之初就制定發展計畫，像是重要著作的翻譯，史料的編纂，推動重大問題的集體研究等，學術成果應該會更為豐盛。

學會的經費來源，除了韓國學術振興財團之外，國內應該也可找找門路，讓學會的發展更有成就。況且，大陸的中韓研究，和我們早期的路子一樣，文史文章多，重複研究老問題，新意不足。最重要的還是他們的學術自由不足，不敢自動發掘新問題，如一九六二年周恩來與金日成議訂的圖門江界約，將一大片領域劃給了北韓，而條約至今未公開，也就無人敢研究。相對之下，我們有充分的學術自由，海濶天空，任君遨翔。回顧我的「韓國研究」的歷程，正顯示了近史所乃是可以讓人自由發展的學術天地，實在意蘊無限。

註釋

1 游鑑明（一九五〇—），臺灣師範大學歷史研究所博士，現為中央研究院近代史研究所兼任研究員。研究專長為近代中國與臺灣婦女史、性別史，著有《運動場內外：近代華東地區的女子體育(1895-1937)》、《她們的聲音：從近代中國女性的歷史記憶談起》等書。

2 原註：Oscar Handlin, *Immigration as a Factor in American History* (Englewood Cliffs, NJ:Prentice-Hall, 1959).

3 原註：張存武，〈介紹一部中韓關係新史料——《燕行錄選集》〉，《思與言》，第四卷第五期（一九六七年一月），頁四十一—四十二。

4 原註：裴英姬，〈燕行錄的研究史回顧〉，《臺大歷史學報》，第四十三期（臺北：二〇〇九年六月），頁二一九—二五五；遺憾的是，她卻未注意張存武提倡「燕行錄學」之命題。——整理者按。

5 李相殷（이상은，一九〇五—一九七六），出生於今北韓咸鏡南道。一九三一年畢業於北京大學哲學系，回國後歷任高麗大學哲學系教授、文理學院院長，一九五六年任韓國中國學會會長，一九五七年任高麗大學亞細亞問題研究所所長，一九七〇退休於高麗大學，直至逝世之前仍著作不懈。致力於以儒家價值匡正當時淆亂的韓國社會，著有《韓國的儒學思想》、《儒學與東洋文化》等作。

6 原註：漢城現名首爾；本文係歷史回顧，故皆採用漢城，識者諒之。——整理者按。

7 一九五七年，高麗大學設立的（亞細亞）亞洲問題研究所，旨在「以韓國為中心，調查研究亞洲各民族的歷史、文化、境遇，確立科學的認識，為人類相互理解和增進文化做出貢獻。」定期出版《亞細亞問研究》，該單位主要研究領域是近代中國與北韓議題。

8 《杭傳尺牘》一書乃是乾隆年間朝鮮士人洪大容（一七三一—一七八三）於出使北京期間結識中國士人嚴誠、潘庭筠、陸飛等人，並在歸國後彼此魚雁往返不絕的書信集。

9 金俊燁（김준엽，一九二〇—二〇一一），韓國著名的中國學學者，一九四四年就讀慶應大學東洋史學科期間，因為徵召擔任學兵而中退，隨軍隊渡華後逃出，參加中國游擊隊抗日，此後加入位於重慶的韓國臨時政府，擔任韓國臨時政府光復軍的軍官。一九四八—一九四九年間就讀中國國立中央大學，一九五一—一九五五留學臺灣大學。他歷任高麗大學教授、校長。發起成立高麗大學附設亞細亞問題研究所，擔任副

所長、所長。在他的推動之下，中國大陸的五間大學先後設立韓國學研究中心。關於其生平與回顧性的介紹，見金俊燁，《我與中國》（首爾：나남출판，一九九七）。

10 李龍範（이용범，一九二一—一九八九），出生於中國吉林省，東國大學教授，研究專長為滿蒙史、韓國科學史，著有《韓國科學思想史研究》等作。

11 全海宗（전해종，一九一九—二〇一八），出生於中國吉林省延邊，歷任首爾大學、西江大學教授，二〇〇三年禮聘為西江大學名譽教授。專研中韓關係，開創西江學派，著有《韓中關係史研究》、《中韓關係史論集》等作。

12 高柄翊（고병익，一九二四—二〇〇四），出生於韓國慶尚北道，曾於東京帝國大學專攻東洋史學，後取得首爾大學史學系碩士學位，之後留學德國，於一九五六年獲慕尼黑大學哲學博士學位。歷任延世大學、首爾大學教授，二〇〇二年獲聘為首爾大學名譽教授。專研東洋史學，著有《東亞的傳統與近代史》、《東亞文化史論考》等書。

13 黃元九（황원구，一九二九—二〇〇四），出生於韓國全羅北道，延世大學文學博士，擔任延世大學史學科教授，一九九五年退休，禮聘為延世大學名譽教授。專研東洋史與韓國後期實學思想，著有《韓國思想的傳統》、《東亞細亞史研究》等書。

14 秋憲樹（추헌수，一九二三—），延世大學教授，專研韓國近代史，編有《（資料）韓國獨立運動》，並著《朝鮮獨立運動與臨時政府地位》等作。

15 崔永禧（최영희，一九二六—二〇〇五），一九五〇年畢業於高麗大學史學科，師從申奭鎬（신석호，一九〇四—一九八一）。曾先後執教首爾師範學校、崇實大學、高麗大學、中央大學。一九七二—一九八二年間擔任國史編纂委員會委員長。著有《壬辰倭亂中的社會動亂》、《韓國史紀行》、《激動的韓國近代史》等書。

16 李鉉淙（이현종，一九二九—一九八四），全州人，號安山子。一九五五年畢業於首爾大學史學科，一九五九年取得成均館大學碩士，一九七八年以《韓國開港場研究》（한국개항장연구）在東國大學取得博士學位。大學畢業後便開始接受國史編纂委員會囑託，從事相關工作。他在國史編纂委員會工作近三十年，發現、整理、編纂無數珍貴的史料。

17 大清皇帝功德碑，是丙子胡亂之後清朝皇帝皇太極在朝鮮王朝首都漢城附近建立的石碑。

18 宋甲鎬（송갑호，一九二七—），高麗大學史學科教授（一九六五—一九九三在任），現為該系名譽教授，專攻中國近現代史。

19 唐縱（一九〇五—一九八一），字乃健，湖南人，黃埔軍校第六期畢業。中華民國陸軍中將，長期任職特務情報機構，曾任軍統局代局長、內政部警察總署署長、中國國民黨秘書長、總統府國策顧問。一九六七—一九七〇年間擔任駐大韓民國大使。

20 陳奇祿（一九二三—二〇一四），臺南人。東京大學社會學博士，歷任臺灣大學考古人類系主任、臺大文學院院長。一九七六年獲選中央研究院院士。為臺灣研究原住民文化的開拓者，著有《臺灣土著文化研究》、《日月潭邵族調查報告》、《從帝大到臺大》等書。

21 孔秋泉（一九二〇—二〇〇三），浙江紹興人。明治大學政治學博士，曾任《新生報》主筆、政治大學教授，於一九七四至一九八一年擔任駐大韓民國大使館文化參事，一九七七年任中韓文化基金會董事。

22 高去尋（一九〇九—一九九一），字曉梅，河北人。北京大學歷史系畢業，曾參與殷墟發掘工作，來臺後，擔任中研院史語所研究員，一九六六年當選中研院院士，於一九七八年八月至一九八一年七月出任史語所所長。

23 王振鵠（一九二四—），美國畢保德大學（Peabody College）碩士，研究專長為圖書資訊學、圖書館管理、比較圖書館學，曾在臺灣師範大學、臺灣大學、輔仁大學、中國文化大學教授圖書館學課程，擔任臺灣國立中央圖書館館長十二年，現為臺灣師範大學社會教育學系名譽教授。

24 昌彼得（一九二一—二〇一一），湖北孝感人。中央大學歷史系畢業，專研中國古文獻學、版本學、圖書館學，自一九四五年進入中央圖書館服務，先後歷任中央圖書館特藏組研究員與主任，臺北故宮博物院圖書文獻處處長、副院長等職。

25 歐陽勛（一九一九—二〇一四），字澤民，湖南耒陽人。中央政治學校（政治大學前身）第十一期經濟系畢業，後獲美國紐約新社會科學研究院（New School for Social Research）經濟學博士。歷任政治大學經濟系主任、教務長，於一九七七年至一九八六年期間擔任政大校長。

26 王壽南（一九三五—），臺灣大學歷史系畢業後，進入政治大學攻讀碩士、博士，後留校任教，曾任政大歷史系主任、歷史研究所所長、文理學院院長，現為政治大學歷史系名譽教授。專研隋唐史、中國政治史、中國近代文化史，著有《唐代藩鎮與中央關係之研究》、《唐代政治史論集》、《中華文化復興運動紀要》等書。

27 閔泳珪（一九一五—二〇〇五），一九六六年獲東國大學榮譽文學博士學位，曾任延世大學歷史系教授與圖書館館長、韓國圖書館學會會長、大韓民國學術院會員。專研韓國佛教史與陽明學。

28 李光麟（이광린，一九二四—二〇〇六），歷任延世大學歷史系教授、西江大學歷史系教授與副校長、中部大學首任總長、大韓民國學術院會員，專研韓國農業史、經濟史、近代史，著有《韓國開化史研究》等作。

29 朴日根（박일근），臺灣大學政治學系碩士（一九六三），曾任釜山大學中國問題研究所長，專攻韓國近代外交史。

30 辛勝夏（신승하），高麗大學史學科畢業，臺灣大學歷史學碩士，碩士論文題目為〈甲午戰前中國朝野對朝鮮問題的看法〉，指導教授為陳捷先。後回國取得高麗大學文學博士，任教檀國大學史學科，專研中國近代史。

31 大畑篤四郎（一九二九—二〇一三），早稲田大學法學部教授、名譽教授，東亞近代史學會（東アジア近代史学会）名譽會長，專攻東亞近代史。

32 村上四男（一九一四—一九九九），近畿大學教養部教授，專攻朝鮮史，尤其關注新羅時期。

33 安田吉實（一九二三—？），天理大學教授，編有《現代朝鮮語辭典》（一九六七）、《エッセンス日韓辭典》（一九七三），並著有韓國經濟史、韓國語學的專題論文數十篇。

34 有井智德，筑波大學教授，專攻朝鮮王朝制度史，研究成果主要發表在日本《朝鮮學報》上。

35 田中健夫（一九二三—二〇〇九），日本著名的歷史學家，東京大學史料編纂所教授。著有《中世海外交涉史の研究》、《倭寇と勘合貿易》、《中世対外関係史》、《倭寇海の歴史》、《東アジア通交圏と国際認識》等書。

36 趙令揚（一九三五—二〇一九），原籍廣東澄海，出生於上海。香港大學學士、碩士，雪梨大學（University of Sydney）哲學博士。香港大學中文系教授，曾任香港大學中文系主任、文學院院長、日文系創系主任，二〇〇一年退休，獲「榮休教授」（Emeritus Professor）之銜。專研明清史思想史、現當代文學、海外華人史，著有《關於歷代正統問題之爭論》、《明史論集》等作，並合編《明實錄中之東南亞資料》、《海外華人史資料選編》等書。

37 梁嘉彬（一九一〇—一九九五），廣東十三行天寶行後人，一九二八年考入清華大學史學系，與其兄梁方仲受業於中國近代史與外交史學者蔣廷黻（一八九五—一九六五）門下，一九三五年考入東京帝國大學，一九三七年出版《廣東十三行考》，是廣東十三行研究中最早的中文著作。來臺後歷任東海大學、政治大學、輔仁大學、文化大學教授。一九七一年，東京大學補授梁嘉彬文學博士學位，他與柯劭忞（一八五〇—一九三三）是僅有獲日本帝大舊制博士的中國學者。

38 蔡石山（一九四〇—），臺灣嘉義人。美國奧立岡大學（University of Oregon）歷史學博士，歷任國立臺灣大學、加州大學洛杉磯分校和柏克萊分校教授，一九八三年起任職阿肯色大學（University of Arkansas）歷史系兼亞洲學研究主任，期間以傅爾布萊特（Fulbright）訪問學者身分任教俄羅斯的聖彼得堡國立大學。專研明朝海上探險與華僑歷史，著有《永樂大帝》、《一個宦官的傳奇經歷：鄭和的一生》、《中國與旅美華僑》等書。

39 孫同勛（一九二九—），美國密西根州立大學（Michigan State University）歷史研究所博士，歷任國立臺灣大學歷史系教授、中央研究院美國文化研究所（現歐美研究所）研究員與所長，一九九三年於臺大歷史系退休，獲名譽教授榮銜。專研美國史、魏晉南北朝史，著有《拓拔氏的漢化及其他》、《美國總統制之運作》等作。

40 南昌祐（Andrew C. Nahm），旅美韓國學者，撰有〈美韓關係英語文獻概覽〉（Studies on United States—Korean Relations in English Language: A Bibliography Survey）。

41 干國勳（一九〇八—一九八三），湖北武穴人，一九二五年考入黃埔軍校第五期，一九二六年參加北伐，一九二七年任國民黨江蘇吳縣縣長兼清黨委員會主任。後留學日本，先後畢業於日本陸軍戶山學校、明治大學政治系。一九三一年回國任力行社幹事。一九三二年任援韓軍事顧問團團長，協助韓國設立幹部訓練班。一九四九年來臺，任國大代表，著有《藍衣社、復興社、力行社》一書。

42 尹貞粉（윤정분），以《明代軍屯之研究》獲國立臺灣大學歷史系碩士學位（一九八二）。歷任韓國德成女子大學史學科教授、韓國東洋史學會會長、韓國明清研究會會長。

43 蕭新煌（一九四八—），美國紐約州立大學（水牛城）社會學碩士、博士，歷任中研院民族學研究所研究員與副所長、中研院社會學研究所研究員與所長，現為總統府資政、臺灣亞洲交流基金會董事長、中研院社會學研究所兼任研究員、中研院人文社會科學研究中心特聘研究員，研究專長：發展社會學、環境社會學、東亞與東南亞中產階級、社會運動與民間社會、非營利組織。著有《現代化與家庭制度：有關家庭之社會學論戰》、《臺灣社會文化典範的轉移：臺灣大轉型的歷史和宏觀記錄》等書。

44 李求鎔（이구용，一九三三—），韓國江原大學史學科教授，現已退休，為該系名譽教授，專攻韓國近代史。

45 吳哲夫（一九四〇—），曾任國立故宮博物院圖書文獻處處長，現為淡江大學中文系榮譽教授，研究專長為文獻學、中國書畫理論、版本目錄學、四庫學，著有《清代禁燬書目研究》、《四庫全書纂修考》等書。

46 《韓國學報》第二期出版於一九八二年十月，同刊中馮作民譯了四篇日本學者的作品，分別是：中塚明，〈日本朝鮮史的研究與軌跡及其課題：回顧近代史研究的分野〉，頁六十五—七十九。馬淵貞利，〈日本朝鮮史的研究與軌跡及其課題：回顧近代史研究的分野中塚明〉，頁八十一—九十二。小島晋治，〈三一運動的歷史意義研討會論集：「三一運動」與「五四運動」——及其關連性〉，頁九十三—一〇五。金原左門，〈三一運動的歷史意義研討會論集：「三一運動」與日本〉，頁一〇六—一一八。

47 井上秀雄著，游美月譯，〈一九八〇年日本的韓國史研究〉，《韓國學報》第二期，頁一五七—一六五。

48 鄭樑生（一九二九—二〇〇七），桃園縣楊梅鎮人。臺灣師範大學國文系學士，日本東北大學歷史學碩士、筑波大學歷史學博士。一生致力於中日關係史，中琉關係史，著有《明史日本傳正補》、《中日關係史研究論集》等專書。

49 邢義田（一九四七—），臺灣大學歷史系學士、碩士，美國夏威夷大學（University of Hawaii System）歷史學博士，中研院院士，專研秦漢史，著有《秦漢史論稿》、《天下一家：皇帝、官僚與社會》等書。

50 葉乾坤，一九六〇年政治大學韓語系畢業後，赴韓國高麗大學攻讀文學博士，曾任中山大學教授兼總務長、中國民國駐韓大使館文化參事。

51 韓復智（一九三〇—二〇一四），山東齊河人。臺灣大學歷史系教授，專研秦漢史，著有《兩漢的經濟思想》、《秦漢史論集》等書。

52 一支由旅居韓國的華僑組成的部隊，隸屬南韓陸軍第一師團十五聯隊四八六三部隊的漢城Seoul Chinese支隊。

53 宋禎煥（一九三七—一九九一），現代文學作家，著有詩集《葉笛》、朝鮮史話集《海東三國》等。

54 楊通方，四川人，北京大學外國語學院教授，專研外國文學專業、朝鮮語語種。

55 張璉瑰，一九六四至一九六八年留學朝鮮金日成綜合大學，歷任吉林省社會科學院朝鮮研究所、北京大學韓國學研究中心特約研究員等職，研究專長：國際政治學、朝鮮半島問題、東北亞國際關係。著有《一九四五年以前國際政治中的朝鮮和中國》等作，譯有《高麗朝鮮兩朝科舉制度》、《沙俄侵略朝鮮簡史》等書。

56 李成茂（이성무，一九三七—二〇一八），首爾大學史學科學士、碩士、博士，曾任國史編纂委員會委員長。著有《朝鮮兩班社會研究》、《朝鮮初期兩班研究》等書。

57 李成茂著，楊秀芝譯，《朝鮮初期兩班研究》（臺北：韓國研究學會，一九九六）。

58 金學主（김학주，一九三四—），韓國重要的中國學家，翻譯多種中國典籍，作育英才無數，對於韓國的中國學研究貢獻卓著。畢業於漢城大學校文理科大學中文科（一九五二—一九五六）、臺灣大學中文研究所碩士（一九五九—一九六一）、漢城大學校大學院博士，一九六一年起留校任教，現為首爾大學名譽教授。一九七九—一九八三年間擔任「韓國中國學會」（한국중국학회）會長。

59 趙成鈺（조성옥，一九三一—），大韓民國的教育家。

60 丁懋時（一九二五—），歷任中華民國新聞局局長（一九七五—一九七九）、外交部長（一九八七—一九八八）、駐美代表（一九八八—一九九四）、國家安全會議秘書長（一九九四—一九九九）、總統府秘書長（一九九九—二〇〇〇）。

61 汪雁秋，歷任國家圖書館組主任、中國圖書館學會（現改中華民國圖書館學會）秘書長、中華民國圖書館學會長青會員委員會主任委員。

62 薛毓麒（一九一七—二〇〇一），江蘇武進人。一九三九年中央政治學校大學部外交系畢業，隔年進入外交部服務，歷任駐加拿大、西班牙、沙烏地阿拉伯大使，一九八二年任駐大韓民國大使，一九八六年擔任總統府國策顧問。

63 崔書勉（최서면，一九二六—），國際韓國研究院院長（국제한국연구원장），韓國近代史家。

64 上山春平（一九二一—二〇一二），一九四三年京都帝國大學文學部哲學科畢業，二戰期間參加太平洋戰爭，戰後歷任京都大學人文科學研究所教授與所長、京都國立博物館館長，獲京都大學名譽教授榮銜。專究專長為美國實用主義，日本佛教、國家論、戰爭論、文化論。著有《弁証法の系譜—マルクス主義とプラグマティズム》、《大東亜戦争の意味 現代史分析の視点》、《埋もれた巨像—国家論の試み》等書。

65 今西春秋（一九〇七—一九七九），一九三三年京都大學東洋史學科畢業，師從內藤湖南，專研明清時代滿洲史。一九三八年留學中國，調查收集滿蒙史料。一九五四年歸日，任教於天理大學，為日本著名滿文文獻學者。著有《校注異域錄》，合著《五體清文鑑譯解》等。

66 平木實（一九三八—），首爾大學校文學博士，歷任天理大學國際文化學部教授、奈良縣立醫大非常勤講師，現為京都府立大學文學部研究員，專研朝鮮社會文化史，著有《韓国・朝鮮社会文化史と東アジア》，合譯李成茂著《韓国の科挙制度——新羅・高麗・朝鮮時代の科挙》等。

67 李元植（一九二四—），曾留學臺灣大學，於民國四、五十年代，受韓國政府派任，來臺先後於政治大學、文化大學支援韓國語教學，為中國文化大學韓國語文學系首任系主任。

68 崔永浩（최영호，一九三一—），韓裔美籍學者，夏威夷大學名譽教授，專攻朝鮮王朝史、近代海外華僑史。著有*The civil examinations and the social structure in early Yi Dynasty Korea, 1392-1600*。

69 姜希雄（강희웅，一九三一—），夏威夷大學瑪諾阿分校教授，一九六五年退休，專攻高麗王朝史。

70 徐大肅（서대숙，一九三一—），哥倫比亞大學博士，歷任休斯頓大學、夏威夷大學政治學教授，一九七三至一九九四年任夏威夷大學韓國學研究所所長，二〇〇四年由夏威夷大學退休。著有*The Korean Communist Movement, 1918-1948*（朝鮮共產主義運動，一九一八—一九四八）、*Kim IL Sung: the North Korean Leader*（金日成：朝鮮領導人）等。

71 林維紅，臺灣大學歷史系碩士，任教於臺大歷史系，現已退休，專研中國婦女史、中國近代史。

72 Harry Jerome Lamley（一九二八—），夏威夷大學歷史系教授、系主任，專攻臺灣史、中國近代史。

73 Stephen Uhalley Jr.（一九三〇—），中國史學者，專門研究中國共產黨史，著有*Mao Tse-Tung: A Critical Biography. A History of the Chinese Communist Party*等書。

74 吳燕和（一九四〇—），一九五八年進入中研院民族所籌備處，擔任研究院技佐，一九六三年畢業於國立臺灣大學考古人類學系，一九六六年前往夏威夷攻讀文化與心理人類學，後轉往澳洲國立大學擔任研究人員，以巴布亞紐幾內亞田野調查成果獲澳洲國立大學人類學博士。一九七四年起於夏威夷大學東西方中心主持多項太平洋區域跨國合作計畫，一九八五年起於中研院民族學研究所任兼任研究員。

75 郭穎頤（一九三二—），出生於上海，一九五〇年赴美，獲耶魯大學哲學博士學位，歷任夏威夷大學教授、夏大亞洲研究中心主任、夏大歷史系主任。專研中國現代思想史，著有《中國現代思想中的唯科學主義(1900-1950)》等作。

76 李方桂之妻為徐櫻環（一九一〇—一九九三，又名徐櫻），乃北洋軍閥皖系將領徐樹錚（一八八〇—一九二五）長女，能演唱崑曲，隨其夫至美國，一九三八年曾在耶魯大學演唱崑曲，後與丈夫至夏威夷大學，配合羅錦堂戲曲課的教學，於課堂上教唱崑曲，更成立夏威夷崑曲研究社，可算是在美國傳播崑曲的重要人物。

77 葉泉宏（一九五九—），臺灣大學歷史系學士、碩士、博士，曾赴韓國高麗大學攻讀韓國史，現為真理大學觀光系教授，專研中韓關係史，著有《明代前期中韓國交之研究（1368-1488）》、《朝鮮王朝事大使行之研究》。

78 池青天（지청천，一八八八—一九五七），李青天（이청천）為其化名。家族世代武將，池青天承襲家風，一九〇八年進入大韓帝國陸軍武官學校，一九〇九年赴日就讀陸軍學校，一九一四年日本陸軍士官學校畢業，獲少尉軍階又晉升中尉。一九一九年參與三一獨立運動，逃亡至滿洲，為獨立軍培養幹部。是韓國武力抗日、獨立運動的重要人物，一九四〇年為韓國光復軍總司令。

79 李範奭（이범석，一九〇〇—一九七二），朝鮮王族後裔，十五歲流亡中國，從事反日獨立運動。一九四〇年，大韓民國臨時政府主席金九任命為韓國光復軍參謀長。一九四六年回韓，歷任內閣總理兼國防部長、駐中華民國大使、內務部部長等。

80 金九（김구，一八七六—一九四九），本名昌洙，號白凡，韓國國父，韓國獨立運動家。一九一九年三一運動後，金九流亡中國，一九二六年起至一九四九年，擔任大韓民國臨時政府最高領導人。

81 閔石麟（一八九八—一九六三），韓國獨立運動者與政治家。其妻為申圭植（一八八〇—一九二二）之女。申圭植出生於朝鮮忠清北道的書香望族，在鄉里間有神童美譽，十餘歲即積極反日，後流亡中國，乃參與中國辛亥革命的唯一外國人，也是韓國獨立運動先驅。

82 陳慶隆（一九二四—），土耳其國立安卡拉大學（Ankara Üniversitesi）博士。中央研究院歷史語言研究所研究員，專研中亞少數民族之歷史文化，撰有〈從借字看突厥、回紇的漢化〉、〈突厥族的農耕〉、〈蒲陶新考〉等。

83 林秋山（一九三六—），政治大學新聞系畢業，韓國慶熙大學校大學院政治學系政治學博士。歷任中國文化大學東方語文系主任、韓國研究所所長、第一屆增額國民大會代表、第二與第三屆監察委員。著有《韓國新聞自律制度的發展》、《韓國綜論——中韓關係篇》、《畢生奉獻兩韓關係：林秋山回憶錄》等書。

84 游娟鐶，一九九一年獲韓國高麗大學文學博士學位。回臺後任職於中國文化大學韓文系，研究專長為韓國古典文學、語文教學、中韓口筆譯。

85 王戎笙（一九二九—），中國社會科學院研究員，曾任中國社會科學歷史研究所清史研究室主任。

第六章

日本之行

民國七十二年（一九八三），我向近史所申請，以福特基金資助甲種人員（研究員、副研究員）出國進修的機會，前往日本東京大學東洋文化研究所作為期三個月的研究。之所以選擇日本，自因日本與我研究的清代中韓關係有關，相信能夠找到可用資料；其次是一九六四年九月我赴美國哈佛大學時，曾順路到東京看在那裡作研究的王璽同事，這次想更了解當地的情況。

由於計畫籌備中韓關係史國際研討會[1]，所以六月初旬先到漢城走一趟，在蔡茂松先生的引介下，拜訪了韓國精神文化研究院長柳承國[2]、韓國學術振興財團的鄭在覺[3]、國史編纂委員會李鉉淙，以及韓國留華回國學生學人辛勝夏、朴元熇[4]、睦銀均[5]、姜忠姬[6]、金學主等，這都是能幫忙辦會的人。這次還訪問了高麗大學亞細亞問題研究所所長金俊燁。金學主與其好友趙成鈺在新羅飯店招待午餐，談到了資助中華民國韓國研究學會編纂出版的事。

六月中旬到東京文京區的東京大學東洋文化研究所。所長是大野盛雄[7]，池田溫教授[8]則是我的sponsor，他乃敦煌學專家，其著作蒙天皇嘉獎[9]，我曾參加他的秦律研討會。我認為日本學術界少數人就可聚集起來，針對一個議題或著作討論的方式著實不錯，臺灣似乎一、二十年來也興起來。副所長是濱下武志[10]，人很沉穩，襄助所長處理事，也能領導教學研究，專長是經濟貿易史。

我已忘記剛到東洋所時下榻何處，後來知東大在港區有International Lodge，乃濱下費神交涉乃得移住。我從東洋文化研究所圖書館借書複印多次，最多一次是*Documents Illustrative of the*

*Origin, Development and Activities of the Chinese Customs Service*就是承他OK的。在目黑區的衛藤瀋吉教授及平野建一郎[11]，是在那裡讀博士學位的張啟雄介紹引見的。東大自然是八方人物聚集之地。那幾個月我接觸認識的人，除張啟雄外還有張炎憲[12]，他二人是幫我忙最多的人，介紹朋友、代打電話、陪同參觀。

慶應大學是人文社會科學水準很高的學校，因張啟雄的夫人留學該校，便帶著我們一些朋友參觀。上野公園的幾處展覽館，夏秋之交的湖濱江戶調演唱會，則是張炎憲帶著去流覽聽唱的，回臺後聽臺灣歌，有時能分辨出是江戶調韻味。高明士博士學位到手就在這段期間。偶爾遇到李柏亨與其夫人，並承李告知些日本風俗，如中國以水果作禮物送人，日本人並不如此。李後來離婚，前妻則成為文學界名人。離婚固使人惋惜，然每人有發展修為的運果，也不必惜。常見的留日學生還有麥健興幫忙。

到圖書館借書，因語言欠通，費時多，然也看到館內設備並非很完備，如複印機不足。想找人談話，練習日文。一次找到一位碩士生，然待不了多久，他就離開，當然是話不夠通達之故。圖書館查書多半是看目錄，想知道外國同行研究韓國及西洋史的情況。見到了衛藤瀋吉、平野健一郎、武田幸男[13]等的出版品，當然也喜歡看大陸出版品。有時間便與麥健興去神保町。到內山書店要了三本目錄，請店方寄一本給近史所。老字號東方書店老闆去大陸了，女職員對臺灣無觀念，一男士神田勇夫出，會中國話，也知曉臺灣事，到一店飲啤酒一杯談話。

六月二十日

同張啟雄去看衛藤。因無零錢，先至富士銀行換錢。自本鄉三丁目地下車站買票，進入地下車站，換乘至澀谷之車，兩站至東京大學前。我們在總圖書館後棟的四樓見面，送酒一瓶，及中華民國韓國研究學會出版之論文集一冊，他送其所著《日本をめぐる文化摩擦》。他原在中國東北待過，所以中國話說得好，曾面話請他幫忙申請國際學舍，談話完了時，他說已無問題，可以搬入，恭禧。

張啟雄領至校外日本飯館，請吃麵條，糖醋者每碗四百五十日圓。到メトロ飲果汁及咖啡，與兩個學生談話，一個姓田中，數學系二年級。問每年學費多少，謂二十萬日元。大學每年招生四十五人，畢業後約三十人入研究所，十五人至電腦公司，至中學教書者每週教十五小時課。另一學生為經濟系三年級生。日本自七月十日起允許外籍生作part time工作，現八千八百二十四名外籍生，得允許工作者一百三十人，一週工作不滿二十小時，不必報。

六月二十二日

到史料編纂所看田中健夫教授，不在。他是日本史專家，所著《倭寇》早已知道。後來召開九六〇—一九四九年中韓關係國際研討會時曾請他與會，未來。看到韓國漢城大學教授閔斗基[14]，日韓學者交往頻頻，因日本一九一〇—一九四五年間統治韓國，許多韓人均會日文。閔氏乃經日赴美。他將所寫論文譯成英文，需請美國學者指導。他英年早逝，很可惜，我和他在台、在韓或他國的國際會議中常見面，是好朋友。

下午張啟雄及張炎憲共同幫忙至第一勸業銀行將三千四百四十美元支票存好，然後炎憲陪往亞細亞會館看房子。晚給五舅電話，他二十八日回台，請我二十五日到他家作客。晚上打電話回家，津月生病，一定是為九月來日觀光拿不定主意，告以五舅二十八日回台。欽士很乖，很幫忙媽媽作事。欽如說：「看你的信很困難，寫家信不要這樣草率好嗎？」我看後大笑，此女一向會提問題。

六月二十三日

上午去東洋文化研究所看濱下，要他所著《中国近代経済史關係解題つき文献目錄——海關資料を中心として》，看了大部分。中午收到第一封家信。欽如說我不在家感到很寂寞，將來媽媽再去日本，她會更寂寞。看這話不禁流下眼淚。她還說盼望三個月快完。孩子，爸爸何嘗不是也在盼望時間過快一點。

六月二十七日

晚看《考古》一九六三年八月號〈揚州城根裡的元代拉丁文墓碑〉及〈明祖陵〉二文。

六月二十九日

請張炎憲陪至史料編纂所拜訪田中健夫。田中健夫陪觀該所出版品，又請人陪觀書庫。許多史料，有長崎唐通事日記、英荷商館文獻，後者乃英荷文，日本學者印回，翻譯成日文，合璧出版。有私人文集，手抄本有自昭和初年至各處摹寫之文獻、佛畫、影印品、照相片。貴重書室有卷軸，解開一卷，乃萬曆二十五年朝鮮人致日人文書。辭出後至研究室煮咖啡，談了許多問題，張啟雄欲編一本日本各處所藏有關臺灣的史料目錄，我極力鼓勵，因此乃研究日治時代臺灣史之基礎也。他又說東大藏有兩百多本荷文臺灣史料。我表示想見日本基金會負責人，以備亞太研究成立後，尋求財政支援之張本。他建議找衛藤瀋吉介紹，可見我對亞太研究早先就有盤算。

六月三十日

至東洋文化研究所，收到家信，言夏威夷大學欲邀我去演講，住兩週（我想應為夏大韓國研究中心）。下午與張炎憲煮咖啡長談。

七月一日

上午整理東京大學研究中國、韓國、東南亞之教授名單。高明士來，請到醫學院圖書館午餐，下午陪我到琳琅閣看書，談發展韓國研究及成立亞洲學會之事。濱下武志電話至旅舍，謂我下星期可以搬入國際學舍（Internaitonal lodge）住。

七月二日

午飯後請張炎憲電古書刊行會，問可否前往一覽，回稱週六下午不開門，乃往明治神宮參觀，攝照片兩張。

七月三日

泉水巖電告，其職務調換到國會圖書館分館，即在國會議事堂旁邊。此人曾在日治下東北作事，故中國話有東北口音。這兩天寫信給呂實強所長、李念萱、趙中孚、葉乾坤、林秋山、蔡茂松、陶天翼，均談韓國及亞太研究。

七月四日

晨起，函旅韓華僑秦裕光[15]，望他協助籌經費助研究韓國華僑史。

搬家。到勸業銀行提款三萬日圓，付一到三日房租，八千兩百五十日圓（是每日兩千七百五十日圓）。雇一計程車，經皇居、霞關、地方之政府機構。西至港區白金台四丁目六番四十一號國際宿舍B座四〇六室。管理員會說英語，介紹各種規則及地圖，甚盡職，說戰前曾在臺灣十年。來這裡之前曾到東大coop買suntory whisky一瓶備送韓國崔書勉，花生、糖菓、餅乾各一包。

下午四點四十分，張炎憲來，電話通知崔書勉要去看他。乘bus去港區三田一丁目韓國研究院。女職員帶進會客廳，廳內陳列各種有關韓國期刊、清代帝王畫像，問之乃第二次世界大戰中，自中國搶來之日人所贈。崔氏領著參觀了書庫，資料很全，以人物傳記為中心，如安重根[16]、金玉均[17]等。崔送趙明河義士[18]傳略一冊，乃一九〇五年在臺中殺日本親王者。崔氏說有兩位韓人及日本學者渡部學及酒井忠夫[19]為該所研究員，金學主不久會來。崔開車至一韓國館子飲酒吃飯，談學術外交。他說中日斷交，後中國未在日本設一中國研究所，乃一失策。飲罷又到一酒吧飲酒，時間不早辭出，他仍留該處。

七月五日

是日高明士畢業考試，與張炎憲中午請他去韓國餐館吃飯，作為賀禧。下午函呂實強所長，推薦張炎憲及沈松僑[20]進近史所。池田訂九日晚宴送高明士，也請我去。晚金敬泰[21]來。閱*Asahi evening news*，知中共外交部六月二十六日警告各國駐台單位，勿為臺灣居民簽發出國證書。

七月六日

函趙中孚及陳祝三，向Korean Research Foundation提申請研究計畫書。下午到所，池田溫給一紙保證書，給國際宿舍說明書一本。

七月七日

上午函趙中孚，問所中聘人名單中有無沈松僑，並請其聯絡他人支持之。衛藤寄教養學院教程來，電謝，並請其介紹如日本學術振興會之類的foundation主持人認識之。他說該會主席為一橋大學名譽教授，他認識，但不怎麼熟，可能池田較熟，先請池田介紹，如池田不熟，再打電話給他。十一點崔書勉來電，酒井忠夫已至其研究所半小時。我說原約下午四點，他說不對，只好急急出門，雇計程車而往（九百日圓）。酒井感謝本年四月招待他，我說要到古書刊行會買書，他立刻電詢，知《明實錄》、正史、《高麗史》等中韓史料並不全，並云買時不必付錢。問其家庭，曰有女一、子三，七個孫輩。戰時在上海，曾到蕪湖，曾到巢縣見過李鴻章之孫。酒井說今年八月到南港近史所開會者，均是其朋友，如渡邊惇（熊本大學）、波多野善大（愛知學院）[22]。

七月八日

陪高明士至圖書館看好太王碑[23]揭布。很大，無法展開，高說比史語所所藏者清楚。遇韓國朴元熇，與張炎憲同晚飯。買書五本。

七月九日

參與池田送高明士晚宴。

七月十四日

上午至東洋文化研究所查書，下午看田仲一成教授[24]。金敬泰去臺北，請帶信。

七月十五日

函韓國學術振興會的趙成鈺理事長，後至東洋文化研究所借出有關韓國的資料，以備複印。晚上，東京韓國研究院（동경한국연구원）邀請海老澤有道[25]講韓國基督教問題。崔書勉早已告知，上午復來電話。我自大學至神谷町下車，直入該院。下午預先將所刊〈清代中國對朝鮮文化之影響〉複印兩份帶往。

海老主講以日文，聽不懂。演講後有酒會，崔氏請與會者自我介紹，我以英文講。透過這次活動認識許多人，國際基督教大學教授渡部學[26]，以前在李瑄根[27]的亞洲研究院相見，今作商人之劉喆相、美國NBC照相員劉永相（華裔），韓駐日大使館公使等。遇到南昌祐

（Andrew C. Nahm）、張公子，南氏即《韓國學報》第二期中，孫同勛所譯文章之作者，同來與會者似乎還有陶晉生、孫同勛。

七月十六日

上午至學校內的書店買書，約一萬五千日圓，送兩本給念萱兄。中午遇金敬泰，他自日本去臺北，請他帶信給李念萱、趙中孚等，打長途電話給林明德，請其照料。

七月十九日

下午與張炎憲至圖書館，借出范毅軍[28]函索之〈深州青縣村圖〉及中國海關出版品。李柏亨夫婦要回臺灣，請其至一日本小館送行，臺大吳密察[29]來，也請上，炎憲作陪。吳密察與衛藤氏一起來，飲至八點半。

七月二十日

上午至所，自濱下武志先生處借*Documents Illustrative of the Origin, Development and Activities of the Chinese Customs Service*七冊備印。複印Spencer J. Palmer之*Korea and Christianity: The Problem of Identification with Tradition*及William E. Henthorn之*Korea: The Mongol Invasions*。回時雨，第一次自底尾乘bus至站，不知按鈴，過一站下，走路回家，衣服盡濕。回舍，因數日未吃米飯，煮。

七月二十一日

昨與張炎憲約好今日去亞洲經濟研究所，晚杜正勝[30]來電話，說他已到東京，願同去。上午去，值圖書館不開門，索說明書、出版品目錄而還。見龍溪書舍出版目錄，不少有關臺灣，東北，及韓鮮之舊資料。印海關報告，太多，請店主人印，每頁多三日元。中午回至學校，與炎憲共至杜住宿處。

七月二十二日

將杜正勝介紹給池田溫，晚與張啟雄夫婦、杜正勝至學士會館飲啤酒。

七月二十三日

上午與杜至上野公園看東京國立博物館等處。台東區立下町風俗資料館，展出頗好，將舊日商店屋，具體而微地呈現。

七月二十四日

上午與杜正勝往看上野公園的森美術館，多為少年觀賞者。下午看西洋美術館、科學館。美術館很有氣魄，中也有許多珍品，尤以法人Odilon Redon[31]作品多，而西人梵谷之作無一件。在科學館看了自然演化史、宇宙形成、動植物及製紙、紡織等部門。晚有納涼晚會，聽了許多歌，八點半曲終人散。

七月二十五日

下午請李柏亨將所購圖書資料帶回臺灣交圖書館。杜正勝、吳密察、張炎憲共幫忙將託印海關資料取回。

七月二十六日

請張啟雄夫人楊碧雲女士聯絡，參觀慶應大學圖書館，張炎憲同來。校院不大，因該校有分校，此處乃人文社會部門。見一牌子書「斯道文庫」，久已聞知。管理員堀田信夫，取出及*A Classified Catalogue of Books of the Henri Cordier Collection*，以及〈創立二十周年紀念濱野文庫〉，並近蒐本展覽目錄相贈，然不許入庫。張啟雄夫婦至，始得入庫。自編目、典藏庫全看，貴重書部門看了抄本《德川家臣管家日記》及宋版書。館旁有演講室，上課時取書甚便。期刊甚多，編目不錯。近午又至舊書館參觀，印了望月文庫書目等。中午請他們吃飯。請張炎憲陪至秋葉原買收錄音機一架，一萬七千五百日圓。晚請宿舍管理員小酌。

七月二十七日

至東洋文化研究所，請複印書商人印海關報告。

下午寫家信，快寄發出，因欽如來信說「你最近怎麼沒寫信來？」

韓國朴元熇來，閒談去杭州事。

七月二十八日

臺大助教吳密察到筑波大學看書歸，盛道該校圖書館設備好，這是素知之事。吳說他本日還去，乃與約同行。他說上午七點半，至上野乘常盤線車。晨起，錯以為八點半，至上野不見吳，問數次才知到十八月台上車。又問應至何處下車，巧遇該校農學教授山澤新吾[32]，二人用口語、英語、漢字溝通，他說在荒川沖驛下車，然後乘汽車往該校，下車時發現身上無車票，因上車時人們告以可在車上買票，然上車後無人來賣票，我出示坐到上野的國鐵票，始給補票。出車站後發現汽車正開走，只好乘下班車。上車後約四十分鐘看到筑波大學中央、醫院等字，至第一學群棟下車。終於到中央圖書館辦入館手續，很簡單但總是千山萬水，大凡求法都不容易。

一樓全為卡片櫃，參考書目、雜誌。參考書目有英、美、法、德、俄、中、日文，新到出版目錄亦然，較臺灣偏重英文者不同。報紙亦各種文字者均有。大陸報有人民、光明、大公報四五種，臺灣者只有《中央日報》航空版。其餘各樓層均藏書，因係新學校，所以古書不多，新書多，不分語文，均以內容分類，看報時見一浙江紹興女生，以公費而來。

至下午兩點三十分，不見吳等，恐回東京不易，乃出館，吃麵條一碗。對University Hall照相片兩張。到車站問，知除荒川沖外還可至土浦車站。坐電車回上野，因同票乘國鐵至目黑。此行見日本鄉村風光，林木繁茂，水利不錯，民房多二層樓，田園美，然房子均小。圖書館服務小姐態度和氣，與商店服務小姐同。向館方索得校圖及圖書版說明。該校原為東京教育大學文學部、東京文理科大學文學部。

七月二十九

至東洋文化研究所借數本英、日文雜誌出來複印，買書數種，約七千餘元。

七月三十日

在宿舍看書一日。

七月三十一日

上午看書，下午去橫濱。接家書。

八月一日

與亞東關係協會楊組長約中午見面。晨，五舅電，二姨全家經東京。至所印論文，去神保町買字典。晚與張、高島約，明日去橫濱。收胡春惠信，說申請韓國學術振興財團補助之表格填好，七月二十日已寄出。

八月十日

去仙台。至上野站，買新幹線對號車位，未買到，買自由特急座，至大宮。車行很穩，沿途經過數個隧道，小丘或連而為嶺，或孤落青翠稻田間，青山明池錯落交映。一點半到大宮，三點半至仙台，出站將「仙台站」照一相，然後依源了圓[33]囑，乘計程車至東北大學川內校區之文學部，至七樓找到源氏。他已約好了治朝鮮史及中國史的同事在圖書館開一談話會。出席者有井上秀雄，寫了許多朝鮮史文章，在出版品目錄中常見到他的名字，現為東北大學教授。助教授中村完[34]，熊谷祐子任翻譯，話很流利。我介紹了臺灣韓國研究的情形、中華民國韓國研究學會，以及自己的工作，也回答了許多問題。談到國民性，他們說日本人不感情用事，中韓人易感情用事，如教科書事件，日人早已將往事忘了。我說那是因日人佔了優勢，中韓佔劣勢，感覺吃了虧，所以不易忘。談話畢，源、中村等，約至一飯館吃飯，飯後送住宿之艮陵會館（Gonryo Hall），別。熊谷小姐在上海復旦大學一年級讀書，說該校借書不易，先生約六十以上者很好，年輕人亂七八糟。

八月十一日

晨，看完《國外文學研究選》。旅館庭院整潔安靜，九點至東北大文學部。佈告欄有到中國大陸旅行之文字。源了圓到，說他明年六十三歲，依東北大學規定須退休，他已找好去東京國際基督教大學之職。我說我對日本基督教大學很有興趣，請他介紹朋友以便訪問。他介紹了該校大學院研究所教授武田清子[35]。時隔壁住英國牛津大學人員，源介紹之，乃研究儒學史者，時正研究日本儒學史中，忠、孝二者何先何後問題，足見英人很會選題，注意東方思想。

十點，熊谷祐子到，去參觀東北大學圖書館，因源氏陪，得參觀貴重書中之國寶，日本延久五年（一〇七三）抄《史記・孝文本紀》。另室，一一〇〇年抄《類聚國史》一部分、藏文大藏經。回至源之辦公室，請他除介紹武田外，也介紹京都大學人文科學研究所所長上山春平，源立即電話聯絡好。源氏為人之篤誠，對友人之周到，甚感人。

約源了圓、井上秀雄中餐，他們找了一處，在去車站大路青葉通上的一日本館子。因為無位子，等了一會，其間與井上談到他訪北韓之經過。他說剛發表了一本書，怕我帶不進臺灣。我說中研院享受最大自由。他當即乘計程車回校拿一本來。飯中，源說再舉行中韓國際會議時，請上井上教授，我說當然第一人選。飯後三人共照一幻燈片。我上計程車，正好有一兩點十八分開東京的新幹線車。第一次用一萬元之大鈔買票，七千七百日圓，自由特急座。至大宮，轉至上野車。在車上等約十分鐘始開，二十五分到上野，轉山手線到目黑站下車，因途中要買東西，步行走回住處。仙台是日本仙台藩藩邸，明治維新時期，該藩已頗有聲名。這次仙台之行，因時間不充分未能觀覽市區，朋友建議看魯迅紀念館也因乏興趣未去，然看了東北大圖書館，認識了數位學者，得到了些論文，收穫至大。費用則來回車資一萬五千四百，食宿因源氏代訂旅館，早餐在內共三千六百元，請吃午飯四千七百元，共兩萬一千四百元，計程車費三千元。

八月十二日

中午與張炎憲、張啟雄及其同學共飯。飯後張炎憲陪我至文京區公所辦居留延長，然以住所在港區，不可。回至街上印朝鮮學會名冊。至東大賣書處買了四千多日圓的書。上週約好，要與于志嘉[36]及其同班同學，畢業自香港中文大學、臺大史研究所，現於東大讀博士之蔡志祥[37]飲啤酒，幾乎忘了，印書時看到他們方又想起，約好五點要在學士會館見。因又買了書，袋中空，臨時領了一萬三千元找他們，三人飲啤酒。談到臺灣地位問題，我發現港人對中國已無責任感。

八月十三日

上午至所，本想印書，而因中元節之故，日本許多人回家祭祖，該店也關了門。到圖書館借出若干想借而以前未找到之書和論文。居住在橫濱的段柏林老先生[38]想借書，因圖書館下週一休不開門不能借，代他借出。下午與張炎憲同往武田清子家拜會。據資料，一九一七年生，現為國際基督教大學亞細亞文化研究所所長，著書多，曾數度往中國大陸，與江文漢[39]熟，她是一九六七年哈佛燕京的訪問學人。我們談到教會發展，她對日本武士須參加教會，有自主精神，不受西方支持控制，頗為驕傲。認為日本封建制度下，從王到農人以其所業為目的，而中國人則以取官位為目的，故發展不同。臨行贈所編〈アジアにおけるキリスト教比較年表〉。

辭出後至東京橋三重洲Book Center看書，走兩層樓至七點打烊。書很多很全，想買了五本，近四千元，錢不夠，只買三千元，三本，即松本重治[40]之《上海時代——ジャーナリストの回想》。七點後至地下街晚餐而回宿舍，翻武田清子書，發現一九四一—四五間中國欄下空白，這或因無資料，或因江文漢本人反對而未寫。

八月十八日

與張炎憲同往張啟雄家，送嬰兒奶粉雪印。請于志嘉小姐介紹東洋文庫，看大島研究員。暑假無人擾，三人共話一點多。田中正俊教授[41]來，始介紹認識，送所寫〈中國海關出版品簡介〉，他贈一文，又談了一會兒中、日、美史學之風。他介紹去外務省外交史料館看資料，介紹給河村一夫教授。回途中買寄書之紙箱。請于小姐往學士會館中餐。田中健夫指導之博士生田代和生[42]也住國際學舍，因知其研究議題為日本、朝鮮貿易史。日本對馬島距其從屬之日本本土非常遙遠，而距朝鮮近，物資需求仰賴朝鮮貿易，田代和生整理史料並著專書，得其相贈。

源了圓介紹了京都大學人文科學研究所所長上山春平見面，欣至此聞名之大學，且京都為人覽人誇之地，也宜見識。京都是仿中國長安、洛陽而建，確有洛陽風味。洛仍作雒，街衢整潔，淡綠色，不過寺廟之多自非隋唐以前建物。與上山春平話，他也覺得應該與臺灣學府及學術機構交流，但應先開學術會議，方易進行。辭出京大，到奈良走走。公園養育鹿子等物，很好玩。從奈良南行到天理大學，乃日本統治朝鮮時期，該國研究朝鮮、滿蒙的研究者，回到日本的聚集地，著名者如今西春秋。我認識的是一位日本籍的平木實及在臺灣大學待過的李元植。因為這裡是對朝鮮教研的重要地方，所以來看看。朝鮮書文真不少，而平木實後來成了常見的朋友。由於日本侵華，中日友誼凍結，國人對日韓關係缺少瞭解，對日人尤其如此。國人甚至一直以為韓日關係不如中韓交好，而不太瞭解由於日韓語言接近及歷史原因，日韓人往來甚為密切，學術界人對許多事比較容易說明溝通，這是我這次訪日最大的收穫。

註釋

1 非一九八一年舉辦的中韓關係史國際研討會。

2 柳承國（류승국，一九二三—二〇一一），韓國忠清北道清原人，一九五二年畢業於成均館大學東洋哲學系，一九七五年取得同系博士。一九八三—一八九六年期間，擔任韓國精神文化研究院（今韓國學中央研究院）院長。著有《韓國史上的淵源與歷史展望》（한국사상의 연원과 역사적 전망）、《韓國的儒教》（한국의 유교）等書。

3 鄭在覺（정재각，一九一三—二〇〇〇），畢業於京城帝國大學法文學部、高麗大學大學院，一九四七—一九七八年任教高麗大學。一九五七—一九六五年擔任古典翻譯院委員會委員長。一九六八—一九七二年擔任高麗大學院長。一九七八—一九八二擔任東國大學校長。一九八二—一九八三年擔任韓國精神文化研究院院長。

4 朴元熇（박원호，一九四四—），高麗大學史學科畢業，一九七〇—一九七四年就讀臺灣大學歷史學碩士班，一九七八—一九八一年留學東京大學東洋史科。歷任高麗大學史學科教授、韓國東洋史學會會長。著有《明清徽州宗族史研究》、《崔溥漂海錄校注》、《崔溥漂海錄分析》等書。

5 睦銀均，臺灣大學歷史學系博士，博士論文題目〈晚清中韓關係之研究（一八六四～八五）——以興宣大院君與清廷的關係為中心〉（一九八七），指導教授為李守孔（一九二三—二〇一四）。

6 姜忠姬，臺灣師範大學國文系碩士、博士，碩士論文題目為〈《五音集韻》與《廣韻》之比較研究〉（一九八〇）、博士論文題目為〈《五音集韻》研究〉（一九八七），指導教授皆為陳新雄（一九三五—二〇一二）。

7 大野盛雄（一九二五—二〇〇一），東京大學東洋文化研究所名譽教授，專攻人文地理學。著有《アフガニスタンの農村から比較文化の視点と方法》、《イスラムの世界風土・宗教・文化》。

8 池田溫（一九三一—），東洋史學者，靜岡縣人。一九五四年東京大學文學部東洋史科畢業，東京大學文學博士。歷任北海道文學部、東京大學東洋文化研究所，一九九〇年四月一日任東洋文化研究所所長。著有《東アジアの文化交流史》、《敦煌文書の世界》、《唐史論攷——氏族制と均田制》等書

9 此處指的是《中国古代籍帳研究——概観・録文——》，獲得日本學士院賞（一九八三）。不過當年榮膺首獎，也就是在日本稱為「恩賜賞」的並非池田溫，而是向山光昭（一九二七—二〇一八），特此說明。

10 濱下武志（一九四三—），日本著名的歷史學家，東京大學名譽教授，著有《中国近代経済史研究——清末海関財政と開港場市場圏》、《近代中国の国際的契機——朝貢貿易システムと近代アジア》等書。

11 平野健一郎（一九三七—），日本著名的政治學者，專長是國際關係史，著有《国際文化論》。

12 張炎憲（一九四七—二〇一四），東京大學博士，著名的臺灣史學者，曾任國史館館長、臺灣教授協會會長、臺灣歷史學會會長、臺灣社社長。

13 武田幸男（一九三四—），山形縣人，東京大學博士，日本著名的朝鮮史學者。歷任北海道大學文學部、東京大學文學部教授、名古屋市立大學，現為東京大學名譽教授。著有《高句麗史と東アジア——「広開土王碑」研究序説》、《朝鮮の歴史と文化》、《朝鮮社会の史的展開と東アジア》、《広開土王碑との対話》等書。作者訪問期間，武田幸男正任職東京大學。

14 閔斗基（민두기，一九三二—二〇〇〇），全羅道海南人，首爾大學史學科學士、碩士、博士，專攻中國近代史。一九六九年開始，執教首爾大學東洋史學科，一九九八年退休。著有《中國近代史研究》（중국근대사연구）、《辛亥革命史》（신해혁명사）等書。

15 秦裕光，旅韓華僑，著有《旅韓六十年見聞錄：韓國華僑史話》。

16 安重根（안중근，一八七九—一九一〇），韓國獨立運動家，謀劃刺殺伊藤博文。

17 金玉均（김옥균，一八五一—一八九四），字伯溫，號古遇，朝鮮王朝的官員，主張現代化改革，立場親日。

18 趙明河（조명하，一九〇五—一九二八），韓國獨立運動家，一九二八年在臺中刺殺久邇宮邦彥王失敗，判處死刑。

19 酒井忠夫（一九一二—二〇一〇），福井縣人，中國史學者，東京教育大學文學博士。著有《世界史研究》、《中国善書の研究》等書，國書刊行會出版六卷本的《酒井忠夫著作集》。

20 沈松僑（一九五〇—），臺灣大學歷史學碩士，中央研究院近代史副研究員退休。

21 金敬泰（김경태，一九三一—），韓國歷史學者，東國大學史學科畢業，東京大學碩士、博士。一九七一年起，執教韓國梨花女子大學史學科。著有《근대한국의민족운동과그사상》（近代韓國的民族運動及其思想）。

22 波多野善大（一九〇九—一九九八），中國近代史家，著有《中国近代工業史の研究》、《中国近代軍閥の研究》等書。

23 好太王碑，又稱廣開土大王碑，全稱國岡上廣開土境平安好太王碑。碑址現在中國吉林省集安市集安鎮好太王陵東。此碑為重要的史料，引起中日韓學者的關注。

24 田仲一成（一九三二—），中國戲曲研究者，東京大學名譽教授、日本學士院會員、東洋文庫理事。著有《中国祭祀演劇研究》、《中国巫系演劇研究》、《中国演劇史》等書。

25 海老澤有道（一九一〇—一九九二），日本的基督史家。他是日本的基督教史學會的發起人之一，一九六三—一九八五年間擔任理事長。著作等身，如《切支丹史の研究》、《南蛮学統の研究 近代日本文化の系譜》、《キリシタン南蛮文学入門》等。

26 渡部學（一九一三—一九九一），曾任京城帝國大學附設理科教員養成所教授，編著有《近世朝鮮教育史研究》、《朝鮮近代史》、《韓国近代教育史》等書。

27 李瑄根（이선근，一九〇五—一九八三），首爾大學教授，曾任文部大臣，任內設置國史編纂委員會。著有《朝鮮最近世史》（조선최근세사）等書。

28 范毅軍（一九五一—），美國史丹福大學博士，中央研究院歷史語言研究所研究員、人文社會科學研究中心合聘研究員，專攻社會經濟史、地理資訊系統，著有《傳統市鎮與區域發展：清太湖以東地區為例，一五五一—一八六一》。

29 吳密察（一九五六—），臺南人，臺灣大學歷史系畢業，東京大學碩士、博士課程修畢。歷任臺灣大學歷史學系講師、副教授、行政院文化建設委員會副主任委員兼中部辦公室主任、任臺灣歷史博物館籌備處主任、國史館館長、故宮博物院院長。

30 杜正勝（一九四四—），高雄永安人，中國史學者，中央研究院院士。歷任中研院史語所研究員、故宮博物院院長、教育部部長，專攻中國上古史。著有《周代城邦》、《編戶齊民：傳統政治社會結構之形成》、《古代社會與國家》等書。

31 Odilon Redon（一八四〇—一九一六），法國象徵主義畫家。

32 山澤新吾（一九二三—二〇一四），筑波大學名譽教授，專攻農產工學。

33 源了圓（一九二〇—），日本思想史學者，東北大學名譽教授，日本學士院會員。著有《義理と人情 日本

的心情の一考案》、《実学と虚学》、《徳川合理思想の系譜》等書。

34 中村完（一九三二—二〇〇五），朝鮮語言學家，東京教育大學語言學系畢業，一九七〇年任東北大學文學部助教授、教授、名譽教授。著有《ハングル初歩の初歩》、《訓民正音の世界論文選集》等書。

35 武田清子（一九一七—二〇一八），兵庫縣人，日本思想史學者，國際基督教大學名譽教授，專攻基督教倫理、宗教哲學。

36 于志嘉（一九五五—），東京大學博士，中研院史語所研究員，專攻明史。著有《明代軍戶世襲制度》、《衛所、軍戶與軍役——以明清江西地區為中心的研究》。

37 蔡志祥，臺灣大學學士、香港中文大學碩士、東京大學博士，現為香港中文大學教授，專攻中國社會的節日及普及宗教。

38 段柏林（一九〇八—），日本華僑學者，曾任橫濱華僑總會主任秘書、亞細亞文化總合研究所研究員。

39 江文漢（一九〇八—一九八四），湖南長沙人，南京金陵大學歷史系畢業，美國賓夕法尼亞大學歷史學碩士，美國哥倫比亞大學哲學博士。歷任中華基督教青年會全國協會副總幹事、上海社會科學院歷史研究所特約研究員，著有《中國古代基督教及開封猶太人》。

40 松本重治（一八九九—一九八九），大阪市堂島人，日本知名記者。東京帝國大學法學部畢業，留學耶魯大學、威斯康辛大學、日內瓦大學，一九三二年回國後加入新聞聯合社擔任記者，一九四五年離職，創立民報社，擔任社長兼主筆。

41 田中正俊（一九二二—二〇〇二），出生於臺南，東京大學名譽教授，專攻中國近代史，著有《中国近代経済史研究序説》、《東アジア近代史の方法 歴史に学ぶ》等書。

42 田代和生（一九四六—），日朝關係史學者，日本中央大學學士、碩士，慶應大學博士課程修畢。一九七九年，以《近世日朝通交貿易史の研究》，取得中央大學文學博士學位。歷任慶應大學經濟學部教授、名譽教授、日本學士院會員。其名著《近世日朝通交貿易史の研究》為日朝關係史的權威著作，另著有《書き替えられた国書——徳川・朝鮮外交の舞台裡》、《江戸時代朝鮮薬材調査の研究》等書。

第七章

海外華人研究

由於寫《光緒卅一年中美工約風潮》，接觸了研究東南亞的朋友，其中最早是南洋學會[1]的魏維賢[2]。後來同中研院民族所的文崇一、三民所[3]的吳劍雄商議與他們合作研究，卻因近史所未表同意，事遂不果。不過結識教研東南亞的人，使我有了研究亞洲太平洋的想法。現在已記不起是甚麼時候，召開院士會議時，我透過甚麼管道表示了從事亞太研究的意見。楊聯陞先生事後對我說，要推行亞太研究，要先到大學開課、培植學生，方才能續有可用之人。

我對楊聯陞先生的意見甚不以為然，心想：「哼，找人才應到天下各處，怎可只找自己的學生！」理直氣壯。呂實強曾批評我說，都是為學術、為公，沒有為自己的利益（意有所指），但這就是不實際。若干年後自己也瞭解了，後悔沒長期到學校兼課。中研院東南亞研究中心成立後，東北亞研究中心也出現，不過我很快退休，張啟雄先生扛起責任，後來合併為亞太研究中心[4]，可見作事與時機有密切關係。

陳三井所長任內曾約我和朱浤源先生到馬尼拉、雅加達、新加坡、馬六甲觀訪了一趟。所到似乎都和政府駐該處官員接觸，新加坡的南洋大學、南洋學會學者都見到了，在馬六甲見到了為中文教育而坐牢數年的沈慕羽老先生[5]，看到他在當地發行報紙的兒子，及華僑義山（Bukit Cina）的青雲亭。沈慕羽先生的國學及漢字書法都很好。在吉隆坡見到馬來亞大學的幾位先生，以及蒐儲華僑資料的地方，這是工作南進的重要契機。

中共改革開放後，人民外出謀生者多，華僑華人數增多，從事研究者，尤其是中國大陸，研究的學術組織增多。有鑒於此，我覺得中華民國也不應與潮流脫節，乃聯絡對教研海外華人之同好如李亦園、呂士朋等學長，及吳劍雄等專業朋友，並依政府法令規定於一九八九年創組「中華民國海外華人研究學會」，繼而出版學報與各種海外華人研究。另一方面與國外同性質的學會聯繫，召開學術討論會。僑務委員會及沈大川先生均予熱心協助。

中華民國海外華人研究學會的貢獻首先是與國辦外華研究組織及人員聯絡，表示中華民國在這一學術活動的事業，是積極的成員。一九九二年成立的「世界海外華人研究學會」（International Society for the Studies of Chinese Overseas，ISSCO），目的是作為中國（兩岸）以外海外華人研究者的組織，所以東北亞、東南亞、北美、西歐均有一代表，而中國大陸、臺灣、香港則各有一聯絡員。該會未能出版刊物，只每隔三、四年商選一地方開大會，一九九四年在香港與香港大學合辦，一九九八年在菲律濱與華僑青年聯合會（Kaisa Para Sa Kaunlaran Inc.）及馬尼拉亞典耀大學（Ateneo de Manila University）合辦，二〇〇一年在臺北由中華民國海外華人研究會及中央研究院中山人文社會科學研究所承辦。

澳大利亞本想辦理這次會議，臺灣聯絡員、中華民國海外華人研究學會理事長、中研院近史所研究員張存武以為這次會是二十世紀和二十一世紀的換紀年會，很有意義，應該由華僑華人的母國辦。經由ISSOCO會長王賡武的協調後決定在臺北辦。承中研院院長特助、近史所同仁謝國興的惠助，李遠哲院長[6]應允給新臺幣三百萬元，但必須由一個附屬單位承辦，而我所屬的近史所有條內規，大型國際會議一年內只可開一次，其時已有個會議定要開了。楊國樞副院長接洽民族所、史語所，均無消息，幸好社科所所長梁其姿[7]是新上任的，所以承接下來，而由湯熙勇[8]總攬事務，邀請與會人員名單由我建議。臺灣首次舉辦這種會，當然是好事。會中宣讀的論文承華僑協會總會資助印出，共三大本。

華僑華人研究方面我寫過綜覽性的方向方法，簡要地討論臺灣一九五〇—九〇間的研究成果、海外移民方向、歐美政策，以及研究的變動趨勢。[9]後來承蒙「蔣經國基金會」資助，順利與菲律賓國家檔案館、華裔青年聯合會合作，影印菲華碑文題記，抄錄了菲國早期（西班牙統治時期）檔案中有關華僑的資料，製成顯微膠卷等資料。[10]

註釋

1 南洋學會，原名中國南洋學會，成立於一九四〇年，是東南亞華人最早研究南洋課題的學術團體，出版品有《南洋學報》、《南洋學會叢書》。

2 魏維賢（一九二九—二〇一三），新加坡華人，祖籍同安。一九五〇年馬來亞大學教育系畢業後，任教新加坡華僑中學，後赴英國倫敦大學攻讀哲學博士。一九六三—一九七一年間，擔任新加坡大學教育學院高級講師，並被任命為該院院長。一九八二年獲選為南洋學會會長。

3 一九九〇年改名為中山人文社會科學研究所，二〇〇四年再改組為人文社會科學研究中心。

4 此處指的是中央研究院人文社會科學研究中心下的「亞太區域研究專題中心」。

5 沈慕羽（一九一三—二〇〇九），祖籍福建省晉江，出生於馬六甲，畢業於馬六甲培風中學，曾擔任馬六甲平民學校校長長達二十七年，也曾擔任馬來西亞華校教師會總會二十九年。

6 李遠哲（一九三六—），臺灣新竹人，國際聞名的科學家，諾貝爾化學獎得主，也是第一位得到諾貝爾獎的臺灣人，中央研究院院士，曾任中央研究院院長（一九九四—二〇〇六）。

7 梁其姿（一九五三—），中央研究院院士，現為香港大學香港人文社會研究所所長。著有《施善與教化：明清的慈善組織》、《麻風：一種疾病的醫療社會史》、《面對疾病：傳統中國社會的醫療觀念與組織》、《變中謀穩：明清至近代的啟蒙教育與施善濟貧》等書。

8 湯熙勇（一九五一—），海洋史學者，專攻臺灣海外移民史、南海諸島史，曾任職中央研究院人文社會科學研究中心，現為該中心兼任研究員。

9 此處指的是：張存武，〈中外海外移民若干問題的比較〉，《華僑華人歷史研究》，第三期（北京，一九九七），頁一—七。張存武，〈對中國海外移民的多角度思考〉，《中國海外華族研究論集》，第一卷（臺北，二〇〇二），頁六十三—七十二。

10 這方面的細節可以參考：張存武、朱浤源、潘露莉訪問，林淑慧記錄，《菲律賓華僑華人訪問紀錄》（臺北：中央研究院近代史研究所，一九九六）。

第八章 史學方法教研

好像是胡適之說的，發明家往往是偷懶的人，其實年青人大多好偷懶，我年輕時哥哥們吩咐作的事有時未完成，就被斥責：「一天到晚光想妙方法！」意思是不老老實實作事。考上臺大歷史系後才知道老師就教妙方法，也就是史學方法。不但教中國方法如劉知幾、章學誠等教誨言論，留學德國的姚從吾師還傳授德國史學家蘭克[1]的史學方法，接著舊著、舊版書的不斷出現，如李思純[2]譯述朗格諾瓦．瑟諾博斯的《史學原論》[3]，梁啟超的《中國歷史研究法》，柳詒徵的《國史要義》，陳韜譯《史學方法論》[4]。似乎真相信讀了史學方法就能寫好的史學文章，所以到哈佛大學訪問研究時利用不必付現款的coop card痛痛快快的買書。

一九七〇年代至九〇年代因與社會科學界朋友共組《思與言》雜誌社，受到他們的影響，得知了一點社會學、人類學對史學研究的影響，知道現代化與中國化研討及推動。說實在話，我原想回國後研究中美關係史，但回來後因到韓國訪問兩月，致使又揀起以往作的中韓關係史研究，而未從事中美研究，所以買的有關中美關係，美國史等史學方法的書沒有用上。

史學研究是一串工作的過程，包括形而上的思想理論及形而下的技術、形式等工作，我自己的經驗是，大學及碩士班研究生最需要形而下的知識，所以我就編寫了篇歷史論文的格式，交代了通篇論文的結構，如正文的段落章節、標點符號、徵引、數字數碼、已刊書籍論文的初註、再引註、徵引文獻目錄等作法，以及中國朝代帝系表，外國歷史年代表等，命名為《歷史學手冊》。

這種小事一般工具書不載，整理起來很費事，是食貨出版社刊行的，銷路頗好，有的人想只買年表部份，足見作點替作學問省時省力的事也是方法中的大事。其後與朱浤源先生共同擬訂過《近史所集刊》刊行的outline shoot。我在《思與言》雜誌上只介紹過美國新出版中國近代史著作，及韓國新刊《燕行錄選集》，後者當時無人注意，二十一世紀《燕行錄》研究突然起來，幾成顯學。

我的臺大歷史系同班同學杜維運是史學方法及中國史學的專家，在臺大史學系授課、私立輔仁大學兼課，我們常常談天說地。一九七〇年他專在臺大授課，辭掉輔仁大學的兼課，並且向輔仁史學系主任王任光教授[5]推薦我填補他所辭教缺。可能因兩人常閑話，他覺得我可以代替他。好同學的話，雖然心中覺得不夠踏實，還是答應了。雖然聽過姚從吾先生的課，但姚師口才不很快捷，以前一個禮拜兩小時課的筆記，在輔大一週兩次課，每次三個小時，大概我三個禮拜就可以將之教完，因此只好自己預備教材。

第一年，差不多全部時間都花在史學方法課上。上半年（第一學期的課）我自己教，講史料與史著之異同、史料分類與真偽考證、歷史解釋，及寫文章應注意之處。史料鑑別分類我特別強調注意部分的品質，勿以全體之論定，抹殺部分的品質。解釋則強調注意假設（hypothesis）與推論（inference）之不同，從美國帶回來的幾本史學方法書，總算用上了。講課時只看作好的卡片，事前事後，均未寫成講義。這也是聽人家說，這樣隨時可將可用的新材料納入講課卡片中。不過教了兩年課未寫出一本講義來，如寫出，在當時的行市中應得青睞。事實上民國以來的大學用書大半是講堂講義。

授課第二學期我用王任光教授譯《歷史論集》，也就是Edward. H. Carr所著*What is History*為教材，要求學生閱讀。雖然須費些力，但大學第一、二年級的學生讀後可以早一點開闊眼界，得知一些與中文教科書不同的觀點。此外還請《思與言》雜誌社、中研院研究社會科學的同志如李亦園、楊國樞、文崇一、袁頌西[6]、瞿海源[7]等每人主講一次，了解他行研究歷史會有何不同觀點。這是因為一九八〇年代的社會科學人經常說，學歷史的應參用社會科學觀點，並喊出且有人作了社會科學中國化的工作，請他們給學生講課，這也是順應潮流。

不過這都沒有演講費，只是每次請一人在中華路晚餐，都是自掏腰包，那時年輕，一腔熱情，不計其他。沈剛伯師及夫人曾祥和老師也在輔仁兼課，有次他們請人吃飯，我也在座，輔仁的同事、教授西洋史的美國神父孟樹人[8]送我本著作，這應是表示肯定的意思。但因近史所工作關係，以及對重複教同樣課感到乏味，教了兩年我就向王任光主任辭職，他挽留我，說你開甚麼課都可以。

史學研究是一連串工作的集合。研究資料是基礎，常常是一面研究，一面搜集資料。朝鮮與滿洲集團的關係，總以為清入關後才算正式，雙方往來文件，在入關前也是零落殘缺，聞韓國國史館[9]中有清太宗文皇帝天聰、崇德時雙方往來文檔，乃立刻函該館館長李元淳[10]，問有無這些文檔，如有，可否複印。元淳館長迅即回覆可以複印，同時道韓國漢城大學奎章閣藏有類似文件。

我乃函請漢城大學閔斗基教授、李元淳委員長製微卷，或複印寄下。復自遼寧省社科院李勤璞先生[11]得知，大連市圖書館及日本京都大學等數處也藏有此種文件，遂請葉泉宏先生將國史編纂委員會所藏者作底本，編製文冊，並雇請大連圖書館人員校對，於民國八十九年（二〇〇〇）承國史館出版，共五百八十餘頁，足見史料收集之不易。[12]此事能成，感謝留學臺大中文系，回韓任教漢城大學中文系的金學主。他擔任韓國的中國學會理事長時，介紹韓國學術振興財團（Korea Research Foundation），向該會申請經費，資助編纂。國史館出版的十二冊《近代中韓關係史資料彙編》[13]屬相同工作，我介紹近史所藏中國海關出版品，民國五十年代介紹韓國編印之《燕行錄選集》，本世紀所寫推行華行錄研究，以及討論研究史的文章，均屬研究方法的一環。

註釋

1 Leopold von Ranke（一七九五—一八八六），近代史學之父，主張研究歷史必須基於檔案，藉此如實重現歷史。

2 李思純（一八九三—一九六〇），四川成都人，著名的歷史學家。一九一九年赴法國巴黎大學求學，後轉往德國柏林大學。歸國後任職於東南大學、四川大學，著有《李思純文集》，並翻譯了《史學原論》，這是該書首次被介紹到中文世界。

3 瑟諾博斯（Charles Seignobos，一八五四—一九四二）的*Introduction aux Etudes Historiques*（一八九七）。

4 伯倫漢（Ernst Bernheim，一八五〇—一九四二）的*Lehrbuchder Historischen Methode*（一九〇八）。

5 王任光（一九一九—一九九三），字懷棠，浙江省江山縣人，著名的西洋史家，其翻譯的《歷史論集》曾長期作為歷史系學生的必讀書。

6 袁頌西（一九三三—），江蘇鹽城人，畢業於臺灣大學政治學系、研究所碩士班。曾任臺灣大學法律學院院長、交通部政務次長、教育部政務次長，暨南大學籌備處主任，暨南國際大學校長等職。

7 瞿海源（一九四三—），社會學家，曾任民間司法改革基金會董事長、中央研究院社會學研究所研究員、國立臺灣大學社會學系教授、中研新村社區發展協會理事長等職，亦是澄社創社社員、廢死聯盟召集人。

8 孟樹人（Rev. John F. Murtha, OSB.，一九三〇—二〇一〇），曾任臺灣本篤會會長，任職輔仁大學歷史系十二年。一九九七年返回美國，歷任美國聖文森學院校長、本篤會總會院長。

9 此處指的是大韓民國的「國史編纂委員會」（국사편찬위원회）。

10 李元淳（이원순，一九二六—二〇一八），韓國著名的歷史學家，特別關心朝鮮西學史、朝鮮燕行使，著有《朝鮮西學史》、《朝鮮時代論集》等書。曾任民族文化促進會會長（一九九二—一九九六）、以及國史編纂委員會委員長（一九九四—一九九九）。

11 李勤璞（一九六二—），曾任職遼寧社會科學院文學研究所、魯迅美術學院，擔任中國社會科學院歷史研究所學術顧問、蘭州大學出版社學術委員會委員等職。

12 張存武、葉泉宏編，《清入關前與朝鮮往來國書彙編》（臺北：國史館，二〇〇〇）。

13 這套十二冊的《近代中韓關係資料史彙編》迄今仍為全世界研究近代中韓關係史的最重要史料集之一。

著作目錄

按出版時間排序，非在臺灣出版者，皆註明期刊發行地。

學位論文

1. 《清天聰時代後金汗國與朝鮮的關係》。臺北：國立臺灣大學歷史研究所碩士論文，一九五七。

專書

1. 《光緒三十一年中美工約風潮》。臺北：中央研究院近代史研究所，一九六五。
2. 《清韓宗藩貿易（1637-1894）》。臺北：中央研究院近代史研究所，一九七八。
3. 《清代中韓關係論文集》。臺北：臺灣商務印書館，一九八七。
4. 《菲華商聯總會之興衰與演變（1954-1998）》（與王國璋合撰）。臺北：中央研究院亞太研究計畫，二〇〇二。

論文

1. 〈國立歷史博物館所藏的陶器〉，《教育與文化》，第二二三、二二四期（一九五九年十一月），頁二十八—三十。
2. 〈說明代宦官〉，《幼獅學誌》，第三卷第二期（一九六四年四月），頁一—二十二。
3. 〈龔定盦的建設新疆計劃〉，《思與言》，第二卷第一期（一九六四年五月），頁二二二—二二五，二一五。
4. 〈清代中韓邊務問題探源〉，《中央研究院近代史研究所集刊》，第二期（一九七一年六月），頁四六三—五〇三。

5. 〈清韓封貢關係之制度性分析〉，《食貨月刊》，第一卷第四期（一九七一年七月），頁十一—十七。
6. 〈清韓陸防政策及其實施——清季中韓界務糾紛的再解釋〉，《中央研究院近代史研究所集刊》，第三期下（一九七二年十二月），頁四九七—五一七。
7. 〈清韓關係（1636-1644）—上—〉，《故宮文獻》，第四卷第一期（一九七二年十二月），頁十五—三十八。
8. 〈清韓關係（1636-1644）—下—〉，《故宮文獻》，第四卷第二期（一九七三年三月），頁十五—三十六。
9. 〈清代中國對朝鮮文化之影響〉，《中央研究院近代史研究所集刊》，第四期下（一九七四年十二月），頁五五一—五九九。
10. 〈伍廷芳使美時的言論〉，《食貨月刊》，第五卷第二期（一九七五年五月），頁一—十一。
11. 〈伍廷芳使美時對中南美的外交與護僑〉，《思與言》，第十三卷第一期（一九七五年五月），頁二十八—三十六。
12. 〈清末政治改革運動中的伍廷芳〉，《總統蔣公逝世週年紀念論文集》（臺北：中央研究院，一九七六年），頁九二九—九六一。
13. 〈朝鮮對清外交機密費之研究〉，《中央研究院近代史研究所集刊》，第五期（一九七六年六月），頁四〇九—四四六。
14. 〈伍廷芳與辛亥革命〉，《中國現代史專題研究報告》，第六輯（一九七六年十一月），頁九十三—一二九。
15. 〈《北路紀略》的寫成時間及作者〉，《東方學志》，第十八輯（首爾，一九七八年六月），頁二二七—二二八。
16. 〈丁卯和議後金兵的撤退〉，《東方學志》，第十八輯（首爾，一九七八年六月），頁二一九—二二三。
17. 〈伍廷芳對美國的排華交涉〉，《中華民國史料研究中心十週年紀念論文集》（臺北：中華民國史料研究中心，一九七九），頁一九一—二一一。
18. 〈清入關前與朝鮮的貿易，1627-1636〉，《東方學志》，第二十一輯（首爾，一九七九年三月），頁一八七—一九三。
19. 〈穆克登所定的中韓國界〉，《中央研究院國際漢學會議論文集——歷史考古組》（臺北：中央研究院，一九八一），下冊，頁一三四七—一三六五。
20. 〈清韓關係：1631-1636〉，《韓國學報》，第一期（一九八一年四月），頁七十五—九十八。

21. 〈韓國研究與國學〉，《中國國學》，第九期（一九八一年八月），頁一〇一—一一一。

22. 〈有關韓國的中國史料之考察〉，《金俊燁教授華甲紀念——中國學論叢》（首爾：中國學論叢編輯委員會，一九八三），頁六四五—六五六。

23. 〈中國對於日本亡韓的反應〉，《中韓關係史國際研討會論文集：960-1949》（臺北：中華民國韓國研究學會，一九八三年三月），頁二三三—二四九。

24. 〈臨時政府的成立〉、〈南北議和〉、〈清帝退位〉，《中華民國建國史》第一編（臺北：國立編譯館，一九八五），《革命建國》第八章第四、五、六節，頁九一七—九五八。

25. 〈清季中韓關係之變通〉，《中央研究院近代史研究所集刊》，第十四期（一九八五年六月），頁一〇五—一二五。

26. 〈宗藩關係制度的運作——以朝鮮與努爾哈赤的第一次糾紛為例〉，《勞貞一先生八秩榮慶論文集》（臺北：臺灣商務印書館，一九八六年一月），頁四五一—四六五。

27. 〈謝杰對琉日關係之認識〉，《第一屆中琉歷史關係學術會議論文集》（臺北：中琉文化經濟協會，一九八七），頁三八一—三八九。

28. 〈中國對西方窺伺琉球的反應，1840-1860〉，《中央研究院近代史研究所集刊》，第十六期（一九八七年六月），頁八十五—一一〇。

29. 〈迎接歷史比較研究時代的來臨〉，《東方學志》，第五十四、五十五、五十六合輯（首爾，一九八七年六月），頁六七九—六八五。

30. 〈十九世紀末韓國雙重外交體制的建立〉，《第一回韓國學國際學術會議論文集》（首爾：仁荷大學校韓國學研究所，一九八七年十二月），頁二〇一—二〇四。

31. "The Story of Chi-Tzu and Sino-Korean Relations," 《韓國學報》，第七期（一九八八年一月），頁二六七—二七九。

32. 〈中國的實學觀念〉，《國史釋論——陶希聖先生九秩榮慶祝壽論文集》（臺北：食貨出版社，一九八八年十月），下冊，頁六二七—六四三。

33. 〈從中國海關研究首次國際研討會看大陸的海關研究〉，《近代中國史研究通訊》，第七期（一九八九年三月），頁八十二—八十七。

34. 〈從使琉球錄到琉球國史〉，《第二回琉中歷史關係國際學術會議論文集》（那霸：琉中歷史關係國際學術會議實行委員會，一九八九年三月），頁六七七—七〇〇。

35. 〈中國初期近代史要義，1511-1839〉，《近代中國初期歷史研討會論文集》（臺北：中央研究院近代史研究所，一九八九年四月），頁四七三—四八九。

36. 〈明季中韓對鴨綠江下游島嶼歸屬權之交涉〉，《韓國學報》，第八期（一九八九年五月），頁八—十九。

37. 〈中國與明清時代的韓琉關係〉，《中央研究院第二屆國際漢學會議論文集——明清與近代史組》（臺北：中央研究院歷史語言研究所，一九八九年六月），頁三二九—三四四。

38. 〈新儒學與天主教義在朝鮮的變適：以丁夏祥上宰相書為例〉，《第二屆政教關係國際研討會論文集》（臺北：淡江大學歷史學系，一九九一），頁九—十五。

39. 〈韓俄接觸與中韓關係，1862-1874〉，《中央研究院近代史研究所集刊》，第二十期（一九九一年六月），頁九十一—九十八。

40. 〈對於明琉關係的幾點認識〉，《第三屆中琉歷史關係國際學術會議論文集》（臺北：中琉文化經濟協會，一九九一年六月），頁九四九—九五九。

41. 〈韓人保留下來的明代公牘——吏文謄錄殘卷〉，《第五屆中國域外漢籍國際學術會議論文集》（臺北：聯合報文化基金會國學文獻館，一九九一年十二月），頁一一一—一二〇。

42. 〈從大處看歷史〉，《三民主義學術研討專輯（十二）》（臺北：國立政治大學，一九九一年十二月），頁三—十四。

43. 〈推展韓國的華行錄研究〉，《韓國史學論叢：水邨朴永錫教授華甲紀念》（首爾：探求堂，一九九二年六月），下冊，頁一〇八一—一〇八五。

44. 〈第一次韓美戰爭及中國的反應〉，《第二屆中外關係史國際學術研討會論文集》（臺北：淡江大學歷史學系，一九九二年六月），頁三十五—四十五。

45. 〈菲華變痕與華僑稱謂〉，《東南亞華人與中國經濟與社會》（新加坡：新加坡亞洲研究學會，一九九四），頁二六一—二七六。

46. 〈中國歷史評價的過去、現在和未來〉，《中國的過去、現在與未來國際學術討論會論文集》（香港：珠海書院亞洲研究中心，一九九四年一月），頁四三五—四四一。

47. 〈從愛國捐款數額論海外僑胞對抗戰的貢獻〉（與楊建成合著），《中華軍史學會會刊》，第一期（一九九五），頁九十七—一二三。

48. 〈東南亞華人教育的省思〉，《東南亞華人教育論文集》（屏東：國立屏東師範學院，一九九五年七月），頁一〇七—一一一。

49. 〈菲華商聯總會之成立與演變〉，《海外華人研究》，第三期（一九九五年十二月），頁一七九—一九三。

50. 〈菲律賓華僑抗日活動，1928-1945〉，《第三屆近百年中日關係研討會論文集》（臺北：中央研究院近代史研究所，一九九六），下冊，頁四五五—四八四。

51. 〈中外海外移民若干問題的比較〉，《華僑華人歷史研究》，第三期（北京，一九九七），頁一—七。

52. 〈看「戰後東南亞歷史發展」〉，《東南亞區域研究通訊》，第二期（一九九七年四月），頁九十四—九十七。

53. 〈菲律賓華僑抗日游擊隊研究小史〉，《中華軍史學會會刊》，第三期（一九九七年十二月），頁一九九—二一三。

54. 〈朝鮮人所知的盛世琉球〉，《中央研究院近代史研究所集刊》，第三十期（一九九八年十二月），頁一—二十七。

55. 〈菲華潘葵村先生的抗日詩作〉，《華僑與抗日戰爭論文集》（臺北：華僑協會總會，一九九九），下冊，頁七五六—七六六。

56. 〈菲華商聯總會的功能與發展（1954-1998）〉（與王國璋合著），《漢學研究通訊》，第七十四期（二〇〇〇年五月），頁二〇四—二一八。

57. 〈近世朝鮮與西方的接觸及中國的相應態度〉，《韓國學報》，第十六期（二〇〇〇年六月），頁三五七—三六二。

58. 〈對中國海外移民的多角度思考〉，《中國海外華族研究論集》，第一卷（二〇〇二年五月），頁六十三—七十二。

書評介紹與研究討論

1. 〈有關中國研究書目簡介〉，《思與言》，第三卷第六期（一九六六），頁四十九—五十，十七。

2. 〈介紹一部中韓關係新史料——《燕行錄選集》〉，《思與言》，第四卷第五期（一九六七年一月），頁四十一—四十二。
3. 〈《清代韓中朝貢關係綜考》評介〉，《思與言》，第五卷第六期（一九六八年三月），頁四十八—四十九。
4. 〈《韓國近代史》評介〉，《中央研究院近代史研究所集刊》，第一期（一九六九年八月），頁三五三—三六一。
5. 〈韓國研究中國近代史之現狀〉，《中央研究院近代史研究所集刊》，第一期（一九六九年八月），頁四〇一—四一一。
6. 〈評介《黃遵憲與日本友人筆談遺稿》〉，《思與言》，第七卷第三期（一九六九年九月），頁五十七—五十八。
7. 〈杜（維運）著《史學方法論》讀後〉，《中國歷史學會史學集刊》，第十一期（一九七九年五月），頁一九九—二〇一。
8. 〈杜婷娜著《儒士與夷使：韓國的開放，1875-1885》〉，《中央研究院近代史研究所集刊》，第八期（一九七九年十月），頁二九五—二九九。
9. 〈中國海關出版品簡介1859-1949〉，《中央研究院近代史研究所集刊》，第九期（一九八〇年七月），頁五〇五—五一一，五一三—五三四。
10. 〈《京漢鐵路初期史略》介評〉，《史學評論》，第二期（一九八〇年七月），頁二一九—二二四。
11. 〈讀金基赫著《東亞世界秩序的結局：1860至1882間的朝鮮及大清帝國》〉，《中央研究院近代史研究所集刊》，第十期（一九八一年七月），頁四五七—四六一。
12. 〈讀《排華與門戶開放政策之爭，1900-1906》〉，《中央研究院近代史研究所集刊》，第十一期（一九八二年七月），頁三六三—三六七。
13. 〈簡介金泰鎮氏編《韓國古書解題》〉，《韓國學報》，第二期（一九八二年十月），頁一二九—一三〇。
14. 〈評喬治・亞力山大・萊慎（George A. Lensen）著*Balance of Intrigue: International Rivalry in Korea and Manchuria, 1884-1899*〉，《漢學研究》，第一卷第一期（一九八三年六月），頁三二六—三二八。
15. 〈《美韓關係：1882-1982》評介〉，《韓國學報》，第三期（一九八三年十二月），頁二一五—二一九。
16. 〈中國域外研究的展望：以韓國史研究為例〉，《傅樂成教授紀念論文集：中國史新論》（臺北：臺灣學生書局，一九八五年八月），頁七五三—七六二。

17. 〈當前中韓關係史研究的課題〉，《韓國學報》，第五期（一九八五年十二月），頁三〇七—三一〇。

18. 〈擺脫瓶頸・開拓現代史研究新契機〉（與蔣永敬、曾祥鐸、賴澤涵、陳木杉合著），《中國論壇》，第二十一卷第五期（一九八五年十二月），頁八—二十一。

19. 〈大陸中國十年來的海外華人史研究〉，《海外華人研究》，第一期（一九八九年六月），頁二一九—二二四。

20. 〈譚其驤與《中國歷史地圖集》〉，《歷史月刊》，第十八期（一九八九年七月），頁一四二—一四五。

21. 〈介紹兩本有關明代宦官的編著：《明代宦官與經濟史料初探》、《明代宦官》〉，《新史學》，第二卷第一期（一九九一年三月），頁一六五—一六九。

22. 〈評《中國封建政府的華僑政策》〉，《海外華人研究》，第二期（一九九二年四月），頁二六一—二六四。

23. 〈民國以來的中韓關係史研究〉，《民國以來國史研究的回顧與展望研討會論文集》（臺北：國立臺灣大學，一九九二年六月），中冊，頁九一五—九二九。

24. 〈評介麥禮謙著《從美國華僑到美國華人：二十世紀美國華人社會發展史研究》〉，《近代中國史研究通訊》，第十七期（一九九四年三月），頁一〇一—一〇四。

25. 〈評中國第一歷史檔案館編《清代中琉關係檔案選編》、俞玉儲〈清代中國和琉球貿易初論〉〉，《近代中國史研究通訊》，第十八期（一九九四年九月），頁一八二—一八五。

26. 〈讀鄭永常教授《征戰與棄守——明代中越關係研究》〉，《暨大學報》，第三卷第一期（一九九九年三月），頁三七六—三七八。

編纂

1. 《歷史學手冊》（與陶晉生合編）。臺北：食貨出版社，一九七六。
2. 《近代中韓關係史資料彙編》（與胡春惠、趙中孚合纂）。臺北：國史館，一九八七。
3. 《清入關前與朝鮮往來國書彙編：1619-1643》（與葉泉宏合編）。臺北：國史館，二〇〇〇年九月。

4.《中國海外華族研究論集》（與湯熙勇合編）。臺北：華僑協會總會，二〇〇二。

5.《臺灣地區華僑華人著述資料目錄（1950-2000）》（與朱浤源合編）。臺北：中研院亞太區域研究專題中心，二〇〇三。

其他

1.〈提供幾點發展史學的意見〉，《思與言》，第四卷第五期（一九六七），頁一，二十六。

2.〈請改正用中文排字方式的規定〉，《大學雜誌》，第二十期（一九六九年八月），頁三十四。

3.〈對當前史學發展的檢討和建議〉，《中央日報・副刊》，一九七六年一月二十八、二十九日。

4.〈大學歷史教育〉，《出版與研究》，第三十二期（一九七八年十月），頁五—十三。

5.〈中華民國韓國研究學會成立經過及其旨趣〉，《中國歷史學會史學集刊》，第十二期（一九八〇年五月），頁三六九—三七二。

6.〈莊稼雜字箋釋〉，《山東文獻》，第六卷第三期（一九八〇年十二月），頁三十二—三十五。

7.〈憶《思與言》的改組〉，《思與言》，專號（一九八二年十一月），頁二十七—二十八。

8.〈東漢末年的大瘟疫：從常見易得的史料發現問題〉，《歷史月刊》，第四期（一九八八），頁一四〇—一四一。

9.〈分裂與擴張——論中國國勢發展的階段性〉，《歷史月刊》，第三十四期（一九九〇年十一月），頁一三六—一三七。

10.〈東南亞六國海外華人研究概況調查報告〉（與陳三井、朱浤源合著），《近代中國史研究通訊》，第十二期（一九九一年九月），頁六十二—七十九。

11.〈青年軍的故事〉（與陳三井、古原、林能士合著），《歷史月刊》，第五十三期（一九九二年六月），頁二十五—五十三。

12.〈萬曆援朝抗倭之役的影響〉，《歷史月刊》，第五十九期（一九九二年十二月），頁三十七—四十一。

13.〈退休茶話〉，《近代中國史研究通訊》，第二十七期（一九九九年三月），頁十四—二十。

14.〈點點滴滴念友情〉，收入楊立文主編，《謝培智教授紀念文集》（北京：民族出版社，二〇〇〇），頁六十九—七十五。

15.〈雲霞秋色憶華年〉，收入馮明珠編，《文獻與史學——恭賀陳捷先教授七十高壽論文集》（臺北：遠流出版事業股份有限公司，二〇〇二），頁一—三。

16.〈中華民國韓國研究學會的成立〉，《韓國學報》，第二十三期（二〇一二年六月），頁一—十六。

張存武著作集 01　史地傳記類　PC0725

生平絮語：張存武回憶錄

作　　者 / 張存武
整理校注 / 吳政緯
責任編輯 / 鄭伊庭
圖文排版 / 詹羽彤
封面設計 / 蔡瑋筠

發 行 人 / 宋政坤
法律顧問 / 毛國樑　律師
出版發行 / 秀威資訊科技股份有限公司
114台北市內湖區瑞光路76巷65號1樓
電話：+886-2-2796-3638　傳真：+886-2-2796-1377
http://www.showwe.com.tw
劃撥帳號 / 19563868　戶名：秀威資訊科技股份有限公司
讀者服務信箱：service@showwe.com.tw
展售門市 / 國家書店（松江門市）
104台北市中山區松江路209號1樓
電話：+886-2-2518-0207　傳真：+886-2-2518-0778
網路訂購 / 秀威網路書店：https://store.showwe.tw
國家網路書店：https://www.govbooks.com.tw

2019年10月　BOD一版
2022年8月　BOD二版
定價：390元

國家圖書館出版品預行編目

生平絮語：張存武回憶錄 / 張存武著.-- 一版. -- 臺北市：秀威資訊科技, 2019.10
面； 公分. -- (史地傳記類)(張存武著作集 ; 1)
BOD版
ISBN 978-986-326-736-2(平裝)

1. 張存武 2. 回憶錄

783.3886 108014322

讀者回函卡

感謝您購買本書，為提升服務品質，請填妥以下資料，將讀者回函卡直接寄回或傳真本公司，收到您的寶貴意見後，我們會收藏記錄及檢討，謝謝！如您需要了解本公司最新出版書目、購書優惠或企劃活動，歡迎您上網查詢或下載相關資料：http:// www.showwe.com.tw

您購買的書名：＿＿＿＿＿＿＿＿＿＿＿＿＿＿＿＿＿＿

出生日期：＿＿＿＿年＿＿＿＿月＿＿＿＿日

學歷：□高中（含）以下　□大專　□研究所（含）以上

職業：□製造業　□金融業　□資訊業　□軍警　□傳播業　□自由業

□服務業　□公務員　□教職　□學生　□家管　□其它＿＿＿

購書地點：□網路書店　□實體書店　□書展　□郵購　□贈閱　□其他

您從何得知本書的消息？

□網路書店　□實體書店　□網路搜尋　□電子報　□書訊　□雜誌

□傳播媒體　□親友推薦　□網站推薦　□部落格　□其他＿＿＿＿

您對本書的評價：（請填代號　1.非常滿意　2.滿意　3.尚可　4.再改進）

封面設計＿＿　版面編排＿＿　內容＿＿　文／譯筆＿＿　價格＿＿

讀完書後您覺得：

□很有收穫　□有收穫　□收穫不多　□沒收穫

對我們的建議：＿＿＿＿＿＿＿＿＿＿＿＿＿＿＿＿＿＿

＿＿＿＿＿＿＿＿＿＿＿＿＿＿＿＿＿＿＿＿＿＿＿＿

＿＿＿＿＿＿＿＿＿＿＿＿＿＿＿＿＿＿＿＿＿＿＿＿

＿＿＿＿＿＿＿＿＿＿＿＿＿＿＿＿＿＿＿＿＿＿＿＿

請貼
郵票

11466
台北市內湖區瑞光路 76 巷 65 號 1 樓
秀威資訊科技股份有限公司 收
BOD 數位出版事業部

…………………………………………………………………………………

（請沿線對折寄回，謝謝！）

姓　　名：＿＿＿＿＿＿＿＿　年齡：＿＿＿＿　性別：□女　□男

郵遞區號：□□□□□

地　　址：＿＿＿＿＿＿＿＿＿＿＿＿＿＿＿＿＿＿＿＿

聯絡電話：(日)＿＿＿＿＿＿＿＿＿＿(夜)＿＿＿＿＿＿＿＿＿＿

E-mail：＿＿＿＿＿＿＿＿＿＿＿＿＿＿＿＿＿＿＿＿